Avaliação psicológica inclusiva

contexto clínico

Avaliação psicológica inclusiva

contexto clínico

CAROLINA ROSA CAMPOS
MARY STELA FERREIRA CHUEIRI (*in memorian*)
Organizadoras

Artesã

Avaliação psicológica inclusiva: contexto clínico

DIRETOR
Alcebino Santana

DIREÇÃO DE ARTE
Tiago Rabello

REVISÃO
Palloma Landim

CAPA
Karol Oliveira

PROJETO GRÁFICO E DIAGRAMAÇÃO
Conrado Esteves

A945 Avaliação psicológica inclusiva : contexto clínico / organizadoras: Carolina Rosa Campos, Mary Stela Ferreira Chueiri. – Belo Horizonte : Artesã, 2022.

276 p. ; 23 cm.

ISBN: 978-85-7074-051-9

1. Psicologia. 2. Avaliação psicológica. 3.Psicologia clínica. 4. Inclusão social. 5. Testes psicológicos. I. Campos, Carolina Rosa. II. Chueiri, Mary Stela Ferreira.

CDU 159.9.018

Catalogação: Aline M. Sima CRB-6/2645

IMPRESSO NO BRASIL
Printed in Brazil

(31)2511-2040 (31)99403-2227
www.artesaeditora.com.br
Rua Rio Pomba 455, Carlos Prates - Cep: 30720-290 | Belo Horizonte - MG
/artesaeditora

AGRADECIMENTOS

Meus singelos e sinceros agradecimentos à mestre Mary Stela Ferreira Chueiri que motivou a organização desta obra. Onde estiver, sinta a alegria de ver esta obra finalizada, fruto do nosso trabalho idealizado em conjunto. Foi uma honra conhecê-la e dedicar este livro à sua trajetória profissional.

TRIBUTO A UMA ALMA QUERIDA

Dentre os muitos desafios que um ser humano tem neste mundo, a prática do auxílio ao próximo com sentimento genuíno de ajuda é um dos maiores sinais da grandeza da alma... A querida Mestre Professora Mary Stela Ferreira Chueiri, minha eterna e terna amada companheira e porto seguro por três décadas, exemplificou a realização desse desafio durante toda sua jornada.

Unindo competência, delicadeza e sensibilidade em sua longa prática profissional, Mary tinha como marcas indeléveis a discrição, a simplicidade e a alegria que se uniam à sua capacidade de lidar exitosamente com intrincadas e desafiadoras questões ligadas à prática psicológica e ao exercício tão desafiador da docência, em todos os níveis.

Em sua atuação como psicóloga, professora, Mestre em educação e atuante em vários projetos sociais, Mary Stela se destacou – com a serenidade e a doçura próprias do seu ser – com significativas contribuições, tanto na prática de quatro décadas como psicóloga clínica e escolar, quanto na destacada atuação acadêmica na PUC-Minas, de maneira inclusiva e irrestrita.

Além de esta publicação concretizar o desejo de Mary Stela em contribuir uma vez mais para a avaliação inclusiva, este trabalho – de modo muito especial – abre aqui espaço para que – eu, minha filha Flora Helena e meu filho Aulus Vinícius – possamos prestar a profunda gratidão e a homenagem Àquela a quem agradecemos a honra da convivência e que nos marcou como esposa amorosa ímpar e como mãe em todos sentidos e sentimentos...

Prof. Alberto Luiz Minardi Chueiri

SUMÁRIO

PREFÁCIO

Carolina Rosa Campos

Este livro foi organizado com o propósito de atender a uma demanda emergente e necessária na área da avaliação psicológica, ainda pouco desenvolvida e viabilizada. Considerada uma área possível de investigação e compreensão dos fenômenos psicológicos, processos latentes, psíquicos e cognitivos, faz-se imprescindível que o processo da avaliação psicológica seja direcionado a qualquer população, ela específica ou não.

Sob uma perspectiva histórica até a atualidade, a avaliação psicológica permeia um espaço em defesa aos direitos humanos, de forma a garantir, dentre os aspectos éticos, a qualidade de produção de conhecimentos e propostas de intervenção pautadas tanto em princípios norteadores e fundamentados, quanto irrigados na concepção de ser humano individual e também ativo na sociedade como um todo. Dessa forma, considerar as especificidades dos estágios de desenvolvimento, quadros clínicos, deficiências, altas habilidades, dentre outros, passam a ser uma necessidade eminente desse campo.

No entanto, pensar em processos específicos de avaliação psicológica, ou mesmo trabalhar com um conceito de avaliação psicológica inclusiva, traz, também, um desafio que aponta para uma análise crítica do leitor quanto às dificuldades e lacunas de se adaptar e de construir instrumentos e processos avaliativos especializados para solução de suas reivindicações.

Diante disso, este livro buscou reunir pesquisadores da área que pudessem colaborar com suas obras, aqui divididas em duas partes. A *Parte I - Concepções Teóricas* é composta por capítulos norteadores que objetivam instruir o leitor acerca dos conceitos e etapas do processo de avaliação psicológica considerando determinadas especificidades. Nesse caso, buscou-se abranger as etapas subjacentes a uma avaliação de qualidade, primando por considerar multimétodos e o uso de instrumentos objetivos e projetivos, na intenção de atender as diferentes deficiências e aos quadros clínicos e psiquiátricos, dentre outros.

Na continuidade, a *Parte II - Relatos de Experiências* conta com uma tentativa das organizadoras de ilustrar e apresentar casos de avaliações no contexto clínico, apresentando os desafios vivenciados na avaliação de demandas específicas. Para isso, procurou-se trazer diferentes casos e experiências de avaliação em populações distintas, tais como: deficientes visuais e auditivos; portadores do espectro autista; pacientes marcados por transtornos de aprendizagem; idosos com quadros severos, entre outros.

Por fim, espera-se que este livro possa contribuir para a formação de estudantes e de profissionais da Psicologia, bem como também possa estimular o interesse de novos pesquisadores na área, a fim a diminuir lacunas científicas e práticas.

Parte I

CONCEPÇÕES TEÓRICAS

Capítulo 1

AVALIAÇÃO PSICOLÓGICA INCLUSIVA: DIFERENÇAS DO PROCESSO DE AVALIAÇÃO PSICOLÓGICA TRADICIONAL

Carolina Rosa Campos
Karina da Silva Oliveira
Mary Stela Ferreira Chueiri (in memorian)

Introdução

A avaliação psicológica é uma das atividades mais frequentemente solicitadas aos profissionais em psicologia (Pires, 2017; Seabra & Carvalho, 2014; Silva & Felipini, 2018). Muitos psicólogos relutam em afirmar que realizam processos de avaliação psicológica, pois indicam que estabelecem compreensões qualitativas sobre os fenômenos psicológicos experimentados por seus pacientes. Tal postura pode estar associada ao fato de esses profissionais tratarem como sinônimos os processos de avaliação e de testagem (Borja, 2004; Cunha, Almeida Neto, & Stackfleth, 2016; Pasquali, 2011). Entretanto, cabe destacar que o processo de buscar compreender comportamentos específicos, características do funcionamento psíquico e padrões típicos de agir, pensar e sentir, mesmo que sem o uso de testes psicológicos, é um processo denominado de avaliação psicológica (Primi, 2010, 2018; Rueda & Zanini, 2018).

Essa compreensão ampla do caráter processual da avaliação psicológica é prevista pela Resolução nº 009, de 25 de abril de 2018, e torna-se fundamental quando tomadas as especificidades da realização de condutas avaliativas em indivíduos que apresentem características específicas relacionadas a uma deficiência, a um quadro neurológico ou neurodesenvolvimental, dentre outras possibilidades. Diante disso, o presente capítulo tem como objetivo refletir sobre aspectos e desafios dessa área, bem como os cuidados necessários que devem nortear a prática da avaliação psicológica inclusiva, comparando essa atuação à prática da avaliação psicológica tradicional.

Avaliação psicológica

A avaliação psicológica é uma área de atuação e investigação em psicologia que procura realizar processos de coleta e de integração de informações a respeito do funcionamento psicológico de um determinado indivíduo. A coleta dos dados deve ser realizada por meio de técnicas, estratégias e procedimentos que sejam reconhecidos cientificamente (Nunes et al., 2012). O detalhamento de quais técnicas e procedimentos têm sido considerados relevantes para a avaliação é apresentado pelo Conselho Federal de Psicologia (CFP), como forma de orientação, através da Resolução nº 009, de 25 de abril de 2018. Nesse documento, o CFP elenca as seguintes técnicas como fontes fundamentais: os testes psicológicos devidamente aprovados pelo Sistema de Avaliação de Testes Psicológicos (SATEPSI), as entrevistas, as anamneses e os protocolos de registros de observação. O mesmo documento ainda esclarece que o processo de avaliação psicológica pode contar ainda com outras técnicas associadas à ciência psicológica. Tais técnicas, as chamadas fontes complementares, configuram-se como os testes não psicológicos e os documentos técnicos.

O processo de coleta de dados, pautado no emprego de diferentes técnicas, tem como objetivo embasar a tomada de decisão, de modo a apresentar ao avaliando compreensões e intervenções adequadas ao quadro experimentado. Sendo assim, deve ser destacada a importância desse tipo de atuação profissional, uma vez que, se mal realizadas, podem trazer consequências negativas e prejuízos ao avaliando. Nesse sentido, é importante que os profissionais tenham como norteamento o alerta de Nunes e colaboradores (2012), referente aos conhecimentos necessários para a condução de bons processos de avaliação psicológica. Segundo esses autores, é fundamental que os profissionais e os estudantes de psicologia tenham conhecimentos que versem sobre os fundamentos psicométricos relacionados à construção de instrumentos, assim como sobre as características e as especificidades dos testes psicológicos. Contudo, acima disso, é necessário o desenvolvimento de um raciocínio investigativo e interpretativo, que favoreça a compreensão ampla dos diferentes funcionamentos psicológicos e comportamentos dos indivíduos, pautada, fortemente, nos princípios éticos da profissão, evitando e/ou diminuindo diagnósticos equivocados e avaliações inadequadas que podem trazem implicações severas no que tange às esferas humanas.

É importante ter clareza de que o processo de avaliação psicológica deve ser planejado e estruturado e, por isso, há na literatura sugestões sobre as etapas que devem compor esse processo. Uma das orientações mais aceitas atualmente propõe a realização da avaliação psicológica em oito etapas (Rigoni & Sá, 2016). Segundo os autores, é fundamental que a avaliação psicológica tenha início pela especificação dos motivos da consulta e/ou do encaminhamento. Em seguida, devem ser definidos os objetivos, assim como devem ser formuladas as hipóteses diagnósticas. Uma vez que essas questões estejam claras ao profissional, deve-se seguir para a próxima etapa, na qual o psicólogo realizará a seleção das técnicas psicológicas que serão empregadas no processo de avaliação. É fundamental que esse planejamento seja minucioso e considere tanto características pessoais do avaliando, como idade e nível de escolaridade, por exemplo, quanto se tenha como foco as razões que motivaram a busca pela avalição profissional.

De acordo com Rigone e Sá (2016), é somente na quarta etapa que se dá início ao processo de condução e administração do processo avaliativo. O momento seguinte diz respeito à correção e ao levantamento dos dados qualitativos e quantitativos obtidos ao longo da administração do processo. Após isso, o psicólogo deve realizar as etapas mais desafiadoras deste processo, que se referem à análise integrada das informações obtidas e à formulação das conclusões. Nessas etapas, o profissional deve ser capaz de ir além dos dados objetivos, demonstrando sua qualidade técnica em integrar conhecimentos da ciência psicológica que favoreçam a compreensão do quadro do paciente de forma ampla e integral, apontando potenciais e vulnerabilidades presentes. O processo de avaliação se encerra no momento da entrevista devolutiva e na entrega do laudo. Tais ações devem ser realizadas com o avaliando e com seus responsáveis legais (caso essa questão se aplique).

Refletindo de forma mais específica e objetivando atender ao propósito desse capítulo, é preciso ter clareza de que essas etapas devem ser seguidas tanto em formato tradicional e convencional, quanto inclusivo. No entanto, sob a perspectiva da inclusão, faz-se relevante ainda considerar algumas especificidades, resguardando o caráter da deficiência e/ou exigência da população minoritária. Seguindo esse raciocínio, apresenta-se a seguir uma breve compreensão do conceito de inclusão à luz da área da avaliação psicológica se faz necessária.

O que é inclusão?

De acordo com os dados de prevalência do Instituto Brasileiro de Geografia e Estatística (IBGE, 2010), estima-se que cerca de 45,6 milhões de pessoas possuam algum tipo de deficiência, o que representaria 23,9% da população total. Dessa porcentagem, dividindo por categorias de deficiência, constata-se que 18,6% representam pessoas com deficiência visual, 7% com deficiência motora, 5,1% com deficiência auditiva e 1,4% com deficiência mental ou intelectual.

Ainda em relação a esses dados, faz-se importante salientar que desses 45,6 milhões de pessoas, a incidência maior de acometimento está entre mulheres, pessoas de áreas urbanas, na faixa etária de 15 a 64 anos e grupos étnico-raciais amarelas e pretas e da região nordeste, havendo possibilidade de crescimento em relação à expectativa de vida da população (Barros, 2019; Brasil, 2012). Esses dados enfatizam a necessidade de políticas públicas e sociais que possam garantir a inclusão e assegurar os direitos humanos e de equidade nas diferentes esferas e campos de atuação.

Diante desse cenário, faz-se necessário refletir sobre o que é inclusão, sendo relevante pontuar que a terminologia pode ser compreendida sob diferentes contextos, dado seu conceito amplo. Na literatura científica, as temáticas recaem, quanto a inclusão social, no sentido de garantir, dentro da sociedade contemporânea, o acesso ao contexto social como um todo, à participação efetiva, direitos, igualdades de oportunidade, acessibilidade, entre outros (Brasil, 2012). De modo mais incisivo e contextualizado, o termo inclusão também parte do ponto de vista da educação e tem suas raízes mais fundamentadas na Declaração de Salamanca (UNESCO, 1994). De acordo com esse documento, independentemente da dificuldade ou particularidade, todos os alunos devem ter direitos e acesso ao aprendizado por meio das escolas. Isso significa que tais espaços educacionais devem respeitar as diversidades sociais e individuais, adaptando sua estrutura, suas aulas e interações sociais, de modo a atender aos diferentes ritmos, estilos e especificidades nos processos de aprendizagem. Para isso, devem ainda garantir a adaptação que atendam às necessidades demandadas, tais como adaptações de currículos, organização escolar, recursos de apoio e distintas estratégias pedagógicas, estabelecendo um espaço para todos e, assim, garantindo os direitos humanos.

Essa compreensão caminha na linha de entendimento do princípio da escola inclusiva, a qual infere-se que os espaços educacionais devem acolher crianças de todas as condições físicas, intelectuais, sociais, emocionais, linguísticas ou outras. Estabelecendo uma interface com a psicologia, o que se pode observar é que o psicólogo pode adquirir importante papel, atuando em parcerias com as famílias e professores, sob o aspecto educacional e também frente a políticas públicas e de garantia de direitos e redes de apoio (Pagliuca, et. al, 2015; Prieto, 2006).

Sob essa perspectiva, um desafio a ser refletido está em compreender se, estendendo esse olhar para o campo da psicologia, temos incluído pessoas com deficiência dentro da área. Segundo os estudos de Mello, Nuernberg e Block (2014) e de Gesser e Nuerberg (2014), a conceituação da deficiência diante de um modelo biomédico ainda é o mais reproduzido na psicologia. Trata-se de um modelo focado na patologização que define a deficiência apenas no sentido da incapacidade do fenômeno biológico. Nesse ponto de vista, os autores ainda inferem a necessidade de que as pesquisas na esfera psicológica abarquem a diversidade e também considerem as especificidades da realidade da deficiência no contexto nacional e, por consequência, latino-americano.

Na área da avaliação psicológica, foco deste capítulo, o que se percebe é uma realidade ainda mais desafiadora. Isso porque esbarramos na postura equivocada de profissionais usarem a nomenclatura como sinônima da aplicação de testes psicológicos, e adaptarem ou reformularem instrumentos à critérios próprios para viabilizarem a aplicação em pessoas com deficiência, sem qualquer amparo científico. Claramente, essa conduta, mesmo que procurando solucionar as necessidades de avaliação do examinando, evidencia a problemática de diagnósticos enviesados e justifica a falta de capacitação e entendimento de profissionais sobre o tema e seu uso adequado, seguindo os critérios estabelecidos desses instrumentos nos manuais (Campos & Nakano, 2016; Conselho Federal de Psicologia, 2013; Zaia, Oliveira & Nakano, 2018).

Nesse sentido, um avanço importante diante da ampliação de pesquisas em avaliação e interesse de pesquisadores na construção de instrumentos contemplando populações específicas foi o Prêmio Profissional "Avaliação Psicológica direcionada a pessoas com deficiência", promovido pelo Conselho Federal de Psicologia. Com o objetivo de estimular profissionais do campo da psicologia a relatarem suas experiências sobre o tema, oito artigos foram publicados para integrar e disponibilizar possíveis formas de ação inclusiva na prática profissional (Conselho Federal de Psicologia, 2019).

Essas ações permitem pensar em um método inclusivo de avaliação psicológica, que parte da concepção de processo e da relevância de instrumentos construídos/adaptados a partir do olhar da deficiência, considerando o desenvolvimento de estudos de padronização e normatização que busquem encontrar evidências de validade e de fidedignidade para o público-alvo (Campos & Oliveira, 2019; Neto, 2019; *Standards for Educational and Psychological Testing*, 2014). Esses estudos contribuem também no que compreende à formação de base para profissionais realizarem o processo de avaliação psicológica, pautado em conhecimento técnico-científico. A partir dessas questões, cabe explorar o conceito de avaliação psicológica inclusiva, compreendendo suas especificidades e características.

Avaliação psicológica inclusiva

A área da avaliação psicológica tem se desenvolvido de forma bastante importante nas últimas décadas (Nakano, 2013; Primi, 2018). Dentre os avanços observados, nota-se o aumento de investigações relacionadas ao desenvolvimento de instrumentos e a compreensão de diferentes fenômenos psicológicos, assim como investigações relacionadas a populações específicas (Campos & Nakano, 2014, 2019). Nesse sentido, considerando as peculiaridades do processo de avaliação em conjunto aos envolvidos, observa-se a necessidade de reflexão sobre quais etapas compõem a avaliação psicológica junto a esse grupo de pessoas específicas tomando como base a diversidade de deficiências, quadros e diagnósticos. A esse tipo de atuação propõem-se o nome de Avaliação Psicológica Inclusiva.

Como colocado anteriormente, a ação inclusiva tem como objetivo desenvolver espaços e condutas que respeitem as diversidades sociais e individuais, a fim de atender aos diferentes ritmos e estilos (Pagliuca, et. al, 2015; Prieto, 2006). Assim sendo, a proposta de uma Avaliação Psicológica Inclusiva propõe desenvolver um espaço de atuação profissional que contemple as necessidades do avaliando, garantindo a compreensão científica, técnica e ética dos fenômenos psicológicos alvo do processo de investigação, tal como expresso na Resolução nº 009, de 25 de abril de 2018, embora a própria resolução não fomente, claramente, como realizar o procedimento no âmbito do atendimento de pessoas com deficiência. Deve-se ter elucidado, ainda, que um processo de avaliação psicológica inclusiva não parte da ideia de divergir de um processo tradicional, mas mediante a consideração das necessidades do avaliado.

Nessa direção, as etapas do processo podem não ser distintas, conquanto haja cuidados relevantes a serem ponderados. De acordo com as diretrizes elencadas pela *American Psychological Association* – APA (2011), denominada *Guidelines for Assessment of and Intervention with Persons with Desabilities*, os profissionais devem fazer uso de uma abordagem de avaliação psicometricamente justa, compreensiva e apropriada para a população. Para isso, além da escolha do instrumento para a realização do processo, é fundamental ater aos parâmetros de interpretação e existência de dados normativos, além de garantirem espaços adequados e acessibilidade em todos os meios de coleta de informações e observação.

Sob essa face, faz-se relevante esclarecer que a condução de um processo de avaliação psicológica inclusiva de qualidade ainda esbarra em problemas e erros comumente realizados (Campos & Oliveira, 2019), que tangenciam e desfavorecem os processos de inclusão. Sobre esse aspecto, há de se considerar que incluir não é somente adaptar um teste que foi desenvolvido para pessoas sem deficiência e que, em grande parte dos casos, a linguagem de base deve ser norteadora como meio de comunicação em todos os processos (ex. oralidade para deficiências visuais, Libras para deficiências auditivas), assim como é necessário ter clareza do modo de vida e dos níveis de especificidades dentro de uma mesma deficiência (Campos & Nakano, 2014; 2016).

Ainda referente a esses desafios, torna-se imprescindível destacar que os testes psicológicos não podem ser aplicados parcialmente, isto é, sem considerar estudos de padronização e normatização contidos nos manuais, haja vista que diagnósticos inconsistentes implica faltas éticas e conduz prejuízos ao avaliado. O mesmo se faz ao se considerar que testes informatizados atendem em sua totalidade como testes aplicáveis e acessíveis ao público de pessoas com deficiência, de modo geral, sem considerar os acessos à tecnologia e aos recursos tecnológicos específicos para esse fim. Segundo o Código de Ética do Psicólogo (CFP, 2005) alterar a aplicação dos instrumentos psicológicos é uma falta ética. Portanto, ainda que alguns profissionais – bem-intencionados – realizem esse tipo de "adaptação", estão incorrendo em uma prática antiética e, logo, são passíveis de submissão às sanções junto ao Conselho Federal e Regional de Psicologia (Zaia et al., 2018).

De modo geral, tais desafios demostram a necessidade de investimento em pesquisas que norteiem e deem visibilidade a uma prática de avaliação psicológica inclusiva. No contexto clínico, enfoque deste livro, o uso de diferentes metodologias (quantitativas e qualitativas) permite equilibrar e reconhecer pontos fortes e limitações, por meio de diferentes abordagens, pautadas em múltiplas fontes e interpretação dos dados. No entanto, será que temos diferentes metodologias e recursos disponíveis para a prática profissional de avaliação psicológica inclusiva?

Em vista disso, é essencial que os autores incluam em suas investigações populações específicas no processo de validação das medidas, considerando o possível uso do material a populações que tenham deficiências físicas, visuais e auditivas, por exemplo. Tal preocupação é observada na revisão de instrumentos que favoreçam a avaliação psicológica de pessoas com deficiência visual de Oliveira e Nunes (2015). Esses autores destacaram o uso de Tecnologias Assistivas no processo de desenvolvimento dos instrumentos, salientando a importância de sua modernização e da ampliação do uso de materiais para além do lápis e o papel. Na mesma direção, a revisão de Schlindwein-Zanini, Sotili, Todeschini, Silva e Conte (2013) aponta para a necessidade de materiais que contemplem as necessidades de pessoas com deficiência também nos processos de avaliação neuropsicológica. As autoras também salientam que essa é uma lacuna importante na área da avaliação psicológica no contexto nacional, carecendo a ampliação e maior foco de investigações.

Cabe ainda apontar que, tradicionalmente, os pesquisadores no processo de construção de medidas para avaliação psicológica investigam as influências de variáveis como sexo, idade e escolaridade. Esse conjunto de cuidados com os resultados dos instrumentos é chamado de normatização e tem como objetivo favorecer a comparação justa e adequada dos resultados de um instrumento, levando em consideração as características individuais daqueles que foram submetidos ao processo de testagem (*American Educational Research Association* [AERA], *American Psychological Association* [APA], & *National Council on Measurement in Education* [NCME], 2014; Muniz & Freitas, 2017). Todavia, diante das necessidades de processos de avaliação inclusiva, é importante que os estudos de construção de instrumentos, para além dessas variáveis comumente analisadas, incluam aspectos que considerem as possíveis deficiências e características individuais em seus dados normativos (tais como níveis e tipos). Ações dessa natureza poderão contribuir, por exemplo, para o processo de testagens mais inclusivas.

Da mesma forma, conforme apontado por Bornstein (2016), o processo de construção de instrumentos psicológicos é uma tarefa que, atualmente, possui regras e objetivos bastante claros e, acima de tudo, critérios confiáveis de investigação. Entretanto, o mesmo autor ressalta a necessidade de realização de investigações que garantam que a combinação de técnicas e de instrumentos na avaliação psicológica sejam relevantes para o processo de integração dos dados, apresentando validade incremental entre os achados, a fim de que as compreensões decorrentes da coleta de dados correspondam à história de vida do paciente, à queixa investigada e aponte para as vulnerabilidades e potencialidades do indivíduo avaliado. A partir dessas observações nota-se que, embora a área da avaliação psicológica tenha avançado de forma importante nas últimas décadas (Nakano, 2013; Primi, 2018), há ainda muitas questões que devem pautar as investigações, os debates e as ações em diferentes frentes, principalmente no que tange a pesquisa, ao ensino e a atuação em psicologia, visando a favorecer e a minimizar lacunas existentes para a realização de uma avaliação psicológica inclusiva ampla.

Considerações finais

O presente capítulo teve como objetivo introduzir o tema da avaliação psicológica inclusiva por meio das principais conceituações de avaliação psicológica e sua interface com a inclusão. A partir disso, buscou-se apresentar os desafios e os cuidados necessários que atravessam esse processo, não se distanciando da prática da avaliação psicológica tradicional.

Foram apontados, na sequência, aspectos relacionados à estrutura do processo de avaliação e consequentes aspectos éticos envolvidos na atuação profissional. Da mesma forma, pretendeu-se também considerar e apresentar aspectos psicométricos relevantes no que tange a adaptação e construção de testes psicológicos para uso na população de pessoas com deficiência.

Faz-se imprescindível destacar que, não obstante haja uma tendência de publicações e interesse na área da avaliação, atualmente ainda são poucos os estudos e pesquisas que versam para uma prática inclusiva. Nesse sentido, espera-se que a reflexão apresentada neste capítulo venha a incentivar pesquisas futuras relacionadas a construção e a adaptação de instrumentos psicológicos inclusivos, bem como estudos que tenham como objetivo a compreensão dos perfis psicológicos e das características de populações específicas, favorecendo, assim, a expansão da área da avaliação inclusiva no país e minimizando a escassez atual de recursos com esse enfoque.

Por fim, torna-se o crucial o questionamento da realidade atual brasileira: Estamos preparados?

Referências

American Educational Research Association, American Psychological Association, & National Council of Measurement in Education. (2014). *Standards for educational and psychological testing.* American Educational Research Association.

American Psychological Association. (2011). Guidelines for assessment of and intervention with persons with disabilities. *The American Psychologist, 67*(1), 43. https://doi.org.10.1037/a0025892

Barros, L. O. (2019). Avaliação psicológica de pessoas com deficiência: reflexões para práticas inclusivas. In Conselho Federal de Psicologia. *Prêmio profissional avaliação psicológica direcionada a pessoas com deficiência.* (pp. 34-48). Conselho Federal de Psicologia.

Borja, L. E. A. (2004). Fundamentos psicométricos en la evaluación psicológica. *Revista Eletrônica de Psicologia Iztacala,* 7(4), 23-43.

Bornstein, R. F. (2016). Evidence-based psychological assessment. *Journal of Personality Assessment, 99*(4), 435-445. http://dx.doi.org/10.1080/00223891.2016.1236343

Brasil, Secretaria de Direitos Humanos da Presidência da República [SDH/PR], Secretaria Nacional de Promoção dos Direitos da Pessoa com Deficiência [SNPD], Coordenação-Geral do Sistema de Informações sobre a Pessoa com Deficiência. (2012). *Cartilha do CENSO 2010: Pessoas com Deficiência*. SDH-PR/SNPD.

Campos, C. R., & Oliveira, C. M. (2019). Desenvolvimento de instrumentos psicológicos para população com deficiência. In C. R., Campos, & T.C. Nakano (Org.). *Avaliação Psicológica Direcionada a Populações Específicas: Técnicas, Métodos e Estratégias - Vol. 2* (pp. 9-30). Vetor Editora.

Campos, C. R., & Nakano, T. C. (2014). *Avaliação psicológica direcionada a populações específicas: técnicas, métodos e estratégias - Vol 1*. Vetor Editora.

Campos, C. R., & Nakano, T. C. (2019). *Avaliação psicológica direcionada a populações específicas: técnicas, métodos e estratégias - Vol. 2*. Vetor Editora.

Campos, C. R., & Nakano, T. C. (2014). Avaliação cognitiva de crianças com deficiência visual: conhecimento de recursos multidisciplinares utilizados nas instituições de atendimento. In C.R. Campos, & T.C. Nakano (Orgs.), *Avaliação Psicológica Direcionada a Populações Específicas: Técnicas, Métodos e Estratégias - Vol. 1* (pp. 7-25). Vetor Editora.

Campos, C. R., & Nakano, T. C. (2016). Escala de avaliação de inteligência para crianças de cientes visuais – versão professor: estudo de validade de conteúdo. *Revista Ciência e Cognição, 21*(2), 155-171.

Conselho Federal de Psicologia. (2005). *Resolução CFP n° 010/2005*. Código de Ética Profissional do Psicólogo, XIII Plenário. CFP.

Conselho Federal de Psicologia. (n.d.). *Construção, adaptação e validação de instrumentos para pessoas com deficiência*. CFP. https://site.cfp.org.br/documentos/nota-tecnica-construcao-adaptacao-e-validacao-de-instrumentos-para--pessoas-com-deficiencia/

Cunha, C. M., Almeida Neto, O. P., & Stackfleth, R. (2016). Principais métodos de avaliação psicométrica da validade de instrumentos de medida. *Revista de Atenção à Saúde (antiga Rev. Bras. Ciên. Saúde), 14*(47), 75-83. http://dx.doi.org/10.13037/rbcs.vol14n47.3391

Gesser, M. & Nuernberg, A. H. (2014). Psicologia, Sexualidade e Deficiência: Novas Perspectivas em Direitos Humanos. *Psicologia Ciência e Profissão, 34*(4), 850-863. https://doi.org/10.1590/1982-370000552013

Mello, A. G., Nuernberg, A. H., & Block, P. (2014). Não é o corpo que nos discapacita, mas sim a sociedade: a interdisciplinaridade e o surgimento dos estudos sobre deficiência no Brasil e no mundo. In E. Schimanski, & F. G. Cavalcanti (Orgs.), *Pesquisa e Extensão: experiências e perspectivas interdisciplinares* (1ª ed., pp. 91-118). Editora uEPG.

Muniz, M., & Freitas, C. P. P. (2017). Padronização e normatização de instrumentos psicológicos. In B. F. Damásio, & J. C. Borsa (Orgs.), *Manual de desenvolvimento de instrumentos psicológicos* (pp. 57-83). Vetor.

Nakano, T.C. (2013). Problemas apresentados pelos instrumentos com parecer desfavorável no SATEPSI. *Avaliação Psicológica, 12*(2), 121-130. https://www.redalyc.org/pdf/3350/335027505003.pdf

Neto, I. L. (2019). Relato de experiência de ensino de avaliação psicológica para estudantes com deficiência visual. In Conselho Federal de Psicologia. *Prêmio profissional avaliação psicológica direcionada a pessoas com deficiência.* (pp. 9-21). Conselho Federal de Psicologia.

Nunes, C. H. S.S., Melzer, A. R. R. M., Rodrigues, G. T., Guisso, L., Sotili, M., Oliveira, C.M., Nunes, M.F.O., & Roettgers, C. (2012). Evidências de validade do Raven MPA pela sua relação com a prova de raciocínio abstrato. *Avaliação Psicológica, 11*(2), 265-274. https://www.redalyc.org/pdf/3350/335027501012.pdf

Oliveira, C. M., & Nunes, C. H. S. S. (2015). Instrumentos para Avaliação Psicológica de Pessoas com Deficiência Visual: Tecnologias para Desenvolvimento e Adaptação. *Psicologia: Ciência e Profissão, 35*(3), 886-899. https://doi.org/10.1590/1982-3703001902013

Organização das Nações Unidas para a educação, a ciência e a cultura [UNESCO]. (1994). *Declaración de Salamanca y marco de acción para las necesidades educativas especiales.* http://www.unesco.org/education/pdf/SALAMA_S.PDF

Pagliuca, L. M. F., Mariano, M. R., Oliveira, P. M. P., Oliveira, M. G., França, I. S. X., & Almeida, P. C. (2015). Repercussão de políticas públicas inclusivas segundo análise das pessoas com deficiência. *Escola Anna Nery, 19*(3), 498-504. https://doi.org.10.5935/1414-8145.20150066

Pasquali, L. (2011). *Técnicas do exame psicológico - TEP: manual.* Casa do Psicólogo/Conselho Federal de Psicologia.

Pires, E. U. (2017). Avaliação de crianças e adolescentes: Aspectos cognitivos. In M. R. C. Lins, & J. C. Borsa (Eds.). *Avaliação Psicológica: Aspectos teóricos e práticos* (pp. 213-235). Vozes.

Prieto, R. G. (2006). Atendimento escolar de alunos com necessidades educacionais especiais: um olhar sobre as políticas públicas de educação no Brasil. In V. A. Arantes (Org.), *Inclusão Escolar: pontos e contrapontos*. Summus.

Primi, R. (2010). Avaliação psicológica no Brasil: fundamentos, situação atual e direções para o futuro. *Psicologia: Teoria e Pesquisa, 26*(n. spe), 25-35. http://dx.doi.org/10.1590/S0102-37722010000500003

Primi, R. (2018). Avaliação Psicológica no Século XXI: de onde viemos e para onde vamos. *Psicologia: Ciência e Profissão*, 38(n. spe), 87-97. http://dx.doi.org/10.1590/1982-3703000209814

Resolução N° 009, de 25 de abril de 2018. *Estabelece diretrizes para a realização de Avaliação Psicológica no exercício profissional da psicóloga e do psicólogo, regulamenta o Sistema de Avaliação de Testes Psicológicos - SATEPSI e revoga as Resoluções n° 002/2003, nº 006/2004 e n° 005/2012 e Notas Técnicas n° 01/2017 e 02/2017.* Conselho Federal de Psicologia. https://satepsi.cfp.org.br/docs/Resolução-CFP-nº-09-2018-com-anexo.pdf

Rigoni M. S., & Sá, S. D. (2016). O processo psicodiagnóstico. In C. S. Hutz, D. R. Bandeira, C. M. Trentini, & J. S. Krug (Orgs.), *Psicodiagnóstico* (pp. 27-34). Artmed.

Rueda, F. J. M., & Zanini, D. S. (2018). O que muda com a Resolução CRP nº 09/2018?. *Psicologia: Ciência e Profissão, 38*(n.spe), 16-27. http://dx.doi.org/10.1590/1982-3703000208893

Schlindwein-Zanini, R., Sotili, M., Todeschini, C., da Silva, D. Z. C., & Conte, R. F. (2013). Avaliação neuropsicológica e deficiências físicas: revisão de instrumentos viáveis no Brasil. *Contextos Clínicos, 6*(1), 33-40. http://revistas.unisinos.br/index.php/contextosclinicos/article/view/3278

Seabra, A. G., & Carvalho, L. F. (2014). Fundamentos da psicometria. In D. Fuentes, L. F. Malloy-Diniz, C. H. P. Camargo, & R. M. Cosensa. (Orgs.). *Neuropsicologia: teoria e prática* (pp. 67-75). Artmed.

Silva, N. R., & Felipini, L. M. G. (2018). Tradução e adaptação transcultural de instrumentos de avaliação em fonoaudiologia para o português brasileiro: uma análise das diretrizes. *Tradterm, 32*(1), 32-51. http://dx.doi.org/10.11606/issn.2317-9511.v32i0p32-51

World Health Organization [WHO]. (2012). Relatório Mundial sobre a deficiência (Lexicus Serviços Linguísticos, Trad.). Secretaria dos Direitos da Pessoa com Deficiência.

Zaia, P., Oliveira, K. S., & Nakano, T. C. (2018). Análise dos processos éticos publicados no Jornal do Conselho Federal de Psicologia. *Psicologia Ciência e Profissão, 38*(1), 8-21.

Capítulo 2

USO DE MÉTODOS PROJETIVOS PARA AVALIAÇÃO DE PESSOAS COM DEFICIÊNCIA

Lucila Moraes Cardoso
Kayline Macêdo Melo
Silvana Alba Scortegagna

O país contava, em 2010, com mais de 45 milhões de pessoas com algum tipo de deficiência, seja ela visual, auditiva, motora ou mental/intelectual (Instituto Brasileiro de Geografia e Estatística [IBGE], 2010). Considerando a importância de que pessoas com deficiência possam passar por processos de avaliação psicológica em equidade de condições, objetiva-se, neste capítulo, refletir sobre as perspectivas de uso dos Métodos Projetivos na avaliação psicológica de pessoas com deficiência. Inicialmente é apresentada uma breve contextualização da demanda de avaliação psicológica, seguida de uma descrição de pesquisas realizadas no Brasil usando os Métodos Projetivos com esse público-alvo. A partir dessa base, são problematizadas algumas possibilidades de estudo e de uso dos Métodos Projetivos conforme os tipos de deficiência. Tem-se a expectativa de que esse capítulo possa servir de inspiração para que mais psicólogas(os) e pesquisadoras(es) passem a contribuir com as reflexões relativas à demanda de avaliação psicológica em pessoas com deficiência.

As discussões sobre a temática de pessoas com deficiência são relativamente recentes no Brasil. Segundo Oliveira (2013), a deficiência passou a ser inserida em debates mais expressivos no país a partir da década de 1980, principalmente no que diz respeito a melhores condições de educação e maior inserção no mercado de trabalho. Foi por meio da Constituição Federal de 1988 que o Estado direcionou para si algumas das primeiras preocupações com esse público na tentativa de buscar uma melhor compreensão, bem como igualdade e justiça às pessoas com deficiência (Santos, 2008).

Visando amparar e assegurar a garantia dos direitos e inclusão social de pessoas com deficiência, algumas ações por parte do Estado foram estabelecidas. Um exemplo disso é a Lei Brasileira de Inclusão da Pessoa com Deficiência, sancionada em 6 de julho de 2015. Para efeito dessa lei, são consideradas pessoas com deficiência aquelas que tenham impedimento de longo prazo de natureza física, mental, intelectual ou sensorial, de modo que a interação com uma ou mais barreiras pode obstruir sua participação plena e efetiva na sociedade em igualdade de condições com as demais pessoas. Nessa lei, o Desenho Universal é defendido como princípio a ser adotado para minimizar essa desigualdade (Brasil, 2015).

O Desenho Universal envolve a concepção de produtos, ambientes, programas e serviços a serem usados por todas as pessoas, sem que haja necessidade de adaptação ou de projeto específico. Nota-se, entretanto, que, embora existam normas e legislações voltadas para discutir sobre essa temática, há pouca efetividade, visto que ainda são persistentes as inadequações arquitetônicas, de transporte e comunicação (Oliveira, 2013; Janczura, 2012). Seria necessário anos de estudo e investimento para corrigir essas inadequações, e o que se observa é que o modelo de sociedade atual pautado na produtividade distancia milhares de pessoas com deficiência do ideal de igualdade, de participação e de acessibilidade (Leite & Lacerda, 2018).

Oliveira (2013) ressaltou que a busca pela garantia dos direitos desse público justifica-se pela trajetória histórica de vulnerabilidade e exclusão a qual foi submetido. De acordo com Janczura (2012), a vulnerabilidade tende a perpassar os indivíduos que possuem algum tipo de deficiência e ainda é comum pessoas sem deficiência as enxergar por uma lógica de benesse, caridade e assistencialismo. Dessa forma, torna-se nítido que o complexo processo de inclusão de pessoas com deficiência não requer apenas a convivência comum nos mesmos espaços (Oliveira, 2013), mas sim que sejam repensadas as estruturas sociais, políticas, econômicas e culturais do país.

Janczura (2012) também destacou que as pessoas submetidas às situações de risco possuem maiores suscetibilidades psicológicas, em especial ao estresse. Tendo em vista todos esses aspectos e o fato de que tais características podem impactar de alguma forma no funcionamento emocional de pessoas com deficiência, a avaliação psicológica é uma das estratégias que possibilita a compreensão de demandas que possam surgir e, desse modo, auxiliar para um maior bem-estar e qualidade de vida dessas pessoas.

A avaliação psicológica é um processo estruturado de investigação de fenômenos psicológicos com o objetivo de prover informações à tomada de decisão nos âmbitos individual, grupal ou institucional, com base em demandas e condições específicas. As(os) psicólogas(os) devem fundamentar sua decisão, obrigatoriamente, em métodos e/ou técnicas e/ou instrumentos psicológicos reconhecidos cientificamente (Conselho Federal de Psicologia [CFP], 2018).

Na área de Avaliação Psicológica ainda são escassos os trabalhos voltados para o público com deficiência. No Sistema de Avaliação de Testes Psicológicos (Satepsi), por exemplo, não consta até o momento, instrumento direcionado para avaliação da personalidade de pessoas com deficiência ou que explicite a inclusão desse público na amostra normativa.

Na perspectiva de estimular as reflexões sobre a avaliação psicológica de pessoas com deficiência, em 2018, o Conselho Federal de Psicologia (CFP) lançou o Prêmio Profissional Avaliação Psicológica direcionada a pessoas com deficiência. Posteriormente, os trabalhos premiados foram publicados no formato de um livro digital (CFP, 2019a). Além disso, na Nota Técnica nº 4/2019/GTEC/CG (CFP, 2019b) foram feitas recomendações para condução dos estudos dos instrumentos voltados às pessoas com deficiência em consonância com o Desenho Universal. A aplicação do Desenho Universal para construção de instrumentos psicológicos é defendida por Oliveira e Nunes (2015) como estratégia para proporcionar a máxima acessibilidade e reduzir o viés de medida, seja ele direcionado a pessoas com ou sem deficiência, crianças e idosos.

Destaca-se que, independentemente de qual seja o teste psicológico, para o CFP (2019b), é necessário garantir que a testagem em diferentes grupos seja justa para todos os participantes, certificando-se o conhecimento do efeito da diferença entre os grupos no que se referem aos itens e escores do instrumento. Quanto a essas diretrizes, especificamente no que se tange aos Métodos Projetivos, que possuem estímulos específicos à realização das tarefas propostas, é preciso que o pesquisador pondere sobre a possibilidade para aplicação do método de acordo com a característica do grupo avaliado.

Utilizados desde o início do século XX, os Métodos Projetivos são considerados meios de acesso às vivências internas, aos conflitos psicológicos e aos desejos de quem os respondem (Frank, 1939). As técnicas projetivas são úteis à avaliação de características de personalidade, incluindo-se a compreensão de aspectos relacionados à cognição, aos afetos, à autoimagem e às relações interpessoais.

A busca por estudos envolvendo o uso dos Métodos Projetivos com pessoas com deficiência é uma tarefa empírica difícil. Ao pesquisar em bases de dados, tais como Biblioteca Virtual em Saúde - Psicologia Brasil (BVS-Psi Brasil) e Periódicos Eletrônicos de Psicologia (PePSIC), os termos "métodos projetivos" e "pessoas com deficiência", os resultados da busca invariavelmente indicaram inexistência de pesquisas. Sabe-se, entretanto, que, ainda que escassos, existem estudos que envolvem o uso dos Métodos Projetivos em pessoas com deficiência e, para os encontrar, é preciso especificar o método projetivo e o tipo de deficiência. Diante disso, optou-se por fazer a busca por meio da combinação de cada uma das deficiências, a saber, visual, auditiva, física e intelectual, com o nome de cada um dos Métodos Projetivos. Para fazer a busca, consideraram-se os Métodos Projetivos que tinham parecer favorável no Satepsi, segundo o levantamento feito por Cardoso e Silva-Filho (2018), sendo esses Casa – Árvore – Pessoa (HTP), Teste Contos de Fadas (FTT), Teste de Apercepção Temática (TAT, CAT-A, CAT-H e SAT), Teste das Pirâmides Coloridas de Pfister (TPC), Teste de Fotos de Profissão (BBT), Zulliger e Rorschach.

A busca de pesquisas para este capítulo, além de seguir a sistematização nas bases de dados, foi feita no Google Acadêmico, nos anais de congresso, no contato com pesquisadores do Grupo de Trabalho (GT) sobre Métodos Projetivos em diferentes contextos de atuação da Associação Nacional de Pesquisa e Pós-graduação em Psicologia (ANPEPP), entre outros. Sendo assim, na Figura 1 consta uma síntese dos estudos obtidos, citando os autores e o ano de publicação, o objetivo da pesquisa, o tipo de deficiência investigada e o Método Projetivo utilizado.

Figura 1 – Estudos envolvendo o uso de Métodos Projetivos em pessoas com deficiência

Autores (ano)	Objetivos	Tipo de deficiência	Método Projetivo
Campos et al. (2007)	Verificar a representação do próprio corpo em homens com paraplegia não congênita.	Física	Desenho da Figura Humana (DFH)
Cardoso e Capitão (2007)	Buscar evidências de validade do Pfister no contexto da surdez e analisar possíveis influências dos modelos educacionais nas crianças surdas.	Auditiva	Pirâmides Coloridas de Pfister (TPC)
Cardoso e Capitão (2009)	Investigar evidências de validade do DFH para crianças surdas.	Auditiva	Desenho da Figura Humana (DFH)
Coelho et al. (2010)	Investigar a influência do gênero e da escolaridade no diagnóstico de demência.	Intelectual	Zulliger
Brito et al. (2012)	Analisar a expressão da raiva e identificar características da personalidade de uma adolescente deficiente física vítima de maus tratos intrafamiliar.	Física	Rorschach
Lampert e Scortegagna (2014)	Verificar a sensibilidade do Zulliger pelo Sistema compreensivo (ZSC) para uma avaliação neuropsicológica de um adolescente com Epilepsia do Lobo Temporal (ELT).	Intelectual	Zulliger
Moreira e Castro (2016)	Discutir a possibilidade do emprego do Procedimento de Desenhos-Estórias (D-E) como recurso para avaliação psicológica de indivíduos com deficiência visual.	Visual	Desenhos-Estórias (D-E)

Autores (ano)	Objetivos	Tipo de deficiência	Método Projetivo
Silva (2017)	Explorar a imagem corporal no processo de constituição subjetiva de crianças com deficiência física congênita.	Física	Desenho da Figura Humana (DFH)
Silva e Herzberg (2017)	Revisar e discutir a literatura do DFH sobre pessoas com deficiência.	Física	Desenho da Figura Humana (DFH)

Nota. Fonte: Elaboração das autoras.

Campos et al. (2007) objetivaram verificar a representação do próprio corpo em homens com paraplegia não congênita. Participaram do estudo exploratório dois homens com idades entre 20 e 25 anos, que adquiriram a paraplegia cinco anos antes da pesquisa. Ambos responderam individualmente a uma entrevista semiestruturada e, posteriormente, ao Teste do Desenho da Figura Humana (DFH), conforme Van Kolck (1984). Os resultados indicaram que os participantes demonstraram alterações da imagem corporal, com indícios de conflito sexual e uso de mecanismos defensivos para minimizar as dificuldades diante do próprio corpo.

Cardoso e Capitão (2007) objetivaram buscar evidências de validade para uso do Teste das Pirâmides Coloridas de Pfister (TPC) no contexto da surdez, bem como analisar possíveis influências dos modelos educacionais nas crianças surdas. A pesquisa contou com 37 participantes ouvintes e 81 surdos. Os voluntários tinham entre 6 e 12 anos, de ambos os sexos e escolaridade desde a pré-escola até o Ensino Fundamental. Após comparar os grupos de surdos e ouvintes, observou-se aumento da cor Violeta (Vi), indicativo de ansiedade, em crianças surdas.

Cardoso e Capitão (2009) buscaram por evidências de validade do DFH para crianças surdas. Assim, administraram esse instrumento em 118 crianças, com idade entre 6 e 12 anos, sendo 37 ouvintes, 31 surdos oralizados, 29 surdos bilíngues e 21 de comunicação total. Não houve diferenças significativas entre os grupos de crianças surdas e ouvintes. Entre os surdos, observaram-se presenças dos indicadores emocionais *transparência* em crianças com comunicação total, *braços colados ao corpo* em surdos bilíngues, *nuvens* nas crianças oralizadas e com comunicação total, bem como uma diminuição do indicador *três ou mais figuras espontaneamente desenhadas* em crianças surdas bilíngues. Segundo os autores, esse resultado sugere que o grupo de surdos bilíngues parece ter menos indicadores de instabilidades emocionais que os demais.

Coelho et al. (2010) objetivaram investigar a influência do gênero e da escolaridade no diagnóstico de demência. Para análise, foram considerados os resultados de testes neuropsicológicos em prontuários de 20 pacientes, igualmente divididos por sexo, com mais de 60 anos de idade, realizados em uma clínica de Saúde Mental privada visando o diagnóstico de demência. Os instrumentos usados para o diagnóstico foram o WAIS-III (Versão Wechsler de 2004), a lista de REY (versão de Rey de1964), o Mini Exame do Estado Mental (versão de Folstein et al. de 1975), o teste projetivo Zulliger (versão de Zulliger e Salomon de 1970) e uma entrevista visando ao diagnóstico diferencial. De acordo com os autores, o Zulliger possibilitou avaliar o funcionamento psíquico e indícios de desintegração da personalidade; o grau de elaboração das respostas; o tipo de vivência e o modo de apreender a realidade; as possibilidades subjetivas do paciente quanto ao pragmatismo, à capacidade crítica, ao julgamento, à atenção e ao grau de produtividade; a capacidade de relacionamento interpessoal e os índices de angústia.

Brito et al. (2012) procuraram analisar a expressão da raiva e identificar características da personalidade de uma adolescente deficiente física vítima de maus-tratos intrafamiliar. Para isso, foi utilizado como instrumento projetivo o Teste de Rorschach administrado conforme o Sistema Compreensivo de Exner. Os resultados apontaram que a adolescente apresentou um tipo de vivência introversivo e carência de afetos, necessitando da proximidade de outras pessoas, embora haja dificuldade para ela se identificar com as pessoas de seu entorno. Além disso, observaram-se capacidade para tolerar frustrações e indícios de situações violentas ou traumáticas pelas quais a adolescente pode ter passado.

Lampert e Scortegagna (2014) avaliaram um adolescente de 18 anos de idade com ensino fundamental incompleto que chegou na clínica com demanda para avaliação neuropsicológica. Nos resultados da abordagem avaliativa com o uso de multimétodos, o Zulliger no

Sistema Compreensivo (ZSC) evidenciou alterações na tríade cognitiva, com significativos déficits cognitivos do paciente, dificuldades na percepção objetiva e adequada da realidade, desorientação, falha na síntese e conceituação, o que foi confirmado com *déficits* das funções cognitivas percebidas em outros testes. Esses resultados exemplificam as possibilidades de uso do ZSC para uma avaliação idiográfica.

Moreira e Castro (2016) analisaram a possibilidade de uso do Procedimento de Desenhos-Estórias (D-E) como recurso para avaliação psicológica de indivíduos com deficiência visual. O D-E foi administrado em 20 indivíduos adultos, sendo dez cegos e dez com baixa visão, dentre os quais 12 eram homens e oito mulheres, com estado civil e escolaridade variados. O espaço a ser utilizado foi delimitado por meio do uso de uma prancheta e era solicitado que os participantes fizessem o desenho de uma pessoa com deficiência visual, seguido da elaboração de uma história sobre o desenho, inquérito e atribuição de título à figura. Os resultados evidenciaram identificação positiva (n=8), figura fraterna positiva (n=15), sentimentos derivados do instinto de vida (n=13), necessidade de suprir faltas básicas (n=8), impulsos amorosos (n=15), ansiedade do tipo depressiva (n=13) e racionalização como mecanismo de defesa (n=7). Os autores ponderaram sobre a viabilidade de uso do D-E para explorar o dinamismo psicológico dos indivíduos com deficiência visual.

Silva (2017) explorou a imagem corporal no processo de constituição subjetiva de crianças com deficiência física congênita. Participaram do estudo duas crianças, com cinco e seis anos, bem como os seus cuidadores. Como instrumento projetivo, utilizou-se o DFH. Os resultados apontaram para a existência de aspectos próprios do desenvolvimento em cada uma das crianças e das relações que a criança estabelece e que podem interferir negativamente na sua imagem corporal.

Silva e Herzberg (2017) realizaram uma revisão da literatura do DFH em pessoas com deficiência física. Para tal, fizeram a busca nas bases de dados PsycNET, Web of Science, Scopus, Biblioteca Virtual em Saúde (BVS) e SIBiUSP, utilizando-se os descritores "physical disability", "human figures drawing" e "body image", bem como "deficiência física", "desenho de figuras humanas" e "imagem corporal" na BVS. Foram obtidos 16 trabalhos publicados entre 1949 e 2016. Os estudos envolviam avaliação da imagem corporal, comparação entre grupos e as críticas em relação ao procedimento. Os autores concluíram que o DFH oferece contribuições clínicas e científicas e apresenta questões a serem discutidas que necessitam de atualização da literatura.

Para além dos estudos realizados com os testes que possuem parecer favorável no Satepsi para uso no Brasil, foram identificados dois estudos que investigaram o Sistema de Imagens Projetivas de Apegos para Adultos (AAP) com pessoas com deficiência intelectual leve (Gallichan & George, 2014, 2018). No AAP, o examinando é solicitado a contar uma história em resposta a um conjunto padronizado de 8 desenhos de situações de apegos.

No primeiro estudo, Gallichan e George (2014) contaram com os protocolos do AAP de cinco adultos com deficiência intelectual leve, que produziram respostas verbais suficientes aos estímulos. Embora as respostas às histórias tenderam a ser mais curtas e menos elaboradas do que as de adultos em desenvolvimento mais típico, foi possível codificar e classificar todas as narrativas, mostrando que o AAP tem potencial como uma medida do estado mental de apego em adultos com deficiência intelectual.

No segundo estudo, que buscou analisar se o AAP é uma medida confiável e válida para avaliar os estilos de apego em adultos com deficiência intelectual, a amostra contou com 20 participantes. A confiabilidade entre os avaliadores, a validade de face e a utilidade clínica do AAP apresentaram também resultados promissores. As autoras apontaram que mais pesquisas são necessárias para avaliar a confiabilidade e validade do AAP nessa população e que é preciso um exame mais aprofundado desses achados com amostras maiores de indivíduos com deficiências. Vale destacar que esse foi o primeiro estudo que investiga a confiabilidade e validade do AAP nessa população (Gallichan & George, 2018).

Esse conjunto de pesquisas evidencia que poucos são os Métodos Projetivos estudados para uso em pessoas com deficiência. Ainda que sejam escassos os estudos nacionais e internacionais usando-os com pessoas com deficiência, é pertinente que se possa refletir sobre as possibilidades e os desafios de uso desses métodos com esse público. O instrumento que mais acumula pesquisas é o DFH (n=4), cuja versão à avaliação emocional está desfavorável no Satepsi.

Além disso, é preciso fazer uma distinção entre os tipos de deficiência física sensorial, como são as auditivas e visuais, e a não sensorial, como as físicas e intelectuais. Dentre os estudos apresentados, verificou-se que aqueles que retratavam a deficiência física sensorial foram menos frequentes. Acredita-se que isso pode ocorrer devido ao fato de que as deficiências físicas sensoriais requisitam alterações na uniformidade dos procedimentos de aplicação, que influenciariam diretamente nas estimativas de precisão e evidências de validade. A escassez de pesquisas e a fragilidade metodológica dos estudos encontrados sugerem que, para evoluir no uso de Métodos Projetivos em pessoas com deficiência, ainda é preciso estruturar propostas metodológicas mais alinhadas e com menos vieses.

Nota-se que todos os Métodos Projetivos da Figura 1 possuem estímulo visual e a maioria requer verbalizações durante a sua execução. Um teste que envolva estímulos visuais e seja não-verbal poderia ser utilizado com pessoas surdas, desde que administrados conforme a linguagem adotada pelo respondente. Entretanto, esse mesmo instrumento não poderia ser usado com pessoas com baixa visão ou cegas, na medida que depende de estímulo visual. Observa-se, desse modo, que atualmente no Brasil não há Métodos Projetivos passíveis de serem utilizados com cegos e os poucos que poderiam ser usados com surdos precisariam passar por estudos de suas qualidades psicométricas para esse público em específico. Assim, defende-se que o primeiro passo para uso dos Métodos Projetivos em pessoas com deficiência seria o estudo das evidências de validade desses instrumentos com públicos específicos. Para realizar essas pesquisas, é preciso que haja um profundo conhecimento da realidade do público-alvo e dos Métodos Projetivos.

Com relação aos Métodos Projetivos para cegos, o único estudo realizado foi o de Moreira e Castro (2016), que solicitaram aos cegos que desenhassem, delimitando a área a ser utilizada por uma prancheta. Há, portanto, um viés metodológico no estudo, visto que a tarefa solicitada pressupõe o uso da visão, sendo que os instrumentos psicológicos para uso com cegos devem passar por outras vias de estimulação que não seja a visual. Embora não haja pesquisas atuais, Amiralian (1997) fez menção ao teste Auditory Apperception Test (AAT) e Twitchell-Allen Three Dimensional Test. O ATT seria composto por 10 conjuntos de situações sonoras e, após escutar cada conjunto, o respondente seria convidado a relatar uma estória com começo, meio e fim usando os sons escutados. Entre os sons haveria diálogos, ventos, explosões, entre outros. Já o tridimensional Twitchell-Allen seria um teste tátil-cinestésico composto por

28 peças plásticas ambíguas e o respondente teria a tarefa de organizar as peças como desejasse e, em seguida, relatar uma estória.

No que se refere à utilização dos Métodos Projetivos com Surdos, nota-se que os dois únicos estudos da Figura 1 visando a qualidade psicométrica desses instrumentos para uso com esse público foram realizados com o TPC e com o DFH (Cardoso & Capitão, 2007, 2009). Buscar evidências de validade dos métodos verbais, tais como o Zulliger, o Rorschach e as variações do TAT, seriam contraindicadas para uso com Surdos. Não seria suficiente ser fluente na Língua Brasileira de Sinais (Libras), pois seria preciso repensar a forma de apresentar a tarefa, a maneira de fazer as anotações e, principalmente, considerar que a estrutura linguística da Libras é diferente do português. Isso significa que seria preciso um estudo de adaptação do instrumento para uso com Surdos, o que talvez não seja viável considerando o número reduzido de psicólogas(os) que têm os conhecimentos requeridos em avaliação psicológica, especificamente para manuseio desses métodos, e fluência em Libras.

Em relação ao uso dos Métodos Projetivos com pessoas com deficiência intelectual, foram encontrados dois estudos, ambos com o Zulliger (Coelho et al., 2010; Lampert & Scortegagna, 2014). Destaca-se, entretanto, que Coelho et al. (2010) utilizou versão antiga do Zulliger e de outros testes, cujos estudos não estão atualizados. Além disso, conversas verbais longas podem ser difíceis para diversas pessoas com deficiência intelectual, mesmo para aquelas que possuem a linguagem oral preservada, sugerindo que responder a instrumentos que demandam narrativas extensas pode ser difícil para essa população. A partir disso, depreende-se que o desenvolvimento de pesquisas com técnicas verbais de rápida aplicação e técnicas não verbais seriam mais indicadas.

Por fim, ao tratar do uso dos Métodos Projetivos com pessoas com deficiências físicas, a maioria dos estudos usou o Desenho da Figura Humana, visando explorar aspectos da imagem corporal. O uso do desenho para avaliação da imagem corporal é adequado. Além disso, tem-se que, a depender da região do corpo afetada pela deficiência, não há demanda de estudos específicos para adaptação da técnica em si. Por exemplo, uma pessoa que tenha nascido com alguma deformidade na mão, que não prejudique o manuseio dos estímulos, poderia responder a qualquer um dos métodos projetivos sem que isso demande novos estudos. Por outro lado, uma pessoa tetraplégica teria dificuldade para responder a qualquer um dos testes existentes. Tem-se a hipótese de que a administração informatizada de alguns desses métodos poderia contribuir, por exemplo, para o uso com pacientes tetraplégicos que se comunicam por meio de recursos tecnológicos. Para tanto, seria preciso pensar as adaptações necessárias ao material.

Outro caminho a ser pensado é o uso das tecnologias de informação a favor dos instrumentos. Uma possibilidade seria que alguns desses métodos pudessem ser adaptados para administração informatizada. Sobre isso, cabe reforçar a diferença entre a administração informatizada e a remota, conforme Nota Técnica do CFP Nº 7/2019/GTEC/CG. Na primeira, tem-se que o processo de resposta ao estímulo pode ser mediada por recursos tecnológicos, como computadores e tablets, enquanto a segunda versa sobre a possibilidade de administração à distância, isto é, sem a presença física da(do) psicóloga(o) no local da aplicação do teste (CFP, 2019c). Sendo assim, antes de citar a perspectiva de administração informatizada, é preciso reforçar a necessidade do desenvolvimento de pesquisas com o uso dos Métodos Projetivos por vias remotas. Embora os estudos mostrem que a relação face a face e os detalhes do comportamento verbal e não verbal do examinando sejam partes fundamentais para uso e interpretação dos resultados, é necessário avançar e acompanhar as necessidades da população no sentido de preservação da vida sem deixar de ofertar serviços de saúde mental em situações contextuais como a emergência de pandemias, e que podem requerer outras modalidades do uso destes instrumentos.

Pensando na possibilidade de administração informatizada, tem-se que, no caso dos Métodos Projetivos, os estudos de equivalência pressupõem que seja realizada a adaptação do recurso para os meios informatizados. Salienta-se, assim, uma atenção especial à interferência do tamanho da imagem, da luminosidade, do brilho e do tamanho da tela nas cores e nos sombreados dos estímulos, entre outros aspectos. Desse modo, os estudos demandariam expertise em relação aos recursos tecnológicos existentes, além dos outros cuidados já abordados neste capítulo.

A escassez de estudos com o uso de técnicas projetivas em avaliações com pessoas com deficiência, tanto no cenário brasileiro quanto internacional, traz reflexões importantes sobre as perspectivas de uso desses instrumentos psicológicos com essa população, demonstrando sobretudo a necessidade dos pesquisadores de preencher tal lacuna. Isso porque, sem medidas confiáveis que tenham evidências de validade para avaliações com esse público, a compreensão profunda da dinâmica de personalidade e do funcionamento mental permanece teórica e com poucas evidências empíricas de apoio.

Referências

Amiralian, M. L. T. M. (1997). *Compreendendo o cego: Uma visão psicanalítica da cegueira por meio de Desenhos-Estórias.* Casa do Psicólogo.

Brasil. (2015). *Lei Nº 13.146, de 6 de julho de 2015.* http://www.planalto.gov.br/ccivil_03/_ato2015-2018/2015/lei/l13146.htm

Brito, A. S. T., Mendonça, A. C. M., & Johann, R. L. V. O. (2012). Adolescente deficiente física vítima de maus-tratos: Um estudo da expressão da raiva por meio do STAXI e Rorschach. In D. M. Amparo, E. T. K. Okino, F. de L. Osório, C. L. C. Hisatugo, & M. Tavares (Eds.), *Métodos Projetivos e Avaliação Psicológica: Atualizações, Avanços e Perspectivas* (pp. 459–469). Anais do VI Congresso da Associação Brasileira de Rorschach e Métodos Projetivos. http://newpsi.bvs-psi.org.br/ebooks2010/pt/Acervo_files/MetodosProjetiv-AvaliacPsi.pdf

Coelho, C. L. M., Bastos, C. L., Camara, F. P., & Landeira-Fernandez, J. (2010). A influência do gênero e da escolaridade no diagnóstico de demência. *Estudos de Psicologia (Campinas), 27*(4), 448-456. https://doi.org/10.1590/S0103-166X2010000400003

Campos, M. T., Avoglia, H. R. C., & Custódio, E. M. (2007). A imagem corporal de indivíduos com paraplegia não congênita: um estudo exploratório. *Psicólogo Informação, 11*(11), 27-55. http://pepsic.bvsalud.org/scielo.php?script=sci_arttext&pid=S1415-88092007000100003

Cardoso, L. M., & Capitão, C. G. (2007). Avaliação psicológica de crianças surdas pelo Teste das Pirâmides Coloridas de Pfister. *Psico-USF, 12*(2), 135-144. https://doi.org/https://doi.org/10.1590/S1413-82712007000200002

Cardoso, L. M., & Capitão, C. G. (2009). Evidências de validade do Teste do Desenho da Figura Humana para o contexto da surdez. *Avaliação Psicológica, 8*(2), 245-254. http://pepsic.bvsalud.org/scielo.php?script=sci_arttext&pid=S1677-04712009000200010

Cardoso, L. M., & Silva-Filho, J. H. (2018). Satepsi e a Qualidade Técnica dos Testes Psicológicos no Brasil. *Psicologia: Ciência e Profissão, 38*(n. spe.), 40-49. http://dx.doi.org/10.1590/1982-3703000209112

Conselho Federal de Psicologia. (2018). *Resolução N° 9/2018*. http://satepsi.cfp.org.br/docs/Resolu%C3%A7%C3%A3o-CFP-n%C2%BA--09-2018-com-anexo.pdf

Conselho Federal de Psicologia. (2019a). *Prêmio Profissional Avaliação Psicológica direcionada a Pessoas com Deficiência*. https://site.cfp.org.br/wp-content/uploads/2019/07/CFP_livrodigital_premio2.pdf

Conselho Federal de Psicologia. (2019b). *Nota Técnica N° 4/2019/GTEC/CG*. http://satepsi.cfp.org.br/docs/NotaTecnica042019.pdf

Conselho Federal de Psicologia. (2019c). *Nota Técnica N° 7/2019/GTEC/CG*. https://site.cfp.org.br/wp-content/uploads/2019/10/Nota-T%C3%A9cnica-CFP-07.2019.pdf

Frank, L. K. (1939). Projective Methods for the Study of Personality. *The Journal of Psychology, 8*(2), 389-413. https://doi.org/https://doi.org/10.1080/00223980.1939.9917671

Gallichan, D. J., & George, C. (2014). Assessing attachment status in adults with intellectual disabilities: The potential of the adult attachment projective picture system. *Advances in Mental Health and Intellectual Disabilities, 8*(2), 103-119. https://doi.org/https://doi.org/10.1108/AMHID-10-2012-0004

Gallichan, D. J., & George, C. (2018). The Adult Attachment Projective Picture System: A pilot study of inter-rater reliability and face validity with adults with intellectual disabilities. *Advances in Mental Health and Intellectual Disabilities, 12*(2), 57-66. https://doi.org/https://doi.org/10.1108/AMHID-11-2017-0036

Instituto Brasileiro de Geografia e Estatística. (2010). *Principais resultados - Características gerais da população, religião e pessoas com deficiência*. https://www.ibge.gov.br/estatisticas/sociais/populacao/9662-censo-demografico-2010.html?edicao=9749&t=destaques.

Janczura, R. (2012). Risco ou vulnerabilidade social? *Textos & Contextos (Porto Alegre), 11*(2), 301-308. http://revistaseletronicas.pucrs.br/ojs/index.php/fass/article/view/12173/8639

Lampert, C. T., & Scortegagna, S. A. (2014). Avaliação neuropsicológica de um caso de epilepsia com o uso do Zulliger. In S. R. P. Pasian, E. T. K. Okino, D. M. Amparo, F. R. Freitas, F. de L. Osório, & S. R. Loureiro (Eds.), *Desafios para a prática ética da avaliação psicológica* (pp. 300-311). Anais do VII Congresso Brasileiro de Rorschach e Métodos Projetivos. https://www.asbro.org.br/arquivos/Desafios_para_a_pratica_etica_da_Avaliacao_Psicologica_Livro_CD_VII_Cong_ASBRo_2014.pdf

Leite, L. P., & Lacerda, C. B. F. (2018). A construção de uma escala sobre as concepções de deficiência: Procedimentos metodológicos. *Psicologia USP, 29*(3), 432–441. https://doi.org/https://doi.org/10.1590/0103-65642018109

Moreira, B. S., & Castro, P. F. (2016). O emprego do Desenho-Estória com Tema como estratégia para avaliação em indivíduos com deficiência visual. In E. T. K. Okino, P. F. Castro, F. de L. Osório, S. R. Pasian, S. A. Scortegagna, L. M. Cardoso, F. R. Freitas, & A. E. Villemor-Amaral (Eds.), *Métodos projetivos e suas demandas na Psicologia contemporânea* (174-188). Anais do VIII Congresso Brasileiro de Rorschach e Métodos Projetivos. https://www.asbro.org.br/arquivos/Metodos_projetivos_e_suas_demandas_na_Psicologia_Contemporanea__Livro_CD_VIII_Cong_ASBRo_2016.pdf

Oliveira, C. M. (2013). *Evidências de Validade de uma Bateria Informatizada para Avaliação da Personalidade Adaptada ao Desenho Universal* [Dissertação de Mestrado, Universidade Federal de Santa Catarina]. Repositório Institucional UFSC. https://repositorio.ufsc.br/bitstream/handle/123456789/107335/317793.pdf?sequence=1&isAllowed=y

Oliveira, C. M., & Nunes, C. H. S. da S. (2015). Instrumentos para Avaliação Psicológica de Pessoas com Deficiência Visual: Tecnologias para Desenvolvimento e Adaptação. *Psicologia: Ciência e Profissão, 35*(3), 886-899. http://dx.doi.org/10.1590/1982-3703001902013

Santos, W. R. (2008). Pessoas com Deficiência: nossa maior minoria. *Physis Revista de Saúde Coletiva, 18*(3), 501-519. https://doi.org/10.1590/S0103-73312008000300008

Silva, D. R. (2017). *Explorando a imagem corporal de crianças com deficiência física congênita: limites, traços e riscos* [Dissertação de Mestrado, Universidade de São Paulo]. Biblioteca Digital USP. http://dx.doi.org/10.11606/D.47.2017.tde-15092017-110337

Silva, D. R., & Herzberg, E. (2017). Desenho da Figura Humana: Avaliação da imagem corporal na deficiência física. *Avaliação Psicológica, 16*(1), 106-115. http://dx.doi.org/10.15689/ap.2017.1601.12

Capítulo 3

PSICODIAGNÓSTICO EM POPULAÇÕES ESPECÍFICAS COM QUADROS CLÍNICOS: OLHAR INCLUSIVO

Makilim Nunes Baptista
Lisandra Borges
Leonardo de Oliveira Barros

Avaliação Psicológica na Prática Clínica: definições e características

Este capítulo tem como objetivo abordar a Avaliação Psicológica (AP) enquanto processo no contexto da inclusão. A AP vem se desenvolvendo a passos largos no Brasil, principalmente nas últimas duas ou três décadas, sendo acompanhada de diversas iniciativas de pesquisadores e instituições preocupados com sua evolução. Assim, grupos de pesquisadores isolados, programas de pós-graduações, Sistema Conselho (Conselhos Federal e Regionais de Psicologia), além dos institutos independentes de profissionais (ex. Instituto Brasileiro de Avaliação Psicológica – IBAP) vêm instigando diversas iniciativas, tais como publicações técnicas (periódicos, livros, normativas, artigos, volumes temáticos, cartilhas) e eventos (congressos, jornadas, anos temáticos), no sentido de desenvolver a área. Logo, a AP em alguns espaços alcançou níveis de desenvolvimento bastante avançados, como na saúde e na clínica. No entanto, sua aplicação em outras áreas ou subáreas ainda carecem de maiores investimentos políticos, técnicos e científicos, tal como em contextos de inclusão, foco deste capítulo.

A avaliação psicológica é uma atividade privativa do psicólogo e é definida pelo Conselho Federal de Psicologia (CFP) como um processo estruturado de investigação de fenômenos psicológicos, sendo que em sua realização podem ser utilizados diferentes métodos, técnicas e instrumentos de acordo com os objetivos, demandas e contextos (2008). Uma vez que seu objetivo é favorecer a tomada de decisão, cabe ao profissional que irá conduzir o processo definir as melhores estratégias que possam auxiliar no levantamento de informações que beneficiem o indivíduo, grupos ou instituições que solicitarem o serviço. Cabe ressaltar que a prática da avaliação psicológica é frequente em diferentes campos de atuação da Psicologia (Primi, 2018), também recorrente em processos de psicodiagnóstico. Assim, ao considerar que o Código de Ética Profissional do Psicólogo (Resolução 010/2005) tem como um dos princípios fundamentais a promoção da universalização do acesso aos serviços psicológicos, torna-se necessário refletir quais são os avanços já realizados e o que ainda é necessário superar para tornar as práticas de psicodiagnóstico mais inclusivas.

Ainda a respeito de sua contextualização, a avaliação psicológica é um processo complexo, dinâmico e sistemático, que por meio de diferentes métodos e base científica sólida, busca compreender aspectos relevantes do funcionamento psíquico de uma pessoa em um determinado momento da vida, ou até mesmo predizer o seu funcionamento num tempo futuro (APA, AERA, & NCME, 2014, Tavares, 2003). Trata-se de um processo amplo, que se apoia em um conjunto de procedimentos de coleta de dados para testar as hipóteses levantadas inicialmente (Hutz, 2009).

A investigação deve se estender a diferentes aspectos da vida do avaliado, como histórico de vida, acadêmico, clínico, funcional, adaptativo, socioemocional, dentre outros que se fizerem necessários. Para isso, o psicólogo deverá fazer uso de diferentes recursos e técnicas, tais como entrevistas, observação, exame do estado mental, escalas, instrumentos padronizados para investigação de domínios cognitivos, afetivo e comportamental, análise de prontuários, dentre outros (Baptista & Borges, 2017; Cohen, Swerdlik, & Sturman, 2014; Hutz, 2009; Meyer et al., 2001; Urbina, 2007).

É certo que o processo de avaliação psicológica pode ser realizado em diferentes contextos da psicologia e diferem quanto ao seu objetivo. Embora existam diferenças fundamentais na condução em determinadas áreas, de maneira geral os propósitos de um processo avaliativo são *descrever* o funcionamento do avaliado naquele dado momento; *identificar* necessidades e indicar possíveis encaminhamentos e intervenções; *contribuir* para o diagnóstico diferencial; monitorar a evolução do tratamento e *oferecer* devolutiva sobre os resultados encontrados (Baptista, Hauck-Filho, & Borges, 2017; Meyer et al., 2001).

A partir da explanação, fica claro que a avaliação psicológica é uma prática importante em diferentes áreas da psicologia. Contudo, quando realizada em contexto clínico com fins diagnósticos, alguns profissionais a denominam psicodiagnóstico (Krug, Trentini, & Bandeira, 2009). Distante de uma discussão conceitual, o intuito aqui é apenas apontar uma diferença terminológica, que certamente não deve levantar grandes questionamentos. Não obstante tenha um embate taxonômico, os pressupostos básicos são muito próximos e diferentes autores entendem avaliação psicológica clínica e psicodiagnóstico como sinônimos. O psicodiagnóstico é um processo de investigação e intervenção clínica, sustentado em base científica, que deve ser realizado em um período de tempo limitado, e o profissional deve lançar mão de testes e técnicas com propósito de avaliar uma ou mais características psicológicas, visando o diagnóstico psicológico (Cunha, 2000; Krug et al., 2009).

Para o adequado andamento do processo psicodiagnóstico, o psicólogo deve partir da pergunta inicial, a qual está atrelada à queixa ou demanda trazida pelo avaliado e/ou do profissional/instituição do encaminhamento recebido. A partir dessa pergunta é possível levantar uma ou mais hipóteses clínicas, que serão refutadas ou confirmadas ao final do processo. A definição da demanda é o que vai pautar os próximos passos do avaliador (Serafini, 2019). Com a clareza do que pretende responder a partir da queixa trazida, o psicólogo fará seu planejamento, esquematizando o número de sessões e utilizando seu protocolo de técnicas que deverá apoiar todo seu raciocínio clínico.

Dentre os objetivos mais comuns do psicodiagnóstico estão a *descrição* (identificação e descrição das forças e fraquezas, e.g. avaliação de prejuízos neuropsicológicos); *classificação nosológica* (confirmação ou não das hipóteses levantadas com base nos manuais diagnósticos); *diagnóstico diferencial* (investigação das irregularidades e inconsistências do quadro sintomático – para isso é preciso sensibilidade clínica e conhecimentos avançados em psicopatologia e técnicas sofisticadas de diagnóstico); *avaliação compreensiva* (perspectiva mais global, na qual se determina o funcionamento da personalidade, examinando as funções do ego e, nesse caso, a avaliação se baseia em teorias psicodinâmicas e muito possivelmente não utiliza testes psicológicos padronizados); *entendimento dinâmico* (vai além da avaliação compreensiva, pressupondo inferência clínica e identificando conflitos); *prevenção* (identificação de problemas e desajustes precocemente, avaliando riscos) e *prognóstico* (determinação do curso provável) (Cunha, 2000).

A partir do objetivo do psicodiagnóstico, o profissional estabelece então os caminhos da sua investigação, lembrando que poderá ou não fazer a escolha por testes psicométricos. Referente a isso, independentemente dos instrumentos que farão parte do seu protocolo, dois tipos de premissas deverão apoiar o raciocínio clínico do avaliador, são elas a quantitativa e qualitativa, ou também como estabelecidas, premissas nomotéticas e idiográficas. Esse tipo de abordagem é importante em qualquer processo de avaliação e, portanto, ao se referir a populações específicas, em que as singularidades podem ficar mais evidentes, esses aspectos serão de grande valia. A premissa nomotética é relativa ao grupo, ou seja, o resultado obtido nos testes pelo avaliado será comparado com o resultado médio atingido por um grupo normativo. Em outras palavras, esse questionamento responde a pergunta: Para tal construto, o avaliado está dentro da média do que é esperado para sua idade (pode ser ano escolar, sexo, isso depende do construto avaliado), quando é comparado a um grupo com as mesmas características?

Já a perspectiva idiográfica tem o foco no indivíduo e, por essa razão, o interesse não é no seu desempenho relativo a um grupo previamente estabelecido, mas em sua própria performance em momentos diferentes ou em situações semelhantes, avaliadas por métodos independentes (Haase et al., 2012). Nesse sentido, a sugestão é por uma avaliação quantitativa somada a uma qualitativa, em que o profissional respeite as singularidades do avaliado. Assim, o profissional que realiza o psicodiagnóstico deve integrar os resultados para além dos escores fatoriais e tabelas normativas (Tavares, 2003).

Logo, a AP na clínica (ou psicodiagnóstico) é parte fundamental para a compreensão dos processos psicológicos e sociais do paciente (ou cliente), no sentido de viabilizar o planejamento de intervenções adequadas e eficazes no aumento do bem-estar e qualidade de vida de quem a utiliza. Para além da noção tradicional da avaliação em diferentes contextos, há de se considerar que particularidades e outros contextos mais específicos também fazem parte do cotidiano do psicólogo e exigem habilidade, conhecimentos e técnicas específicas para seu manejo.

Avaliação psicológica inclusiva

O desenvolvimento de práticas inclusivas visa permitir com que todas as pessoas interessadas possam usufruir dos serviços sem discriminação ou esforço desnecessário. Em geral, tem-se a ideia de que a acessibilidade é algo voltado apenas para pessoas com deficiência, quando na realidade pode também eliminar barreiras para pessoas com mobilidade reduzida temporariamente ou por outras condições. No caso da realização do psicodiagnóstico e da avaliação psicológica, é necessário que a acessibilidade esteja no espaço físico por meio da obediência às diretrizes ergonômicas, mas que não se limite apenas a essa dimensão. De acordo com a *American Psychological Association* (APA, 2011) é fundamental garantir que os instrumentos sejam acessíveis tanto em seu formato quanto nas normas que embasam a interpretação dos seus escores. Além disso, o profissional precisa conhecer as especificidades do público com o qual irá trabalhar, seu percurso desenvolvimental que pode ser diferente de um desenvolvimento típico e os impactos da condição na formação subjetiva e psíquica (Barros, 2019).

Para padronização do termo, neste capítulo populações específicas serão entendidas como qualquer grupo que apresente uma condição ou características que encontre barreiras atitudinais e arquitetônicas que limitem sua plena participação social. Conforme apontado por Scott (2005), a igualdade só existe quando a diferença for reconhecida e legitimada, adequando-se às ações para as necessidades de cada grupo. De tal modo, não há como estabelecer um único grupo como o representante de todas as categorias que se enquadrariam como populações específicas, considerando que as particularidades serão definidas à medida que cada grupo for citado.

A falta de acessibilidade nos serviços especializados e instrumentos psicológicos desenvolvidos para e com normatização própria para determinadas populações acaba por limitar o acesso de públicos que também se beneficiariam das intervenções. Em geral, a construção social é pautada pela perspectiva de pessoas com desenvolvimento típico ou sem algum tipo de deficiência o que conduziu, historicamente, à oferta de serviços para populações específicas serem realizada predominantemente em algumas instituições especializadas no atendimento destes públicos (Villela, 2008).

Os serviços especializados contribuem para a acolhida e resolução das demandas desses grupos ao mesmo tempo que expõem lacunas como a falta de formação adequada que prepare os profissionais para o atendimento de populações específicas. Nesse sentido, a formação em Psicologia no Brasil tem uma série de limitações para capacitar os profissionais para o manejo de questões clínicas de pessoas com deficiência ou outras condições atípicas nos diversos campos de atuação profissional, tais como a baixa carga horária de disciplinas acerca da inclusão ou ausência de práticas de estágios que contemplem uma população diversa (Barros, 2019). Além disso, é observado, em termos de desenvolvimento de instrumental próprio, baixa frequência, interesse e até raros os programas de pós-graduação *stricto sensu* com docentes e/ou linhas de pesquisa para o desenvolvimento de, por exemplo, escalas próprias para populações diferenciadas, assunto do próximo tópico.

Instrumentos psicológicos no psicodiagnóstico com populações específicas

O uso dos instrumentos psicológicos em qualquer contexto de atuação deve se pautar nos princípios éticos da profissão. De acordo com a Resolução 09/2018 (CFP, 2018) cabe ao profissional escolher os métodos, técnicas e instrumentos a serem utilizados na avaliação psicológica. A resolução estabelece que os psicólogos só podem utilizar instrumentos adequados às normas vigentes, respaldados pela literatura científica e que possam ser considerados aptos ao uso, de acordo com a classificação prévia do Sistema de Avaliação dos Testes Psicológicos (SATEPSI, 2020). Cabe ressaltar que a referida resolução passou a permitir o uso de instrumentos não privativos como fontes complementares para o levantamento de informações e tomada de decisão desde que possuam respaldo na literatura. Todavia, esses instrumentos não devem ser utilizados isoladamente ou como fontes principais para embasar as decisões que emergirão dos processos avaliativos.

A possibilidade oferecida pela Resolução 09/2018 (CFP, 2018) reforça a importância de se ter uma formação de qualidade para que haja maior criticidade acerca da adequação desses instrumentos em relação às propriedades psicométricas e para o público ao qual se pretende utilizar. Ao analisar as produções decorrentes das pesquisas em Psicologia verifica-se uma incipiência de investigações com populações específicas. Conforme apontado por Gesser e Nuernberg (2014), em geral, os estudos não são representativos, perpetuam um modelo biomédico e não consideram o contexto social brasileiro, uma vez que se pautam em bases epistemológicas norte-americanas. Todavia, apesar da baixa representatividade, há iniciativas de pesquisadores que buscam refletir acerca da acessibilidade nos serviços psicológicos e no campo do psicodiagnóstico.

Assim, visando fazer uma breve contextualização da produção nacional acerca de psicodiagnóstico com populações específicas foi realizada uma busca na base de dados do *Google Scholar* no mês de junho de 2020. O período considerado foi do ano 2000 a 2020, tendo sido utilizadas como palavras-chave os descritores "psicodiagnóstico" associado a "inclusão", "deficiência", "diversidade", "populações específicas". Foram considerados apenas os estudos empíricos, com participantes brasileiros e publicados em revistas indexadas. Os resultados são apresentados na Figura 1.

Figura 1 – Descrição dos estudos de psicodiagnóstico com populações específicas no cenário nacional (período de 2000 a 2020)

População	Instrumentos	Contexto	Autores / Ano
Adultos com esquizofrenia	Rorschach	Hospital psiquiátrico	Santos (2000)
Crianças com Encefalopatia Crônica Infantil Não-Evolutiva (ECINE).	Teste de Bender Escala Terman-Merril	Instituição especializada	Rodrigues e Macedo (2004)
Crianças surdas	HTP	Escolar	Peres (2004)

População	Instrumentos	Contexto	Autores / Ano
Crianças vítimas de violência doméstica	Teste das Fábulas de Düss	Instituição de atendimento infantil	Tardivo et al. (2005)
Mulheres adultas em cirurgia bariátrica (obesidade)	Teste do Desenho da Figura Humana Teste de Apercepção Temática	Clínica-escola	Mishima e Barbieri (2009)
Adolescentes e adultos em vulnerabilidade social	HTP Teste Gestáltico Visomotor de Bender Teste de Fábulas WISC III	CRAS	Grana e Bastos (2010)
Crianças e adolescentes com autismo	WISC Rorschach	Clínica	Araújo et al. (2011)
Dependência química infantil	HTP WISC-IV	Clínica-escola	Affonso et al. (2016)

Nota. Fonte: Elaboração dos autores.

As produções em psicodiagnóstico com populações específicas também são escassas de modo similar ao de outras áreas da Psicologia (Gesser & Nuernberg, 2014), visto que apenas oito estudos foram selecionados a partir dos critérios estabelecidos em um período de 20 anos. É provável que outros estudos tenham sido realizados nesse mesmo sentido, mas não incluídas as palavras-chave solicitadas. Logo, esse resultado deve ser visto com cautela. Observa-se que a maior parte das investigações foi realizada com crianças ou adolescentes, sendo que esse tende a ser o público mais contemplado em psicodiagnóstico, em geral por encaminhamentos referentes a queixas escolares (Vagostello, Albuquerque,

Queiroz, Lopes, & Silva, 2017). Nesse levantamento as motivações para a realização de psicodiagnóstico envolveram outras condições no intuito de verificar a adequação dos instrumentos e processos para os públicos e suas condições específicas.

Em relação aos instrumentos psicológicos utilizados é possível observar que os testes projetivos foram os mais frequentes, seguidos dos instrumentos de inteligência. Em geral, os testes projetivos costumam ser amplamente utilizados no ensino e prática do psicodiagnóstico por sua aplicabilidade para avaliação da personalidade (Freitas & Noronha, 2005). No caso das populações específicas, é possível que esses testes sejam mais frequentes por não demandarem tantas adaptações para uso e pelo fato de que a população dos estudos tinha a capacidade visual e motora preservada. Por sua vez, instrumentos com estímulos padronizados, como no caso dos testes objetivos compostos por itens, podem ser mais complexos para aplicação em algumas situações. Por exemplo, a alfabetização de pessoas surdas nem sempre ocorre na língua portuguesa, podendo dificultar a compreensão dos itens ou até mesmo inexistir sinais para a tradução de palavras mais específicas caso o psicólogo opte por traduzir os itens para Libras.

Especificamente ao pensar o uso de instrumentos no psicodiagnóstico de pessoas com deficiência, é necessário que as alterações nas instruções e aplicação sejam realizadas inicialmente no contexto da pesquisa para que se analise se o instrumento continuará com propriedades psicométricas adequadas para mensuração do construto (APA, 2011). Conforme as diretrizes éticas da categoria (Resolução 010/2005), não é de responsabilidade do profissional – em seu contexto de atuação prática – realizar alterações nos instrumentos ou desenvolver novas formas de uso ainda que se tenha intenção benéfica. Tais alterações, sem estudos de evidência de validade adequados, podem comprometer a qualidade das interpretações realizadas.

Importante lembrar que por mais que os testes tragam contribuições valiosas aos processos avaliativos, eles não são a única ou a mais importante estratégia de coleta de dados. Na ausência de instrumentos com evidências de validade para populações específicas, o uso de outros meios de coleta de informações (entrevistas, observações, ludodiagnóstico, entre outros) podem gerar resultados mais proveitosos e confiáveis (Barros, 2019). Além disso, a normatização de um instrumento para populações específicas também acaba sendo mais difícil pelo acesso a instituições e número de pessoas adequados para se propor uma normatização. Isso porque essa etapa necessitaria de um número adequado de pessoas com determinadas características, a fim de se ter parâmetros de comparabilidade com outras pessoas com as mesmas particularidades, além da questão culturas/regional, que pode ser mais uma dificuldade, necessitando amostras de outras regiões do Brasil.

Cuidados éticos no psicodiagnóstico com populações específicas

Independente do público avaliado em psicodiagnóstico, como já assinalado, é necessário seguir as diretrizes éticas da profissão de modo a prestar serviços apenas para os quais o profissional esteja preparado, utilizando instrumentos favoráveis ao uso e adequados para o público e contexto no qual a avaliação será realizada, assunto abordado na Resolução 010/2005 (CFP, 2005). Ainda, é fundamental que o uso dos resultados decorrentes dos testes psicológicos não seja utilizado para reforçar preconceitos, estereótipos ou legitimar processos excludentes. As informações obtidas devem ser compreendidas como parte de um processo maior, pertencentes a um determinado momento histórico e social, com a percepção crítica dos seus impactos nos indivíduos, grupos e na sociedade (Bicalho, 2018).

No caso do psicodiagnóstico com populações específicas, tais recomendações devem ser observadas ainda mais criteriosamente, haja vista que esses grupos já encontram barreiras de segregação ou estereótipos na sociedade, não devendo ser reforçadas nos serviços psicológicos. O uso de instrumentos psicológicos com populações específicas acontece desde os primórdios da história da avaliação psicológica, porém não com o objetivo de gerar melhores condições para esses grupos a partir das avaliações. As primeiras escalas de inteligência tinham como objetivo separar aqueles com problemas intelectuais dos ditos "normais/aptos" sem que houvesse uma preocupação em oferecer intervenções ou repensar as questões sociais para os que fossem classificados com deficiência intelectual (Barros, 2019).

O uso equivocado dos instrumentos psicológicos, com propósitos inadequados e sem contextualização com a realidade histórica e social foi, e continua sendo, um dos motivos para as críticas em relação aos testes psicológicos e ao campo da avaliação psicológica (Bicalho, 2018). Entretanto, o problema aqui não é o campo ou mesmo os testes (apesar de raros), mas sim a postura do profissional. Sendo assim, por mais que haja investimentos no aperfeiçoamento psicométrico dos instrumentos e no seu alcance em relação a públicos diversos, se não houver competências adequadas do profissional para o manejo, interpretação e crítica dos resultados, os problemas éticos se manterão. De tal modo, é fundamental que o profissional que irá se valer da avaliação psicológica com populações específicas atente-se ao fato de que o processo deve ter como objetivo favorecer as melhores decisões para a resolução de uma demanda e não a criação de mais um rótulo ou de uma barreira que prejudique a plena participação social dos sujeitos.

Por fim, é preciso lembrar que o paciente/cliente do processo tem direito às informações relativas aos objetivos do psicodiagnóstico e daquelas decorrentes da avaliação psicológica (Resolução 010/2005). Assim, a menos que o cliente seja criança, adolescente ou interdito, não há motivos para considerar o cliente com alguma condição específica como incapaz de receber as informações ou se responsabilizar pelo processo. Pelo contrário, o cliente precisa ter participação ativa ao longo do psicodiagnóstico, sendo que tal envolvimento pode contribuir para o fornecimento de informações que sejam úteis para as decisões que serão tomadas em decorrência do psicodiagnóstico realizado.

Considerações finais

O objetivo deste capítulo foi discutir, mesmo que de forma parcial, algumas questões relevantes da Avaliação psicológica (AP) em contextos de inclusão. Assim, a definição e as características da AP na prática clínica entraram como o primeiro tópico abordado, bem como sua aproximação semântica e técnica com o psicodiagnóstico. Nesse sentido, o psicodiagnóstico é um processo complexo, multideterminado, que necessita de utilização de multimétodos e conhecimentos abrangentes e específicos do profissional, tanto do ponto de vista teórico-prático, como da perspectiva técnica e ética. Especificamente no caso de avaliação em contextos de inclusão, é fundamental que o psicólogo compreenda as nuances das características de quem está passando pelo processo, a fim de evitar o comprometimento de estereótipos sociais pré-existentes.

Na sequência, foram abordados aspectos mais conceituais da avaliação inclusiva, sendo citadas algumas pesquisas que tinham como objetivo a utilização, adaptação e/ou estudos de evidência de validade de instrumentos psicológicos em grupos específicos, novamente abordando os cuidados éticos que o profissional deve ter na prática da AP nesses contextos. Importante citar que ainda se percebe poucas iniciativas sobre o desenvolvimento de instrumental próprio, bem como formação especializada nessa área de atuação, o que dificulta o trabalho do profissional. Contudo, algumas iniciativas podem ser observadas na literatura científica, que funcionam como modelos para novos estudos. Por fim, é possível afirmar que linhas de pesquisas em AP em contextos inclusivos podem ser grandes núcleos agregadores de profissionais que estejam preocupados em desenvolver métodos de avaliações próprios desse contexto.

Referências

Affonso, R. M. L., Guedes, F. F., & Araujo, S. C. (2016). Ludodiagnóstico: a dependência química e a dinâmica familiar. *Psicologia - O Portal dos Psicó logos*. https://www.psicologia.pt/artigos/textos/A1033.pdf

American Educational Research Association, American Psychological Association, & National Council of Measurement in Education. (2014). *Standards for educational and psychological testing*. American Educational Research Association.

American Psychological Association. (2011). Guidelines for assessment of and intervention with persons with disabilities. *The American Psychologist, 67*(1), p. 43. https:/doi.org/10.1037/a0025892

Araújo, C. A., Nascimento, R. S. G. F., & Junior, F. B. A. (2011). Autismo e psicodiagnóstico de Rorschach. *Psico, 42*(4), 434-441.

Baptista, M. N.; & Borges, L. (2017). Processo de Avaliação no Contexto da Saúde. In R. Gorayeb, M. C. Miyazaki, & M. Teodoro. *PROPSICO – Programa de Atualização em Psicologia Clínica e da Saúde – Ciclo 1, volume 1* (1ª ed., pp. 141-168). Artmed.

Baptista, M. N., Hauck-Filho, N., & Borges, L. (2017). Avaliação em psicologia Clínica. In M. R. C. Lins, & J. C. Borsa (Orgs.), *Avaliação Psicológica: aspectos teóricos e práticos* (1ª ed., pp. 355-367). Vozes.

Barros, L. O. (2019). Avaliação psicológica de pessoas com deficiência: reflexões para práticas inclusivas. In Conselho Federal de Psicologia (org). *Prêmio profissional avaliação psicológica direcionada a pessoas com deficiência* (pp. 34-48). Conselho Federal de Psicologia.

Bicalho, P. P. G. (2018). Direitos Humanos e Avaliação Psicológica: Indissociabilidade do Compromisso Ético-Político Profissional. *Psicologia Ciência e Profissão, 38*(n. esp.), 147-158. https:/doi.org.10.1590/1982-3703000211836

Cohen, R. J.; Swerdlik, M. E.; & Sturman, E. D. (2014). Testagem e avaliação psicológica. In R. J. Cohen, M. E. Swerdlik & E. D. Sturman. *Testagem e avaliação psicológica: introdução a testes e medidas* (8ª ed., pp. 1-37). Artmed.

Conselho Federal de Psicologia. (2005). *Resolução CFP nº 010/2005. Aprova o Código de Ética Profissional do Psicólogo.* https://site.cfp.org.br/wp-content/uploads/2005/07/resolucao2005_10.pdf

Conselho Federal de Psicologia. (2018). *Resolução CFP no. 09/2018. Estabelece diretrizes para a realização de Avaliação Psicológica no exercício profissional da psicóloga e do psicólogo, regulamenta o Sistema de Avaliação de Testes Psicológicos - SATEPSI e revoga as Resoluções n° 002/2003, nº 006/2004 e n° 005/2012 e Notas Técnicas n° 01/2017 e 02/2017.* http://satepsi.cfp.org.br/docs/Resolu%C3%A7%C3%A3o-CFP-n%C2%BA-09-2018-com-anexo.pdf

Cunha, J. A. (2000). Estratégias de avaliação: perspectivas em psicologia clínica. In J. A, Cunha (Org), *Psicodianóstico-V* (pp. 19-22). Artmed.

Freitas, F. A., & Noronha, A. P. P. (2005). Clínica-escola: levantamento de instrumento utilizados no processo psicodiagnóstico. *Psicologia Escolar e Educacional, 9*(1), 87-93. https://doi.org/10.1590/S1413-85572005000100008

Gesser, M. & Nuernberg, A. H. (2014). Psicologia, sexualidade e deficiência: Novas perspectivas em direitos humanos. *Psicologia: Ciência e Profissão, 34*(4), 850-863. https://doi.org/10.1590/1982-370000552013

Grana, L., & Bastos, A. G. (2010). Vulnerabilidade social: o psicodiagnóstico como método de mapeamento de doenças mentais. *Psicologia: ciência e profissão, 30*(3), 650-661.

Haase, V. G., Salles, J. F. M. et al. (2012). Neuropsicologia como ciência interdisciplinar: consenso da comunidade brasileira de pesquisadores/clínicos em Neuropsicologia. *Neuropsicologia Latinoamericana, 4*(4), 1-8. https://dx.doi.org/10.5579/rnl.2012.125

Hutz, C. S. (2009). Ética na avaliação psicológica. In C. S. Hutz (Org.), *Avanços e polêmicas em avaliação psicológica* (pp. 297-310). Casa do Psicólogo.

Krug, J. S., Trentini, C. M., & Bandeira, D. R. (2016). Conceituação de psicodiagnóstico na atualidade (p 16-20). In C. S. Hutz, D. R. Bandeira, C. M. Trentini, & J. S. Krug (2016). *Psicodiagnóstico*. Artmed.

Meyer, G. J., Finn, S. E., Eyde, L. D., Kay, G. G., Moreland, K. L., Dies, R. R., et al. (2001). Psychological testing and psychological assessment: A review of evidence and issues. *American Psychologist, 56*(2), p. 128. http://dx.doi.org/10.1037/0003-066X.56.2.128

Mishima, F. K. T., & Barbieri, V. (2009). Saúde feminina: considerações sobre psicodiagnóstico interventivo na obesidade. *Mudanças-Psicologia da Saúde, 17*(2), 92-100.

Peres, R. S. (2003). O desenho como recurso auxiliar na investigação psicológica de crianças portadoras de surdez. *Psic: Revista da Vetor Editora, 4*(1), 22-29.

Primi, R. (2018). Avaliação Psicológica no Brasil e no Mundo. *Psicologia Ciência e Profissão, 38*(n. esp.), 108-121. https://doi.org/10.1590/1982-3703000208878

Rodrigues, I. J., & Macedo, E. C. (2004). Habilidades visoconstrutivas de crianças com queixa escolar submetidas ao psicodiagnóstico. *Revista de Psicologia da Vetor Editora, 9*(1), 48-55.

Santos, M. A. D. (2000). A representação de si na esquizofrenia através do psicodiagnóstico de Rorschach. *Paidéia (Ribeirão Preto), 10*(19), 67-81.

Scott, J. W. (2005). O enigma da igualdade. *Revista estudos feministas, 13*(1), 11-30. https://doi.org/10.1590/S0104-026X2005000100002

Serafini, A. J. (2019). Avaliação Psicológica Clínica. In M. N. Baptista, M. Muniz, C. T. Reppold et al. (Orgs.), *Compêndio de Avaliação Psicológica.* (1ª ed., pp. 177-184). Vozes.

Tardivo, L. S. P. C., Pinto Junior, A. A., & Santos, M. R. (2005). Avaliação psicológica de crianças vítimas de violência doméstica por meio do teste das fábulas de Düss. *Revista de Psicologia da Vetor Editora, 6*(1), 59-66.

Tavares, M. (2003). Validade clínica. *Psico-USF, 8*(2), 125-136.

Urbina, S. (2007). *Fundamentos da testagem psicológica.* Artmed.

Vagostello, L. V., Albuquerque, D. S. M., Queiroz, F. T., Lopes, G. P., & Silva, L. V. (2017). Caracterização das demandas de psicodiagnóstico infantil em uma clínica-escola de São Paulo. *Psicologia em Revista, 26*(1), 41-58.

Villela, E. M. B. (2008). O papel do serviço-escola de psicologia no atendimento ao deficiente visual. *Estudos de Psicologia (Campinas), 25*(4), 535-545. https://doi.org /10.1590/S0103-166X2008000400008

Capítulo 4

AVALIAÇÃO DA DUPLA-EXCEPCIONALIDADE NO CONTEXTO CLÍNICO

Tatiana de Cassia Nakano

A dupla excepcionalidade se refere a um quadro em que há a combinação de alta habilidade/superdotação (AH/SD) em alguma área, ocorrendo juntamente a algum déficit ou transtorno. Mais comumente, envolve a associação da superdotação com dislexia, Transtorno de Déficit de Atenção e Hiperatividade (TDAH), Síndrome de Asperger, Transtorno de Aprendizagem, Transtorno do Espectro Autista (TEA), déficits sensoriais, desordens emocionais, deficiências motoras e cognitivas que impedem um desenvolvimento adequado (Arizaga; Conejeros-Solar, Rodriguéz, & Solís, 2016). Envolve, nesse sentido, o reconhecimento da possibilidade de que pessoas que demonstram capacidades superiores em uma ou mais áreas poderiam apresentar, ao mesmo tempo, deficiências ou condições incompatíveis com essas características (Nakano & Siqueira, 2012).

Estudantes duplamente excepcionais são, cada vez mais, reconhecidos em contextos clínicos e educacionais (Foley-Nicpon & Kim, 2018). Esses estudantes formam um grupo extremamente heterogêneo, com grande variabilidade em relação aos perfis individuais de forças e deficiências (Lupart & Toy, 2009), o que, consequentemente, exige diferentes necessidades de suporte (Conejeros-Solar, Gómez-Arizaga, Sandoval-Rodríguez, & Cáceres-Serrano, 2018). Por tal motivo, a identificação da dupla excepcionalidade requer um processo amplo e compreensivo de avaliação, voltado tanto à área de AH/SD quanto à deficiência (Silverman, 2018). A autora ressalta que é necessário um olhar diferenciado para reconhecer a dupla excepcionalidade, visto que, ao mesmo tempo em que um desempenho excepcional acontece em alguma área (ou mais de uma), esse quadro se combina com deficiência físicas e distúrbios psicológicos.

Tais estudantes apresentam diferenças importantes em relação àqueles que apresentam somente superdotação ou somente deficiência (Josephson, Wolfgang, & Mehrenberg, 2018), especialmente referente a características acadêmicas, sociais e desenvolvimentais, quando comparados com pares da mesma idade, as quais devem ser compreendidas a fim de que seu bem-estar e saúde psicológica possam ser garantidos (Foley-Nicpon & Candler, 2018). No entanto, o que se vê usualmente na prática são casos de ausência de identificação correta devido a três possibilidades: (1) alunos que são identificados como superdotados mas sua incapacidade não é identificada, (2) estudantes identificados com déficit mas que não tem sua alta habilidade reconhecida, ou (3) em que tanto a AH/SD quanto a deficiência não são identificados (Foley-Nicpson & Kim, 2018). Nas três situações, vemos caracterizada a dupla exclusão a que esses estudantes são expostos (Rangni & Costa, 2014).

De modo similar, Lee e Olenchak (2018) indicam a existência de três grupos. O primeiro grupo, apesar de superdotado, sua deficiência não é diagnosticada, de modo que seu baixo desempenho acaba sendo compreendido como outra característica (por exemplo, problemas de motivação). Esses alunos lutam cada vez mais na escola até que, esperançosamente, sua deficiência seja descoberta. O segundo grupo tem uma deficiência identificada, mas seus dons são ofuscados ou subidentificados devido a sua incapacidade. Os autores afirmam que esses alunos são "raramente" encaminhados para serviços de atendimento às pessoas com alta habilidade/superdotação. Finalmente, o terceiro grupo, possivelmente o maior dos três subgrupos, é formado por estudantes que têm dons e deficiências que se cancelam. Essas crianças não recebem serviços de educação especial nem como superdotados e nem devido ao seu déficit. Nos três cenários, estudantes não identificados correm o risco de obterem resultados acadêmicos, sociais e emocionais negativos, apresentando desempenho bem abaixo de seu potencial (Dare & Nowicki, 2015).

Consequentemente, as autoras apontam uma série de resultados negativos associados ao diagnóstico incorreto: isolamento social, baixa autoestima, depressão, ansiedade, desempenho insuficiente, baixo autoconceito, os quais podem afetar a saúde mental desses indivíduos, de modo que devem ser alvo de intervenções psicológicas. Pfeiffer (2015) sugere que tal situação decorre do fato de que a maior parte dos conhecimentos no campo da dupla excepcionalidade é baseada em resultados de estudos conduzidos em amostras clínicas, reduzidas e não representativas. Do mesmo modo, Neihart (2008) complementa afirmando que a literatura tem se marcado por pesquisas descritivas, que buscam identificar padrões de comportamentos, características sociais e emocionais, e estratégias de enfrentamento presentes em vários tipos de indivíduos com dupla excepcionalidade. Como consequência, faz-se notar a inexistência de estudos mais amplos voltados à exploração da etiologia, curso e prevalência desse quadro, de forma que a identificação é necessária para guiar intervenções apropriadas (Foley-Nicpon & Kim, 2018). A própria questão da prevalência não apresenta consenso, tal como pode ser visualizado na figura a seguir.

Figura 1 – Estimativas acerca da incidência da dupla excepcionalidade.

Autor/Ano	Dado coletado
Silverman (2018)	Se considerarmos uma estimativa bastante conservadora, de que cerca de 3% da população apresenta AH/SD e que, dentre essas, cerca de 5% apresenta algum tipo de déficit, teremos, mundialmente, mais de 11 milhões de indivíduos com dupla excepcionalidade.
Dare e Nowicki (2015)	Cerca de 9% dos alunos em idade escolar que apresentam alguma incapacidade podem também ser identificados com AH/SD.
Barnard-Brak, Johnsen, Hannig e Wei (2015)	A dupla excepcionalidade pode se fazer presente em cerca de 9,1% dos estudantes que apresentam algum tipo de déficit.

Autor/Ano	Dado coletado
Rogers (2011)	14% dos estudantes identificados com AH/SD podem apresentar dupla excepcionalidade.
Gentry e Fugate (2018)	Estimam que deve haver, somente nos Estados Unidos, cerca de 385 mil estudantes que apresentam dupla excepcionalidade.
Davis e Rimm (2003)	Cerca de 180 mil estudantes somente nos Estados Unidos.
Baum, Schader e Owen (2017); *National Education Association* (2006)	Cerca de 360 mil estudantes somente nos Estados Unidos.
Ziemman (2009)	Dentre os alunos com altas habilidades/ superdotação (AH/SD), cerca de 20% possam apresentar dupla excepcionalidade.

Nota. Fonte: Elaboração da autora.

Entretanto, o número real é provavelmente muito maior do que os números do Censo apontam, haja vista a dificuldade de determinação do número exato, principalmente ao fato de, mais comumente, (1) somente a deficiência ser identificada, (2) ocorrer somente um dos diagnósticos, seja ele de superdotação ou déficit (Josephson et al., 2018), (3) baixa conscientização acerca da dupla excepcionalidade e (4) a crença de que estudantes com déficits e transtornos não podem ser superdotados (Gentry & Fugate, 2008). A combinação de características que fogem do desenvolvimento típico e que, muitas vezes se contradizem (Vilarinho-Resende et al., 2016), acabam por originar um perfil irregular, com características atípicas, complexas e peculiares (Taucei, 2015). Todos esses aspectos levam a uma subnotificação dos casos.

Usualmente, o diagnóstico é feito pela escola, por meio de encaminhamento a um profissional da Psicologia, fazendo uso das diretrizes presentes em manuais diagnósticos, tais como o *Diagnostic and Statistical Manual of Mental Disorders* (DSM-IV) (Assouline & Whiteman, 2011).

Na prática, alguns desafios relacionados à identificação da dupla excepcionalidade envolve maior foco na avaliação da deficiência, expectativas estereotipadas, visões estreitas de superdotação, preocupações específicas com a deficiência (Lupart & Toy, 2009) em razão de que, tanto a presença da deficiência quanto da superdotação, pode mascarar o outro quadro, dificultando a detecção da dupla excepcionalidade (Mayes & Moore, 2016) e, consequentemente, levando a encaminhamentos e atendimentos inadequados. Some-se a esse quadro o fato de que, geralmente, os alunos com dupla excepcionalidade nem sempre correspondem aos perfis dos alunos tradicionais que ingressam nos programas de atendimento às AH/SD (Gómez-Arizaga & Conejeros-Solar, 2019), situação que, em conjunto ao conhecimento limitado relatado pelos psicólogos acerca da dupla excepcionalidade, considerando-se que profissionais não se sentem confortáveis com seu nível de conhecimento sobre AH/SD e dupla excepcionalidade (Nakano, 2019), acaba por dificultar a sua identificação nos contextos clínicos (Robertson, Pfeiffer, & Taylor, 2011).

Consequentemente, de forma bem mais comum, somente a patologia é diagnosticada, muito mais do que a alta habilidade/superdotação ou a dupla excepcionalidade (Lee & Olenchak, 2018). De acordo com os autores, tais estudantes são mais propensos a repetirem de série, a serem inseridos em contextos voltados à educação especial para atendimento de seu déficit, a precisarem de um tutor acadêmico, a apresentarem desordens de humor e a demonstrarem problemas comportamentais. Tal situação fomenta a invisibilidade desses alunos em sala de aula, bem como contribui para lacunas relacionadas ao oferecimento de serviços adequados às suas características particulares (Gómez-Arizaga & Conejeros-Solar, 2019).

Sempre que houver uma suspeita da presença de um quadro de dupla excepcionalidade, o acesso a uma avaliação abrangente é essencial para determinar o nível de superdotação, o grau de comprometimento devido à deficiência, as áreas afetadas pela deficiência e o oferecimento de atendimento específico para as duas condições (Gilman et al., 2013). Essa atuação conjunta deve buscar compreender o impacto da superdotação no transtorno e vice-versa, assim como a identificação da etiologia das dificuldades que se fizerem presentes (Guimarães & Alencar, (2012). Tais dados devem ser usados para posterior estimulação e incentivo das habilidades elevadas e intervenções voltadas à superação das dificuldades associadas ao déficit ou transtorno, de forma concomitante. Em vista disso, a seguir serão apresentadas orientações sobre como conduzir o processo de avaliação psicológica, primeiramente da alta habilidade/superdotação e, em seguida, da dupla excepcionalidade.

Avaliação das Altas Habilidades/Superdotação

Especialmente na Psicologia, as altas habilidades/superdotação têm se mostrado uma área cujo estudo se faz essencial, notadamente se considerarmos que tal fenômeno abrange diferentes construtos psicológicos que estão envolvidos na sua compreensão (Gallagher, 2008). Tal processo não visa a "rotulação" do indivíduo, mas sim o conhecimento acerca de suas potencialidades para que um atendimento individualizado possa ser oferecido, visando o desenvolvimento e estimulação de suas habilidades, necessidades e interesses (Negrini & Freitas, 2008).

De acordo com as diretrizes do Ministério da Educação (2010), os alunos com AH/S seriam aqueles que apresentariam um alto potencial, combinado ou isolado, nas áreas intelectual, acadêmica, de liderança e psicomotricidade, além de manifestar uma elevada criatividade, um alto envolvimento com a aprendizagem e também com a realização de tarefas de seu interesse. Diante da diversidade de habilidades que podem se mostrar elevadas, diferentes tipos de superdotação podem ser encontradas. Cada um apresenta características diferentes, dependendo da área em que o potencial se manifesta (Chagas, 2007; Mettrau & Reis, 2007; Nakano & Campos, 2019):

- Superdotação intelectual: caracterizada pela flexibilidade e fluência de pensamento, capacidade de pensamento abstrato para fazer associações, rapidez e independência de pensamento, compreensão e memória elevadas, alta capacidade de resolver e lidar com problemas.
- Superdotação acadêmica ou escolar: representada por habilidades relacionadas a altos níveis de desempenho escolar, boa memória, atenção, intensa atividade intelectual, processamento de informações complexas, gosto e motivação por disciplinas acadêmicas de seu interesse e alta capacidade de produção acadêmica. É facilmente verificada por meio dos testes de inteligência e o

tipo mais frequentemente valorizado na seleção de estudantes para participação em programas voltados para a superdotação.

- Superdotação produtiva-criativa ou talentosa: ligada principalmente às características como curiosidade, resolução de problemas de forma diferente, originalidade, imaginação, criatividade, desenvolvimento de novas ideias, produções artísticas ou produtos inovadores.
- Superdotação social: relacionada a capacidade de liderança, sensibilidade interpessoal, atitude cooperativa, alta sociabilidade, capacidade de resolver conflitos, alto poder de persuasão e de influência em grupo.
- Superdotação psicomotora: associada ao destaque para habilidades e interesse por atividades psicomotoras, velocidade, agilidade nos movimentos, força, resistência, controle e coordenação motora.

Um processo adequado de avaliação psicológica deve compreender uma sequencia de fases ou etapas (Nakano & Campos, 2019). Essas incluem desde a sinalização (realizada mais comumente por pais, professores e/ou pares), passando por uma fase de *screening* (de caráter geral, envolvendo o uso de instrumentos de aplicação rápida e coletiva, tais como testes e questionários em todos os indivíduos com suspeita de alta habilidade/superdotação), até uma fase de avaliação/diagnóstico mais aprofundado (conduzido somente naqueles casos que se mostraram promissores na fase anterior, mediante uma avaliação mais rigorosa e aprofundada de cada caso em particular. Os resultados poderão confirmar ou não o potencial elevado e em qual área ele se manifesta. Em caso de confirmação da AH/SD, tais dados poderão ser usados como base para a elaboração de medidas educativas para aproveitamento da capacidade em destaque no indivíduo.

Dada a amplitude do fenômeno, pesquisadores têm recomendado uma avaliação multidimensional, que inclua não só variáveis relativas ao aluno (inteligência, criatividade, motivação, personalidade, dentre outros aspectos), mas, também, seus contextos de vida (práticas educativas, familiares, hábitos, interesses, atividades extracurriculares) (Almeida, Lobo, Almeida, Rocha, & Piske, 2017), inserido em um processo amplo, que considere informações provenientes de diferentes fontes. Reforça-se a necessidade que o processo de identificação passe a privilegiar uma visão sistêmica e global do indivíduo avaliado (Guimarães, 2007).

Para que tal objetivo possa ser alcançado, as diretrizes publicadas pelo Ministério da Educação e Cultura definem que os testes realizados por psicólogos visariam principalmente a avaliação de aspectos como pensamento divergente, nível intelectual, autoconceito, aptidões e criatividade, podendo ser complementados por meio do uso de questionários de interesses, escalas de ajustamento social e emocional, entrevistas e instrumentos para avaliação da personalidade (Mettrau & Reis, 2007).

Cada método contribui com uma parcela do processo de identificação e, quando utilizados em conjunto, permitem a identificação dos diferentes tipos de AH/SD (Zaia & Nalano, 2020). Para mensurar essa diversidade, é recomendada a inclusão de métodos que avaliem tanto as aptidões gerais e cognitivas, quanto as habilidades específicas e traços não cognitivos. Algumas possibilidades serão apresentadas a seguir, as quais podem auxiliar a decisão sobre a presença de critérios indicativos de AH/SD.

Testes de inteligência

Usualmente envolvem instrumentos padronizados que, geralmente, não apresentam tabelas normativas ou estudos voltados especificamente para seu uso na avaliação das altas habilidades/superdotação. Mais comumente, o *Wechsler Intelligence Scale for Children* (WISC-IV) e Matrizes Avançadas de Raven são empregados com tal finalidade, mas qualquer instrumento que esteja aprovado pelo Sistema de Avaliação dos Testes Psicológicos (Satepsi) pode ser empregado, independente do seu modelo de avaliação e modelo teórico.

No contexto das AH/SD, a interpretação dos resultados ainda não é consensual, variando entre um desvio padrão acima da média (valor que equivale a um QI de 115) até o valor de três desvios padrão acima da média (QI de 145) (Lee & Olenchak, 2018). Mais comumente se estabelece o valor de +2DP (QI de 130) ou o percentil entre 90 e 97 (McClain & Pfeiffer, 2012).

Escalas comportamentais ou checklists

Volta-se a avaliação de comportamentos usualmente apresentados por indivíduos com AH/SD, podendo envolver uma série de construtos, tais como liderança, criatividade, motivação, habilidade intelectual, habilidade artística, dentre outros aspectos (Lee & Olenchak, 2018). Possibilitam avaliar a intensidade de determinados comportamentos. De forma bastante comum, a precocidade em relação a algum comportamento é relatada (Soares, Arco-Verde, & Baibich, 2004). Podem ser respondidas tanto pelo professor, pelos pais ou pelo próprio avaliando por meio de autorrelato (fornecendo a oportunidade de os indivíduos demonstrarem sua percepção acerca de duas próprias características).

Escalas de Professor

Geralmente envolve a avaliação de todos os alunos, sendo considerado o primeiro passo para a identificação (Mendonça, Rodrigues, & Capellini, 2017). Bastante utilizadas por se constituírem como um instrumento de aplicação rápida coletiva. A partir de seus resultados, os professores poderão nomear aqueles alunos que apresentem sinais indicativos de presença de um quadro de AH/SD, os quais deverão ser encaminhados para uma avaliação psicológica mais ampla e aprofundada (Nakano & Oliveira, 2019).

Observações gerais

Baseia-se na hipótese de que esses estudantes apresentam características comportamentais que os diferenciam de seus pares, em relação a aspectos cognitivos, físicos, socioemocionais e pessoais (Sahim, 2013), possibilitando a observação sistematizada de uma grande variedade de habilidades dos estudantes (Cleveland, 2017).

Avaliação de portfólio e trabalhos produzidos

Esse tipo de ferramenta, considerada não-tradicional, vem sendo recomendada (VanTassel-Baska, 2005) como uma maneira apropriada para identificar estudantes com indicativos de AH/SD, desde que o professor ou avaliador esteja familiarizado com as características desse fenômeno (Hodge & Kemp, 2006).

Pode incluir qualquer produto preparado pelo estudante (escrita, jornal, produção artística, projctos), visando colctar um trabalho quc reflita a habilidade do estudante de produzir, perceber e refletir sobre determinado tema, de forma mais flexível e original, podendo ser empregada de forma longitudinal (Hadaway & Marek-Schroer, 1994).

Desempenho Escolar

Usualmente verificado por meio das notas escolares e desempenho avaliado pelo professor ou por meio do uso de instrumentos padronizados como o Teste de Desempenho Escolar. Tal avaliação pode se mostrar bastante subjetiva devido a compreensão de AH/SD que o professor possui, bem como crenças equivocadas e mitos, especialmente relacionados a uma superdotação global (que acredita na possibilidade de uma criança que tem alta habilidade em uma área do conhecimento terá em todas as outras) ou aquele que acredita que todos os superdotados sempre apresentarão bom rendimento na escola (Pedro, Ogeda, & Chacon, 2017).

Teste de Criatividade

Resultados dos testes de criatividade podem ajudar a compreender, de maneira mais abrangente, as características de um indivíduo que apresenta superdotação nessa área, devendo se constituir como medida integrante dos processos gerais de avaliação desta população (Kaufman, Plucker, & Russsell, 2012). Tais instrumentos usualmente avaliam o potencial criativo do indivíduo.

Características socioemocionais

É comum encontrar dificuldades como solidão e baixo autoconceito (Mayes & Moore, 2016), ansiedade, frustração, dificuldades sociais e emocionais e diminuição da sensação de bem-estar (Wormald & Bannister-Tyrrell, 2019), dificuldades de autoaceitação, autoconceito frágil, sentimentos de desconforto social, desinteresse escolar, perfeccionismo e vergonha (Lupart & Toy, 2009). Tais traços podem ser identificados por meio de testes de personalidade, de avaliação de características emocionais e sociais.

Avaliação de diferentes quadros de dupla excepcionalidade

É importante destacar que a identificação não deve ser feita com base apenas em um laudo, mas sim por meio de um processo contínuo e demorado que precisa avaliar a presença, intensidade e consistência dos indicadores de AH/SD (Pérez & Freitas, 2014). Nesse sentido, Mendonça, Rodrigues e Capellini (2015) recomendam que a identificação de pessoas com AH/SD não deve se apoiar em regras fixas, mas marcar-se como um processo dinâmico e contínuo.

A avaliação da dupla excepcionalidade deve envolver um processo compreensivo, que faça uso de diferentes estratégias de avaliação, incluindo testes psicométricos, *checklists* comportamentais, avaliação de portfólios e entrevistas (Josephson et al., 2018), visando, principalmente, identificar se trata de um caso de dupla excepcionalidade ou de um caso de um aluno superdotado com baixo desempenho. A avaliação deve contemplar tanto aspectos relacionados à deficiência quanto à superdotação.

Gilman et al. (2013) citam a necessidade de utilização de procedimentos mais amplos de avaliação, que envolvam testes de habilidades e conhecimento, medidas desenvolvimentais, de performance e sociométricas. Os procedimentos de identificação devem recorrer a procedimentos padronizados e não padronizados (Foley-Nicpon & Assoluine, 2015), incluindo testes psicológicos (por exemplo, cognitivos, motivacionais) e outros meios de autorrelato, entrevistas, avaliação por pais, professores e pares (Conejeros-Solar et al., 2018), como forma de melhor compreender as habilidades bem desenvolvidas e áreas que precisam de estimulação.

Alguns cuidados específicos e adequações nos procedimentos podem se fazer necessárias. Gilman et al. (2013), por exemplo, recomendam que a interpretação dos resultados seja feita de forma intrapessoal e não normativa, ou seja, comparando o desempenho da criança com a média apresentada por outras da mesma idade. Somente assim as forças e fraquezas daquele indivíduo poderão ser compreendidas de forma adequada. Os autores ressaltam que frequentemente se faz notar uma discrepância clinicamente grande nas pontuações dos testes entre a capacidade de raciocínio e as habilidades de processamento, a capacidade de raciocínio e as aquisições na área em que a dificuldade se faz presente (por exemplo, leitura), assim como discrepâncias entre tal área que se encontra prejudicada e outras áreas da aprendizagem (linguagem oral, escrita, matemática).

Outra importante questão destacada pelos autores se refere aos protocolos de administração dos instrumentos, muitas vezes rígidos em relação ao tempo e reformulação de itens. Tais condições podem afetar o desempenho dos estudantes com dupla excepcionalidade, dependendo da dificuldade que se encontra associada à superdotação. A adaptação dos protocolos (por exemplo, menor rigidez em relação ao tempo de resposta dos estudantes, a possibilidade de repetir instruções quando necessário, etc) diminuem, consideravelmente, o índice de baixa identificação ou de identificação errônea. Abordagens interdisciplinares devem ser empregadas para acessar, incorporar e desenvolver pesquisas relevantes de outros domínios, como educação especial, neurociência, psicologia escolar e psicologia de aconselhamento. Isso requer a consideração de metodologias mais complexas que envolvem amostras maiores, estudos controlados randomizados e técnicas de neuroimagem (Conejeros-Solar et al., 2018).

A avaliação deve incluir métodos voltados à avaliação da inteligência, desempenho escolar, criatividade, autoconceito, avaliação do professor e comportamentos em sala de aula (Lupart & Toy, 2009). Também deve considerar algumas especificidades desses indivíduos, as quais podem incluir pressões ou ansiedades emocionais que podem afetar seu desempenho, dificuldades de realizar tarefas sob pressão de tempo, distúrbios visuais ou auditivos que podem interferir na compreensão das tarefas, e dificuldades relacionadas ao controle motor que podem mascarar sua alta capacidade cognitiva (Lupart & Toy, 2009). Ressalta-se que não existe um protocolo universal que atenda a todos os tipos de dupla excepcionalidade, dada a variabilidade de perfis, devendo o processo de avaliação psicológica ser dinâmico e adequado a cada examinado (Wormald, 2017).

Os estudantes com dupla excepcionalidade comumente são descritos como alunos que parecem mais inteligentes do que as notas sugerem, possuem notas inconsistentes, executam mal as atividades com tempo cronometrado – mas bom desempenho quando possuem tempo livre e/ou suficiente para executá-las –, pode ser excelente em um assunto ou disciplina específica e mediano nos demais. Logo, apresentam fadiga rapidamente devido a energia necessária para compensar seu déficit (Silverman, 2018).

Uma síntese dos métodos indicados para avaliação dos principais quadros de dupla excepcionalidade, bem como os resultados que são esperados, conforme a literatura científica, é apresentada na Figura 2. Tais informações podem auxiliar o psicólogo na decisão acerca da presença de sinais indicativos desse quadro.

Figura 2 – Principais métodos indicados e resultados esperados para os quadros mais comuns de dupla excepcionalidade

Quadro	Métodos indicados	Resultados esperados
Transtorno de Déficit de Atenção e Hiperatividade e AH/SD	Teste de inteligência	Déficits na memória de trabalho e velocidade de processamento, desempenho acadêmico inconsistente, desempenho acadêmico inconstante, prejuízo com habilidades motoras finas
	Teste de atenção	Dificuldade de manter a atenção ao longo do tempo e de suprimir informações não relevantes, acompanhada de tendências impulsivas, agitação, distração, respostas impulsivas, dificuldade de terminar as tarefas
	Habilidades socioemocionais	Sensibilidade a críticas, humor inapropriado, desorganização, crítica consigo e com os demais, baixa autoestima, baixo autoconceito, intensidade emocional, dificuldade de desenvolver relacionamentos próximos, isolamento social, dificuldade em regular suas emoções, superexcitabilidade emocional
	Checklist comportamental	Dificuldade de se envolverem em projetos de longa duração, solidão, frustração fácil, tédio com rotinas, intensa curiosidade, fala rápida, impulsividade, comportamentos exacerbados, dificuldade de ajustamento a novos ambientes, desorganização, comportamentos impulsivos e de oposição, dificuldade no controle de impulsos

Quadro	Métodos indicados	Resultados esperados
Desordens emocionais e AH/SD	Habilidades socioemocionais	Facilmente frustráveis, baixo autoconceito, dificuldade em manter ou construir relacionamentos interpessoais, controle deficiente dos impulsos e raiva, emoções intensas, isolamento social e depressão
	Checklist comportamental	Presença de medos ou ansiedade excessiva, inclinação para reações compulsivas, comportamentos desafiadores
Autismo e AH/SD	Teste de inteligência	Baixos níveis de memória de trabalho e velocidade de processamento, foco intenso em tarefas de seu interesse, rigidez intelectual, dificuldade com conceitos de tempo, fascínio por letras e números, aprendizado por repetição
	Checklist comportamental	Dificuldade em manter amizades, comportamento não cooperativo, alta consciência sensorial, foco intenso em um assunto específico, comportamento não cooperativo, dificuldade de fazer amizades, rigidez em relação a rotinas e padrões, compulsões
	Habilidades socioemocionais	Assincronismo entre seu desenvolvimento socioemocional e intelectual, sentimento de inadequação, altos níveis de ansiedade, baixo autoconceito acadêmico, teimosia, egocentrismo, perfeccionismo, falta de habilidades sociais, tendência à introversão, baixa empatia, problemas relacionados à expressão emocional

Quadro	Métodos indicados	Resultados esperados
Transtornos de aprendizagem + AH/SD	Teste de inteligência	Dificuldade de atenção, organização, sequenciamento, tarefas que envolvem memória, compreensão de tempo, percepção espacial, processamento visual e auditivo, assim como discrepância entre a sua comunicação verbal e escrita, fracasso em atividades que exijam leitura, escrita ou aritmética. Por outro lado, podem apresentar vocabulário avançado, raciocínio verbal elevado, excelente capacidade crítica e pensamento crítico
	Habilidades socioemocionais	Autoimagem negativa, isolamento, baixa autoestima, hipersensibilidade emocional, baixa qualidade de relacionamento interpessoal, baixo autoconceito acadêmico, baixa autoconfiança e autoeficácia, sentimentos de inferioridade, expectativas irrealistas sobre si mesmo, boa percepção de condutas sociais
	Checklist comportamental	Solidão, maior predisposição a depressão e ansiedade, necessidade de maior tempo para realização de tarefas acadêmicas, perfeccionismo, intensa frustração

Quadro	Métodos indicados	Resultados esperados
Asperger + AH/SD	Teste de inteligência	Linguagem sofisticada e formal, desenvolvimento cognitivo sem prejuízos, amplo vocabulário, ampla capacidade de memorização de fatos relacionados a um tópico específico de seu interesse, dificuldades de entender conceitos abstratos, propensos à distração, inflexibilidade cognitiva, interesse por letras ou números e prazer em memorizar informações factuais em idade precoce
	Habilidades socioemocionais	Dificuldades sociais, egocentrismo, afeto inapropriado
	Checklist comportamental	Hipersensibilidade a estímulos sensoriais, baixa tolerância à mudança, estereotipia, intensa atividade mental

Nota. Fonte: Lee e Olenchak (2018), Gentry e Fugate (2018), Josephson et al. (2018), Lupart e Toy (2009), Guimarãs e Alencar (2012), Neihart (2000), Kaufman, Kalbfleisch e Castellanos (2000), Antshel, Hendrikcs, Faraone e Gordon (2011), Dare e Novicki (2015), Pfeiffer (2015), Viersen, Kroesberrgen, Slot e Bree (2016), Conejeros-Solar et al. (2018).

Esses métodos especialmente devem ser conduzidos visando a identificação de sintomas e/ou características específicas de cada quadro, de modo a compor um diagnóstico diferencial de outros transtornos. Deve considerar a possibilidade, bastante frequente, de que a pontuação obtida em algum teste não corresponda ao que o psicólogo enxerga, de modo que o julgamento clínico se mostra essencial.

Muitas vezes a avaliação deve ser feita de forma interdisciplinar, envolvendo fonoaudiólogos, psiquiatras, fisioterapeutas, conselheiros escolares e optometristas, cujas avaliações, em suas respectivas áreas, podem se voltar à área emocional, social, física e educacional, auxiliando na identificação de problemas relacionados à leitura, escrita, visão, audição e desenvolvimento físico (Wormald, 2017). A sobreposição de sintomas permite que a observação de onde, quando e como comportamentos ocorrem, ajudando a diferenciar e a entender aqueles que são referentes ao déficit e aqueles que são relacionados a alta habilidade (Foley-Nicpon & Kim, 2018).

Considerações finais

Sem identificação, indivíduos com dupla excepcionalidade se sentem deslocados e incompreendidos. As intervenções corretas podem ajudar enormemente nesse sentido (Silverman, 2018). Para que isso seja possível, o processo de diagnóstico deve ser primeiramente conduzido para conhecer as necessidades particulares daquele indivíduo.

Somente assim o correto diagnóstico poderá ser feito e o atendimento adequado fornecido, envolvendo instrução diferenciada, acomodação ou modificações na forma de ensino, opções de aceleração e oportunidades para o desenvolvimento de seu talento, dentro de um plano educacional individualizado que permita o desenvolvimento da sua superdotação e a minimização dos prejuízos relacionados aos seus déficits (Gentry & Fugate, 2018).

Em relação a psicologia, as intervenções devem se voltar ao desenvolvimento de habilidades socioemocionais, como também aconselhamento e suporte terapêutico, de modo a possibilitar um ambiente que ofereça suporte ao desenvolvimento do seu potencial (Josephson et al., 2018). São indicadas sessões terapêuticas, nas quais as percepções do indivíduo acerca de suas múltiplas identidades possam ser checadas, bem como sejam discutidas questões acerca das suas fraquezas e áreas fortes (Foley-Nicpon & Candler, 2018). Além disso, as sessões abrem espaço para intervenções voltadas ao estímulo do autocuidado, atenção a domínios acadêmicos e não acadêmicos no planejamento do tratamento (Foley-Nicpon & Kim, 2018).

Nos casos possíveis, o atendimento em grupo pode trazer benefícios relacionados a escuta de outros com dificuldades semelhantes, prática de habilidades sociais e *feedback* de pares sobre seus comportamentos e atitudes. Os autores ainda ressaltam a importância do envolvimento dos pais na identificação de situações que oferecem dificuldades emocionais ou comportamentais, de modo a pensarem, conjuntamente, em estratégias de enfrentamento durante essas situações, estimulando a criação e desenvolvimento de um ambiente de suporte em casa.

O trabalho com os pais deve envolver o estabelecimento de expectativas adequadas, manejo da ansiedade, habilidades de resolução de problemas e estímulo a interação com a escola (Foley-Nicpon & Kim, 2018). Segundo Roberts, Pereira e Knotts (2015), muitos pais relatam sentimento de alívio por ocasião do diagnóstico, visto que, a partir desse, conseguem ajuda para compreender melhor os comportamentos da criança. O importante papel dos professores na primeira identificação do aluno e no fornecimento de atendimento educacional em sala de aula regular também não pode ser esquecido, de modo que o psicólogo também pode atuar na orientação desse profissional.

Referências

Almeida, L. S., Lobo, C. C., Almeida, A. I. S., Rocha, R. S., & Piske, F. H. R. (2017). Processos cognitivos e de aprendizagem em crianças sobredotadas: atenção dos pais e professores. In F. H. R. Piske, C. L. B. Vestena, T. Stoltz, M. J. M. Machado, A. A. O. M. Barby, S. Bahia, & S. P. Freitas (Orgs.), *Processos afetivos e cognitivos de superdotados e talentosos* (pp. 17-42). Editora Prismas.

Antshel, K. M., Hendricks, K., Faraone, S. V., & Gordon, M. (2011). Disorder versus disability: the challenge of ADHD in the context of a high IQ. *The ADHD Report, 19*(2), 4-8. https://doi.org/10.1521/adhd.2011.19.2.4

Arizaga, M. P. G., Conejeros-Solar, M. L., Rodriguéz, K. S., & Solís, S. A. (2016). Doble excepcionalidad: análisis exploratorio de experiencias y autoimagen en estudiantes chilenos. *Revista de Psicología, 34*(1), 5-37. http://dx.doi.org/10.18800/psico.201601.001

Assouline, S. G., Nicpon, M. F., & Huber, D. H. (2006). The impact of vulnerabilities and strengths on the academic experiences of twice-exceptional students: a message to school counselors. *ASCA, 10*(1), 14-24. http://doi.org/10.5330/prsc.10.1.y0677616t5j15511

Barnard-Brak, L., Johnsen, S., Hannig, A., & Wei, T. (2015). The incidence of potentially gifted students within a special education population. *Roeper Review, 37,* 74-83. https://doi.org/10.1080/02783193.2015.1008661

Baum, S. M., Schader, R. M., & Hébert, T. P. (2014). Through a different lens: Reflecting on a strengths-based, talent-focused approach for twice exceptional learners. *Gifted Child Quarterly, 58*(4), 311-327. https://doi.org/10.1177/0016986214547632

Chagas, J. F. (2007). Conceituacão e fatores individuais, familiares e culturais relacionados às altas habilidades. In D. S. Fleith, & E. M. L. S. Alencar (Orgs.), *Desenvolvimento de talentos e altas habilidades: orientação a pais e professores* (pp.15-24). Artmed.

Cleveland, L. M. (2017). *Examining the relationship between Gifted Behavior Rating Scores and student academic performance.* [Dissertation, Concordia University]. https://commons.cu-portland.edu/cgi/viewcontent.cgi?referer=https://www.google.com/&httpsredir=1&article=1030&context=edudissertations

Conejeros-Solar, M. L., Gómez-Arizaga, M. P., Sandoval-Rodríguez, K., & Cáceres-Serrano, P. A. (2018). Aportes a la comprensión de la doble excepcionalidad: Alta capacidad con trastorno por déficit de atención y alta capacidad con trastorno del espectro autista. *Revista Educatión, 42*(2), 645-676. https://doi.org/10.15517/revedu.v42i2.25430

Dare, L. & Nowicki, E. (2015). Twice exceptionality: parent's perspectives on 2e identification. *Roeper Review, 37*(4), 208-218. https://doi.org.br/10.1080/02783193.2015.1077911

Davis, G. A., & Rimm, S. B. (2003). *Education of the gifted and talented.* Allyn & Bacon.

Foley-Nicpon, M. & Assoluine, S. G. (2015). Counseling considerations for the twice-exceptional client. *Counseling the Gifted Individual: theory & practice, 93*(2). https://doi.org/10.1002/j.1556-6676.2015.00196.x

Foley-Nicpon, M. & Candler, M. M. (2018). Psychological interventions for twice-exceptional youth. In S. I. Pfeiffer (Ed.), *APA Handbook of giftedness and talent* (pp. 545-558). American Psychological Association. https://doi.org/10.1037/0000038-037

Foley-Nicpon, M. & Kim, J.Y.C. (2018). Identifying and providing evidence-based services for twice exceptional students. In S. I. Pfeiffer (Ed.), *Handbook of giftedness in children*: psychoeducational theory, research and best practices (2nd edition, pp. 349-362). Springer.

Gallagher, J. J. (2008). Psychology, psychologist, and gifted students. In S. Pfeiffer (Ed.), *Handbook of giftedness in children: Psycho-Educational theory, research and best practices* (pp. 1-11). Springer.

Gentry, M. & Fugate, C. M. (2018). Attention-deficit/hyperactivity disorder in gifted students. In S.I. Pfeiffer (Ed.), *APA Handbook of giftedness and talent* (pp. 575-584). American Psychological Association. https://doi.org/10.1037/0000038-037

Gilman, B. J., Lovecky, D. V., Kearney, K., Peters, D. B., Wasserman, J. D., Silverman, L. K., Postma, M. G., Robinson, N. M., Amend, E. R., Rydher-Schoeck, M., Curry, P. H., Lyon, S. K., Rogers, K. B., Collins, L. E., Charlebois, G. M., Harson, C. M., Rimm, S. B. (2013). Critical issues in the identification of gifted students with co-existing disabilities: the twice-exceptional. *SAGE Open*, *3*, 1-16. http://doi.org/10.1177/2158244013505855

Gómez-Arizaga, M. P. & Conejeros-Solar, M. L. (2019). Gifted and twice--exceptional children in the South of the World: Chilean student's experiences within regular classrooms. In S. R. Smith (Ed.), *Handbook of Giftedness and Talent Development in the Asia-Pacific* (pp. 1-25). Springer. https://doi.org/10.1007/978-981-13-3021-6_8-1

Guimarães, T. G. (2007). Avaliação Psicológica de alunos com altas habilidades. In D. S. Fleith & E. M. L. S. Alencar (Orgs.), *Desenvolvimento de talentos e alta habilidades – orientação a pais e professores* (pp. 79-86). Artmed.

Guimarães, T. G. & Alencar, E. M. L. S. (2012). Dupla excepcionalidade, superdotação e transtorno de Asperger: contribuições teóricas. *Revista AMAzônica*, *10*(3), 95-108. https://dialnet.unirioja.es/servlet/articulo?codigo=4047470

Hadaway, N. L., & Marek-Schroer, M. (1994). Student Portfolios: Toward Equitable Assessments for Gifted Students. *Equity & Excellence in Education*, *27*(1), 70-74. https://doi.org/10.1080/1066568940270113

Hodge, K. A. & Kemp, C. R. (2006). Recognition of giftedness in the early years of school: perspectives of teachers, parents, and children. *Journal for the Education of the Gifted*, *30*(2), 164-204. https://doi.org/10.4219/jeg-2006-259

Josephson, J., Wolfgang, C., & Mehrenberg, R. (2018). Strategies for supporting students who area twice-exceptional. *The Journal of Special Education Apprenticeship, 7(2)*, article 8. https://scholarworks.lib.csusb.edu/josea/vol7/iss2/8

Kaufman, F. A., Kalbfleisch, M. L., & Castellanos, F. X. (2000). Attention deficit disorders and gifted students: what do we really know? *LD Online*. http://www.ldonline.org/article/5964/

Kaufman, J. C., Plucker, J. A., & Russell, C. M. (2012). Identifying and Assessing Creativity as a Component of Giftedness. *Journal of Psychoeducational Assessment*, *30*(1), 60-73. https://doi.org/10.1177/0734282911428196

Lee, K. M., & Olenchak, R. (2018). Accepting exceptionality: giftedness and ADHD. In B. Wallace, D. A. Sisk, & J. Senior (Eds.), *The SAGE Handbook of gifted and talented education* (pp. 129-143). SAGE Publications.

Lupart, J. L., & Toy, R. E. (2009). Twice exceptional: multiple pathways to success. In L.V. Shavinina (Ed.), *International Handbook on Giftedness* (pp. 507-525). https://doi.org/10.1007/978-1-4020-6162-2-23

Mayes, R. D., & Moore, J. L. (2016). The intersection of race, disability and giftedness: understanding the education needs of twice-exceptional, Africa American students. *Gifted Child Today, 39*(2), 98-104. https://doi.org/10.1177/1076217516628570

McClain, M. C., & Pfeiffer, S. I. (2012). Education for the gifted in the United States today: a look at state definitions, policies and practices. *Journal of Applied School Psychology, 28*(1), 59-88. https://doi.org/10.1080/15377903.2012.643757

Mendonca, L. D., Rodrigues, O. M. P. R., & Capellini, V. L. M. F. (2015). Identificação de alunos com sinais de altas habilidades ou superdotação. *Research Gate.* https://www.researchgate.net/publication/285589860_identificacao_de_alunos_com_sinais_de_altas_habilidades_ou_superdotacao

Mendonça, L. D., Rodrigues, O. M. P. R., & Capellini, V. L. M. F. (2017). Identificação inicial de alunos com altas habilidades ou superdotação: avaliação intelectual, de desempenho escolar e indicação pelos professores. *Revista Educação Especial, 30*(57), 203-218. http://dx.doi.org/10.5902/1984686X24120

Mettrau, M. B., & Reis, H. M. M. S. (2007). Políticas públicas: altas habilidades/superdotação e a literatura especializada no contexto da educação especial/inclusiva. *Ensaio: Avaliação em Políticas Públicas, 15*(57), 489-510.

Ministério da Educação e Cultura (2010). *Políticas Públicas para Alta Habilidade/Superdotação.* www.senado.gov.br/web/comissoes/CE/ AP/AP20080626_superdotados_Cl%C3%A1udiaGriboski.pdf.

Nakano, T. C. (2019). Diretrizes curriculares em Psicologia: análise da formação para atuação na educação especial. *Revista Examen, 3*(3), 11-37. https://examen.emnuvens.com.br/rev/article/view/47

Nakano, T. C. & Campos, C. R. (2019). Avaliação psicológica das altas habilidades/superdotação: problemas e desafios. In C. R. Campos, & T. C. Nakano (Orgs.), *Avaliação Psicológica direcionada à populações específicas: técnicas, métodos e estratégias (volume II).* Vetor.

Nakano, T. C. & Oliveira, K. S. (2019). Triagem de indicadores de altas habilidades/superdotação: estrutura fatorial. *Avaliação Psicológica, 18*(4), 448-456. https://doi.org/10.15689/ap.2019.1804.18478.13

Nakano, T. C., & Siqueira, L. G. G. (2012). Revisão de publicações periódicas brasileiras sobre superdotação. *Revista de Educação Especial, 25*(43), 249-66. http://dx.doi.org/10.5902/3615

National Education Association. (2006). *The twice-exceptional dilemma.* National Education Association. http://www.nea.org/assets/docs/twiceexceptional.pdf

Negrini, T., & Freitas, S. N. (2008). A identificação e a inclusão de alunos com características de altas habilidades/superdotação: discussões pertinentes. *Revista Educação Especial, 32*, 273-284.

Neihart, M. (2000). Gifted children with Asperger's Syndrome. *Gifted Child Quarterly, 44*, 222-230. https://doi.org/10.1177/001698620004400403

Neihart, M. (2008). Identifying and providing services to twice exceptional children. In S. I. Pfeiffer (Ed.), *Handbook of giftedness in children:* psychoeducational theory, research, and best practices (pp.115-138). Springer.

Pedro, K. M., Ogeda, C. M. M., & Chacon, M. C. M. (2017). Verdadeiro ou falso? Uma análise dos mitos que permeiam a temática das altas habilidades/superdotação. *Revista Educação e Emancipação, 10*(3), 111-129. http://dx.doi.org/10.18764/2358-4319.v10n3p111-129

Pérez, S. G. P. B., & Freitas, S. N. (2014). Políticas públicas para as altas habilidades/superdotação: incluir ainda é preciso. *Revista Educacão Especial, 27*(50), 627-640.

Pfeiffer, S. I. (2015). Gifted students with a coexisting disability: the twice exceptional. *Estudos de Psicologia (Campinas), 32*(4), 717-727. https://doi.org/10.1590/0103-166X2015000400015

Rangni, R. A. & Costa, M. P. R. (2014). Altas Habilidades/superdotação e deficiência: reflexões sobre o duplo estigma. *Educar em Revista, 53*, 187-199. https://doi.org/10.1590/0104-4060.33859

Roberts, J. L., Pereira, N., & Knotts, J. D. (2015). State law and policy related do twice-exceptional learners: implications for practitioners and policymakers. *Gifted Child Today, 38*(4), 215-219. https://doi.org/10.1177/1076217515597276

Robertson, S. G., Pfeiffer, S. I., & Taylor, N. (2011). Serving the gifted: a national survey of school psychologists. *Psychology in the Schools, 48*, 786-799. https://doi.org/10.1177/1076217515597276

Rogers, K. B. (2011). Thinking smart about twice exceptional learners: Steps to find them and strategies for catering to them appropriately. In C. Wormald & W. Vialle (Eds.), *Dual exceptionality* (pp. 57–70). University of Wollongong Printery.

Sahin, F. (2013). The scale for rating the behavioral characteristics of gifted and talented students: Study of factor structure, reliability and validity. *Journal of Educational Sciences, 38*, 119-132. https://doi.org/10.15285/EBD.2013385570

Silverman, L. K. (2018). Hidden treasures: twice exceptional students. In B. Wallace, D.A. Sisk, & J. Senior (Eds.), *The SAGE Handbook of gifted and talented education* (pp.144-158). SAGE Publications.

Soares, A. M. I., Arco-Verde, Y. F. S., & Baibich, T. M. (2004). Superdotação: identificação e opções de atendimento. *Educar, 23*, 125-141.

Taucei, J.R. (2015). *Dupla excepcionalidade e interação social: impasses e possibilidades* [Dissertação de Mestrado, Universidade Federal do Paraná]. http://www.ppge.ufpr.br/dissertacoes/m2015_Joulilda%20dos%20Reis%20Taucei.pdf

VanTassel-Baska, J. (2005). Domain-specific giftedness. In R.J. Sternberg & J.E. Davidson, *Conceptions of giftedness* (pp. 358-376). Cambridge University Press.

Viersen, S., Kroesbergen, E. H., Slot, E. M., & Bree, E. H. (2016). High reading skills mask dyslexia in gifted children. *Journal of Learning Disabilities, 49*(2), 189-199. https://doi.org/10.1177/0022219414538517

Vilarinho-Rezende, D., Fleith, D. S., & Alencar, E. M. L. S. (2016). Desafios no diagnóstico de dupla excepcionalidade: um estudo de caso. *Revista de Psicología, 34*(1), 61-84. http://dx.doi.org/10.18800/psico.201601.003

Wormald, C. (2017). An enigma: barriers to the identification of students who area gifted with a learning disability. In N. Ballam, & R. Moltzen (Eds.), *Giftedness and talent: Australian perspectives* (pp. 331-351). Springer. https://doi.org/10.1007/978-981-10-6701-3

Wormald, C. & Bannister-Tyrrell, M. (2019). Teacher's knowledge and understandings of twice exceptionality across Australia. In S. R. Smith (Ed.), *Handbook of giftedness and talent development in the Asia-Pacific* (pp. 1-26). Springer. https://doi.org/10.1007/978-981-13-3021-6_8-1

Zaia, P., & Nakano, T. C. (2020). Escala de identificação das altas habilidades/superdotação: evidências de validade de critério. *Revista Iberoamericana de Diagnóstico y Evaluación e Avaliação Psicológica, 55*(2), 31-41. https://doi.org/10.21865/RIDEP55.2.03

Ziemann, S. (2009). Merely bright-or brilliant? Finding out whether your child is gifted is the first step in getting her the challenge she craves. *Chigago Tribune*. http://articles.chicagotribune.com/1999-09-19/features/9909190194_1_parents-of- gifted-kids-giftedness-bright-child

Capítulo 5

AVALIAÇÃO PSICOLÓGICA INCLUSIVA: ADAPTAÇÃO E AMPLIAÇÃO DE POSSIBILIDADES NO CONTEXTO DA INFÂNCIA

Mônia Aparecida da Silva
Regina Basso Zanon
Maíra Ainhoren Meimes

A avaliação psicológica (AP) é um processo amplo de investigação que objetiva a tomada de decisão e emprega diferentes procedimentos para a coleta e interpretação de dados (Conselho Federal de Psicologia [CFP], 2013). É um procedimento limitado no tempo, destinado a diferentes públicos, cuja escolha dos procedimentos depende da orientação do avaliador e das características do avaliando. O avaliador deve ter uma teoria de base que atua como fio condutor (Krug et al., 2016). Entretanto, a maioria dos procedimentos da AP são planejados e adequados para pessoas com condições homogêneas/similares em termos sensoriais, funcionais e motores, em detrimento daquelas com diferenças funcionais ou deficiência. Sendo assim, um dos grandes desafios da área é tornar a AP acessível, contemplando todos os públicos que dela necessitam.

As pessoas atualmente consideradas como público-alvo das políticas inclusivas no Brasil (ex.: pessoas com deficiências sensoriais, físicas, intelectuais, transtorno do espectro autista e altas habilidades/superdotação) ainda enfrentam barreiras no acesso às contribuições científicas e técnicas da AP em suas diferentes áreas (Olkin & Pledger, 2003). Isso porque a maioria dos procedimentos adotados pelos psicólogos não atende às especificidades desenvolvimentais dessa população. Especialmente no caso de crianças, os desafios de realizar uma avaliação inclusiva somam-se aos de haver um desenvolvimento intenso e altamente mutável nesse período da vida. Sendo assim, este capítulo tem como objetivo discutir a AP inclusiva na infância, abordando os desafios e as possibilidades de adaptação e ampliação dessa prática profissional.

Avaliação Psicológica Inclusiva: diretrizes oficiais e justificativas para realizar ou não realizar

Algumas dificuldades na realização da AP inclusiva são refletidas em documentos oficiais da Psicologia, como a Resolução 09/2018 (CFP, 2018), que não estabelece diretrizes claras sobre os procedimentos necessários. Apesar das lacunas nas diretrizes, a AP inclusiva tem ganhado cada vez mais espaço nas discussões, como na Nota Técnica nº 4/2019/GTEC/CG (CFP, 2019), de orientação às pesquisas para construção, adaptação e estudos de equivalência de testes psicológicos para pessoas com deficiência. Neste documento, o CFP incentiva o avanço no conhecimento sobre o público-alvo que apresenta diferenças funcionais, visando a elaboração de instrumentos próprios, os estudos de normas específicas, equivalência de instrumentos existentes, dentre outros procedimentos relativos aos testes psicológicos.

Como a reflexão acerca da AP inclusiva é algo relativamente recente no Brasil e no mundo, podemos demarcar alguns entraves nesse processo, que podem levar o profissional da psicologia a diferentes escolhas. Dentre elas, destacam-se duas: 1) não realizar o procedimento por não se sentir apropriado em relação às diretrizes e instrumentos e/ou à formação para atender determinado público, o que pode mobilizar o encaminhamento do caso para outro profissional mais capacitado para tal; 2) realizar adaptando os instrumentos e procedimentos que se têm disponíveis.

A escolha de não realizar a avaliação geralmente está fundamentada na fragilidade da formação e instrumentalização, bem como nas barreiras atitudinais relacionadas ao trabalho com pessoas com deficiência. Por barreiras atitudinais entendemos atitudes e/ou comportamentos preconceituosos, estigma, estereótipos e discriminação, construídos e perpetuados ao longo do tempo, os quais podem impedir ou dificultar o convívio das pessoas com deficiência na sociedade, o que abordaremos mais adiante.

Outro dificultador refere-se à própria concepção equivocada da AP, que é vista por alguns profissionais como quase um sinônimo de testagem. Contudo, a avaliação pode envolver ou não o uso de testes, sendo essa escolha dependente da formação teórica do avaliador e das características do avaliando (Krug et al., 2016). Há processos, mesmo para pessoas sem deficiência, em que as características do avaliando impedem ou dificultam muito o uso de instrumentos, como por exemplo, de um bebê muito jovem ou uma criança pouco colaborativa. Entretanto, há diversos outros procedimentos que podem ser usados, como entrevistas, observação, instrumentos de heterorrelato, sendo para isso necessário ter um conceito ampliado da AP. Em geral, percebe-se que quanto maiores as limitações teóricas e práticas do avaliador, maior a necessidade de confiar a avaliação em procedimentos puramente objetivos. Todavia, mesmo o uso de procedimentos padronizados sistemáticos demanda uma avaliação qualitativa aprofundada (Oliveira & Silva, 2019).

No caso de o psicólogo optar por realizar o processo de avaliação com pessoas com deficiências, é muito importante refletir sobre suas implicações, a fim de que a AP seja feita sem infringir pressupostos éticos. As primeiras questões que se colocam são em relação às características do público-alvo e como elas podem influenciar o processo. A trajetória de desenvolvimento de uma pessoa é marcada pela interação de vários fatores, como os biológicos, ambientais e contextuais, os quais também comparecem e interferem na avaliação de pessoas com deficiências. Essas características precisam ser bem compreendidas, pois impactam diretamente os resultados. Por exemplo, uma limitação na visão ou audição pode alterar o desenvolvimento cognitivo de uma criança, porque sua aprendizagem dependerá de formas distintas de percepção e processamento dos estímulos, por exemplo, enxergar com o tato, audição e olfato; escutar com a visão e se comunicar com as mãos, etc. Nesse caso, não faz sentido comparar seu desenvolvimento cognitivo com o de outras crianças que têm acesso a todos os estímulos ambientais. Outro ponto importante é o acúmulo de fatores de risco. Sabe-se que as deficiências podem estar associadas a condições médicas ou contextuais que as agravam. Essa compreensão é fundamental para o planejamento da AP e das suas conclusões.

Dentre os princípios amplamente utilizados para potencializar a acessibilidade no processo de AP, destaca-se o Desenho Universal

(Oliveira et al., 2013). Trata-se de uma abordagem que preconiza a utilização de recursos e adaptações buscando a máxima eficiência dos procedimentos. As adaptações preconizadas pelo Desenho Universal visam atender ao maior número de pessoas possível, sem privilégio ou exclusão de subgrupos. Em testes, por exemplo, podem incluir modificações nos itens, estrutura, formato e formas de aplicação, ampliando assim o número de indivíduos que podem acessar e se beneficiar desses instrumentos, com o mínimo de barreiras possíveis. O uso do Desenho Universal tem sido amplamente incentivado para nortear as pesquisas e procedimentos de AP no Brasil. Nas sessões seguintes, defenderemos a possibilidade de realizar a AP de crianças com deficiência, indicando algumas limitações, mas também adaptações que garantam a acessibilidade e a viabilidade do processo.

Procedimentos da avaliação psicológica inclusiva de crianças

Entrevistas e observação

Os principais procedimentos de avaliação de qualquer criança envolvem as entrevistas, observações e uso de instrumentos. O grande desafio da AP no contexto da inclusão é adaptar esses procedimentos em termos das perguntas a serem feitas, técnicas utilizadas e critérios de observação com base em teorias e atitudes inclusivas. Em consonância com o paradigma da inclusão, o que deve ocorrer é a adaptabilidade da técnica à criança e não da criança à técnica da qual se dispõe. Além disso, é necessário um olhar e estudo prévio e cuidadoso do ambiente e do *setting* avaliativo, a fim de torná-lo acessível e seguro, de modo a evitar riscos e constrangimentos para a criança avaliada e/ou sua família.

No que se refere às entrevistas iniciais com os cuidadores, um aspecto importante é adaptar a linguagem, as perguntas e as explicações respeitando sempre a bagagem sociocultural e as experiências prévias deles, bem como considerando os fatores ambientais, genéticos e biológicos que podem afetar a compreensão dos pais e da criança avaliada. Por exemplo, é comum encontrarmos em pais de crianças com autismo expressões mais leves de traços desse diagnóstico, o que chamamos de fenótipo ampliado do autismo (Endres et al., 2020). Essas características no perfil comportamental ou cognitivo podem levar esses pais a apresentarem dificuldades na compreensão de algumas perguntas e/ou da intencionalidade comunicativa do psicólogo, decorrentes de alterações na linguagem pragmática. Sabendo disso, é fundamental que o profissional, ao longo da entrevista, busque *feedbacks* dos entrevistados e, se necessário, mude a sua forma de perguntar, evitando, por exemplo, conceitos abstratos e incluindo exemplos concretos de cada comportamento investigado.

A entrevista inicial em AP de crianças geralmente é de anamnese, sendo direcionada a investigação de fatos importantes para a compreensão da demanda. Ela geralmente envolve o uso de um roteiro semiestruturado e é realizada com os pais ou cuidadores da criança (para sugestão de roteiro, ver Silva & Bandeira, 2016). No caso de uma AP inclusiva, esse roteiro deve prever questões adicionais associadas à investigação específica do desenvolvimento e das características da diferença funcional da criança, bem como dos seus recursos e potencialidades. Nesse momento, os comportamentos e sentidos preservados devem ser amplamente explorados, no intuito de entender a organização da criança no uso das diferentes funções e das compensações que ela realiza. Para compreender esse ponto, recorremos, ainda que brevemente, aos conceitos de "funções psicológicas superiores" e "defectibilidade" propostos por Vygotsky, um dos teóricos precursores na defesa de práticas inclusivas. Para o autor, as funções tipicamente humanas, como a atenção, a memória, o pensamento, a consciência e a linguagem se desenvolvem a partir de sistemas integrados, sendo que uma alteração em uma ou mais funções pode estimular a elaboração de uma compensação, ou seja, a criação de trajetórias diferentes para a compreensão o mundo. Para o autor, junto com as deficiências, estão as forças, as tendências e as aspirações para superá-las ou nivelá-las (Vygotsky, 1997). Na prática, podemos pensar que uma criança com um atraso no desenvolvimento da linguagem em comparação com pares, pode, por exemplo, apresentar habilidades motoras e/ou de memória preservadas e/ou mais sofisticadas, ou que uma criança com deficiência visual pode desenvolver uma sensibilidade aumentada ao processamento de estímulos sonoros ou táteis. Por essa razão, durante a avaliação é fundamental atentar, desde as entrevistas iniciais, para os repertórios, competências e habilidades infantis preservadas, assim como as que foram desenvolvidas, isto é, para os recursos apresentados pelas crianças. Tal conhecimento irá auxiliar o psicólogo a planejar e adaptar os procedimentos nas próximas etapas, visando a reduzir barreiras e a construir um processo que otimize o aparecimento e potencialização das habilidades e competências infantis.

A investigação do desenvolvimento da criança no contexto inclusivo deve ser integrada ao entendimento do ambiente e da cultura em que ela vive. Os prestadores de cuidados, como professoras, babás, avós, podem ter impacto decisivo no ambiente da criança e na forma que ela se desenvolve e, portanto, entrevistas adicionais com eles podem/devem ser previstas. A própria compreensão da deficiência e o que se pode ou não exigir da criança impacta o desenvolvimento. Perguntar aos cuidadores o que eles já incentivaram ou o que eles poupam a criança de fazer fornece ao avaliador uma dimensão do que ele pode ou não esperar em termos de habilidades daquela criança, possibilitando uma análise e um relato mais justos. Não é possível, por exemplo, afirmar que uma criança não possui uma habilidade para a qual ela nunca foi incentivada, independente se o avaliador considera que ela possa ser capaz ou não de realizá-la. Além disso, variáveis dos cuidadores próximos, como escolaridade, nível socioeconômico, como também a qualidade das práticas parentais (Grantham-McGregor et al., 2007; Tamis-LeMonda et al., 2004) impactam diretamente a criança e a sua relação com a deficiência e devem ser considerados.

Em relação à observação, antes de mais nada, o conceito de observar deve ser ampliado, passando a dar conta de todos os sentidos e percepções envolvidos, e não somente os mais preponderantes como visão e audição. A observação também não precisa ser necessariamente ao vivo e apenas no *setting* clínico. Ela pode envolver visitas a ambientes em que a criança esteja mais adaptada, como a escola, sua própria casa ou locais em que vai com frequência. A prática de observação também pode envolver o acesso a vídeos de situações cotidianas ou de eventos relevantes apontados pela família. Devem ser foco da observação não somente as limitações da criança, mas as estratégias que ela usa para lidar com as barreiras impostas pela deficiência e pelo ambiente, bem como as facilidades que ela certamente terá desenvolvido para compensar suas dificuldades.

A conduta de observação e a análise estruturada a partir de vídeos são práticas que podem auxiliar muito no processo avaliativo. A análise retrospectiva do desenvolvimento da criança permite observar o perfil desenvolvimental em etapas diversas, bem como complementar essas informações aos relatos dos pais ou cuidadores. No autismo, por exemplo, a regressão de habilidades previamente adquiridas vista em algumas crianças pode ser identificada por meio desse tipo de recurso. Como apontado anteriormente, as práticas parentais são um dos fatores fundamentais a serem investigados no processo de avaliação infantil e, logo, a observação da criança com seus pais, mesmo na sala de espera ou nos vídeos, costuma fornecer elementos compreensivos valiosos. Além disso, muitas das percepções parentais acerca do desenvolvimento pregresso, assim como práticas de interação cuidadores-criança, podem ser melhor discutidas a partir da análise de vídeos ou da percepção do clínico no momento de entrevistas posteriores com os cuidadores.

Testes psicológicos para a Avaliação Inclusiva de crianças

O número de instrumentos psicológicos padronizados, validados, normatizados e aprovados pelo Sistema de Avaliação de Testes Psicológicos (SATEPSI) para a avaliação de crianças de até doze anos é reduzido. Em uma busca na página do SATEPSI (http://satepsi.cfp.org.br/)[1] foram encontrados 42 testes psicológicos com parecer favorável para o público infantil, a maioria para a avaliação de aspectos cognitivos. Até onde se tem conhecimento, nenhum desses instrumentos possui normas específicas para crianças com deficiência. Alguns instrumentos englobam subamostras de crianças com deficiência intelectual ou autismo, especialmente os de avaliação cognitiva, mas geralmente em análises de evidências de validade de critério. Entretanto, percebe-se uma total carência de normas específicas para entendimento dos resultados de crianças com deficiência.

Ainda, os instrumentos disponíveis são em sua maioria compostos por estímulos e formatos elaborados sob e para a ótica de pessoas sem deficiência, o que dificulta sua utilização com outros grupos. Os formatos tradicionais de avaliação que compõem os instrumentos (lápis e papel, pranchas, ilustrações, cores, entre outros) tornam a acessibilidade ainda mais reduzida (Oliveira & Nunes, 2015). Mesmo os instrumentos

[1] Busca realizada em 15/07/2020.

de autorrelato podem não ser aplicáveis, pois muitas vezes a necessidade de leitura, manuseio das folhas de respostas, cadernos de aplicação e o fato de ter que assinalar respostas restringem o acesso independente por crianças com deficiência. Nesses casos, a ajuda do profissional pode implicar em adaptações capazes de modificar a padronização do instrumento, enviesando o processo e os resultados.

Frente ao exposto, percebe-se que a área de psicometria no Brasil pouco avançou na prática junto às pessoas com deficiência, fato que pode estar associado a múltiplos determinantes. O número de instrumentos para crianças é menor e a maioria deles é recente, refletindo um importante, mas ainda restrito, aumento de interesse pela AP infantil nos últimos anos. A carência de instrumentos talvez seja uma lacuna que ainda demore algum tempo para ser amenizada, já que a construção de testes geralmente é um processo longo, que envolve muitas etapas para atender aos critérios de cientificidade e compromisso ético exigidos. Por outro lado, a adaptação de um instrumento a outros públicos, como as crianças com deficiência também é exigente em termos teóricos e práticos. As adaptações dos materiais de avaliação não envolvem apenas modificações para tornar os materiais acessíveis aos sentidos preservados. É necessário garantir tanto a qualidade dos estímulos do teste, como também a validade conceitual no sentido de estar medindo o construto pretendido independente da diferença funcional da criança, bem como garantir que as normas não estejam privilegiando resultados de grupos específicos. Ainda há uma carência de estudos que definem como a adaptação afeta o instrumento ou prejudica sua qualidade (Goodman et al., 2011; *American Psychological Association*, 2011).

A análise dos instrumentos disponíveis no Brasil e aprovados pelo SATEPSI leva a uma reflexão sobre a dificuldade de adaptação dos mesmos. Como muitos instrumentos são cognitivos e as crianças com deficiência utilizam processos perceptivos diferentes das crianças sem deficiências para aprender, isso implica em uma definição conceitual distinta para as funções cognitivas nos dois grupos. Por exemplo, a falta da visão altera a forma como desenvolvimento cognitivo ocorre nas crianças com essa deficiência em decorrência da falta de experiência com estímulos visuais, capacidade mais limitada para relacionar ideias e objetos ou ainda dificuldades na classificação de objetos (Campos & Nakano, 2017). Assim, no processo de construção ou adaptação de instrumentos para crianças com deficiência, os pesquisadores devem ter conhecimento das especificidades da diferença funcional para a satisfatória operacionalização conceitual.

Em função das questões relacionadas, pode ser que muitos instrumentos não sejam passíveis de adaptação, devendo haver esforço da comunidade científica para construção de testes específicos para esse público-alvo. Os *Standards for Educational and Psychological Testing* (AERA, APA, & NCME, 2014) indicam que é de responsabilidade dos desenvolvedores de testes psicológicos evitar que os instrumentos sejam afetados por barreiras linguísticas, cognitivas, culturais, físicas ou outras características de grupos. Nesse ponto, autores defendem a aplicação dos princípios do Desenho Universal desde a construção dos testes psicológicos com vistas ao alcance da máxima acessibilidade possível (Ketterlin-Geller, 2005; Oliveira & Nunes, 2015).

Uma revisão da literatura nacional identificou que os poucos instrumentos disponíveis no Brasil para o contexto inclusivo avaliam crianças com diferentes deficiências e envolvem estímulos distintos. Um dos mais promissores é a Bateria de Avaliação da Inteligência para Crianças Deficientes Visuais (BAIC-DV), composta pelos subtestes raciocínio verbal, memória e raciocínio lógico (Campos & Nakano, 2014; Campos & Nakano, 2017). Ela foi construída no contexto nacional, o que representa uma grande vantagem em termos de validade de conteúdo, e visa avaliar a inteligência de crianças com deficiência visual entre 7 a 12 anos. Atualmente, está sendo ampliada a coleta de dados para elaboração de normas do instrumento, que têm previsão de ser submetido ao SATEPSI e publicadas pela editora Vetor.

Lins (2016) também iniciou o processo de construção do Teste Tátil de Inteligência para crianças com deficiência visual entre 6 e 13 anos. Trata-se de um instrumento não verbal, de matrizes, em que a criança deve escolher um estímulo que melhor completa uma série, sendo uma medida de inteligência fluida. Entretanto, a autora encontrou muitas dificuldades na operacionalização do construto em função da diversidade das crianças com deficiência visual. Primeiramente, o instrumento se mostrou muito fácil para as crianças com baixa visão e muito difícil para as crianças cegas, tendo em vista que elas usavam sentidos diferentes para perceber os estímulos. Ao tentar operacionalizar o teste apenas para crianças cegas, entraves foram encontrados em relação a causa da perda de visão (adquirida ou congênita). Crianças com perda adquirida e que tiveram estimulação visual anteriormente diferiam consideravelmente das crianças com perda congênita ao reconhecer os estímulos do teste. Dessa forma, o instrumento estava avaliando outros aspectos para além da inteligência, como as habilidades de percepção tátil, e eram influenciados pela qualidade da estimulação que a criança tinha recebido. Mesmo dentro do grupo de crianças com perda adquirida, a idade em que a criança perdeu a visão, tal como a qualidade do ambiente e da estimulação antes da perda visual influenciaram os resultados. Também houve dificuldade em encontrar material não perecível para compor os estímulos e que possibilitasse uma hierarquia de dificuldade de percepção.

Em termos de adaptação de instrumento, destaca-se o estudo de Cardoso e Capitão (2007) com o Teste das Pirâmides Coloridas de Pfister para crianças surdas entre 6 e 12 anos. Os autores encontraram diferenças tanto na personalidade quanto em aspectos cognitivos avaliados pelo Pfister ao comparar as crianças com deficiência auditiva ou surdas com as crianças sem deficiência. Em relação à personalidade, identificou-se prevalência do uso da cor violeta em crianças surdas, indicativo de tensão e ansiedade (Villemor-Amaral, 2005). Em relação à avaliação cognitiva, houve menor prevalência de construção com presença de estrutura nas pirâmides pelos grupos com deficiência auditiva, o que indica um nível intelectual menos elaborado considerando os parâmetros normativos (Cardoso & Capitão, 2007; Costa, 2004). O estudo de Filgueiras et al. (2014) também utilizou da Escala de Stress Infantil (ESI) para crianças cegas, com análise da estrutura fatorial do instrumento com uma amostra de crianças de 7 a 14 anos. O procedimento de aplicação foi individual, por psicólogos treinados, que fizeram uma adaptação simples de leitura dos itens para os participantes. A estrutura fatorial do instrumento não foi diferente em comparação com as crianças sem deficiência visual. Contudo, os autores não investigaram se o estresse diferia entre os grupos e nem foi objetivo a elaboração de normas de interpretação para o instrumento.

Os estudos citados são importantes e permitem refletir sobre as possibilidades do uso de testes na avaliação inclusiva e, também, sobre as dificuldades encontradas na operacionalização dos construtos. Oliveira e Nunes (2015) defendem o uso de recursos tecnológicos e de tecnologias assistivas na construção de instrumentos para proporcionar maior acessibilidade, como é o caso do uso de ferramentas de comunicação suplementar ou alternativa. No âmbito das tecnologias, recursos como *tablets*, celulares e computadores, consonante à modernização dos instrumentos, podem trazer vantagens como a possibilidade de utilização de leitores de tela, diminuição da complexidade dos estímulos e adaptações ao ritmo de desempenho e entendimento do avaliando (Oliveira & Nunes, 2015). O Desenho Universal prevê mais de uma adaptação de um mesmo teste ou o desenvolvimento de vários formatos para que o testando tenha possibilidade de escolha (Ketterlin-Geller, 2005).

O cenário atual de produção dos testes psicológicos na AP inclusiva de crianças suscita algumas reflexões. Primeiro, ela requer dos pesquisadores e profissionais de Psicologia um amplo conhecimento das inúmeras atividades e processos psicológicos envolvidos, sendo necessária a diversificação de técnicas e formas de interpretação (Pasquali, 2001). Além disso, para possibilitar o acesso das crianças com deficiência aos testes psicológicos, deve-se considerar o fato de muitas delas terem comorbidades ou mesmo habilidades acima de outras crianças que não estão sendo contempladas nos instrumentos tradicionais. Referente a isso, defende-se que o tamanho amostral e alguns parâmetros exigidos pelo CFP para construção de testes psicológicos devem ser repensados no âmbito da avaliação inclusiva. É muito difícil encontrar uma amostra especial ampla e sem comorbidades. Ainda assim, caso seja possível encontrar, qual seria a representatividade dos resultados dessa amostra para a população de crianças com deficiência no Brasil? Nesse ponto, sugere-se uma ampliação do debate sobre as regulamentações da AP inclusiva e, mesmo, sobre a Psicometria inclusiva, pelos órgãos reguladores da Psicologia.

Aplicações práticas no contexto da AP inclusiva de crianças: conduta do avaliador, estratégias e procedimentos

Como vimos, a AP na perspectiva inclusiva requer a ampliação de campos perceptivos e a construção de posturas sensíveis a cada demanda. Nesse processo, faz-se necessário escutar para além da fala, validando e valorizando, por exemplo, a intencionalidade comunicativa de uma criança não verbal, a linguagem de sinais, a comunicação suplementar e alternativa, entre outros. Do mesmo modo, é preciso enxergar à frente do aparente e tecer considerações que respeitem as diferentes formas e perspectivas de ser e estar no mundo. Por exemplo, podemos falar em AP inclusiva quando um psicólogo vidente reconhece que um movimento repetitivo de corpo apresentado por uma criança com deficiência visual se trata de uma maneira particular de exploração do ambiente, e não de uma estereotipia. Da mesma forma, acontece quando compreende que a escassez na variabilidade de expressões faciais apresentadas por essa mesma criança atrela-se ao fato de ela, desde o seu nascimento, não ter visto as faces e expressões das outras pessoas, comprometendo a sua aprendizagem por imitação, o que o leva a não suspeitar, por exemplo, de um autismo.

Os exemplos citados revelam que a acessibilidade na comunicação e no ambiente influencia diretamente na qualidade das respostas da criança, reforçando a importância de uma postura profissional sensível e de uma flexibilidade na adaptação e construção de estratégias e técnicas durante o processo avaliativo. Ainda, ressalta que a AP inclusiva requer a integração de informações expressas em diferentes vias e oriundas de variados momentos e contextos de vida do paciente. Sendo assim, nesse processo, é fundamental que se compreenda o funcionamento global da criança e que se busquem objetivos abrangentes. São também fundamentais as trocas de percepções e práticas de diferentes profissionais, que podem compartilhar e construir estratégias e saberes, auxiliando na melhora da qualidade de vida da criança e de sua família. A seguir, propomos algumas estratégias práticas, guiadas por exemplos clínicos, que podem ser implementadas para a execução desse processo de avaliação no contexto inclusivo.

O primeiro caso descrito refere-se de um processo de AP de uma criança com autismo, cujo objetivo foi mapear as habilidades cognitivas, de linguagem e funcionalidade, para fins de sistematização do processo de intervenção terapêutico. Tratava-se de uma criança com cinco anos de idade com linguagem verbal (cujo comportamento verbal apresentava-se apenas em contextos de pedido), do sexo masculino, em atendimento clínico semanal de fonoaudiologia e psicoterapia (com ênfase em orientação parental) e iniciando atendimento sistemático com Terapeuta Ocupacional (TO). Em contexto avaliativo, foi possível perceber que as habilidades funcionais do paciente estavam claramente comprometidas pela sua desordem sensorial. As tentativas da avaliadora para fazê-lo sentar numa mesinha para uma atividade estruturada não eram satisfatórias. Contudo, em contexto de brincadeira livre e tarefas clínicas não-padronizadas relacionadas a estímulos corporais (ex. brincadeira de pega-pega, seguida de cócegas, pula-pula, brincadeira de pular corda, seguimento de instruções mediado por estímulo musical com a música "cabeça, ombro, joelho e pé") a terapeuta conseguia engajamento satisfatório da criança, permitindo a ampliação do repertório de atividades lúdicas. Nesse contexto de engajamento, era possível avaliar qualitativamente habilidades como: quantificação; compreensão verbal, a partir de seguimento de instruções; flexibilidade cognitiva; controle inibitório, entre outras. Tendo em vista a necessidade de engajamento em contexto estruturado, para a ampliação do repertório de técnicas de avaliação, foi organizado, conjuntamente a TO, um *setting* avaliativo mais propício às necessidades sensoriais da criança, que contou com um circuito sensorial, para fins de regulação sensorial, e com a utilização de uma almofada na cadeira de trabalho da criança, com recursos sensoriais específicos para a sua demanda proprioceptiva. Esses recursos foram efetivos para o engajamento da criança, aumentando o seu tempo de permanência nas atividades estruturadas, além de auxiliar na habilidade atencional necessária para a execução das tarefas padronizadas.

O próximo exemplo trata-se de uma avaliação infantil de uma criança de dois anos e seis meses, com dificuldades de aprendizagem de linguagem oral, atraso na aquisição de fonemas e com presença de comportamentos disruptivos, em diversos contextos. O paciente estava em atendimento fonoaudiológico semanal há oito meses e foi encaminhado pela fonoaudióloga responsável para a AP, tendo em vista os comportamentos disruptivos se expressarem de maneira frequente no ambiente familiar, bem como nos atendimentos, impossibilitando o uso das técnicas fonoaudiológicas no contexto terapêutico. Foram criadas, junto a fonoaudióloga, pistas visuais, que indicavam ações que a criança precisava repetir, e um suporte visual para estabelecer a ordem das atividades estruturadas. Tais estratégias fazem parte de protocolos formais de intervenção no contexto do autismo e foram incorporadas na avaliação para auxiliar na demanda comportamental do paciente, haja vista a necessidade de colaboração e engajamento. A elaboração desse material junto a fonoaudióloga responsável foi fundamental para salvaguardar a sua adequação em termos de nível de compreensão de linguagem da criança.

O terceiro exemplo ilustra possibilidades de adaptação na conduta e estratégias do avaliador durante uma sessão de observação lúdica diagnóstica. Citamos aqui a situação de uma criança que oferece ao avaliador uma bola como forma de convite para uma brincadeira compartilhada. Se essa criança apresentasse desenvolvimento neurotípico, consideraríamos adequado que o avaliador pegasse o objeto, sorrisse e se afastasse um pouco dela para jogar a bola de volta para criança, pensando em manter uma maior distância. Entretanto, como a criança era cega, tornou-se necessário que o psicólogo adaptasse a sua comunicação e também os seus materiais. Respeitar as particularidades desenvolvimentais desse caso envolveu a ampliação do repertório comunicativo verbal e gestual do terapeuta. Por exemplo, ele relatou que estava feliz com o convite e colocou a mão da criança no seu rosto para ela sentir o seu sorriso, ao mesmo tempo em que a criança teve a experiência de reconhecer de forma tátil a expressão de felicidade. Ainda, o avaliador informava à criança que iria se afastar, mostrando o seu distanciamento a partir da emissão de sons. Nesse caso, a adaptação do *setting* envolveu a utilização de uma bola com guizo.

A clareza nos objetivos do processo de avaliação é fundamental para a conduta adequada do profissional, tanto no processo investigativo quanto na forma de reportar os resultados no laudo ou relatório final. Em se tratando de primeira infância, o mapeamento de habilidades tem a função de traçar objetivos terapêuticos e requer a reavaliação periódica contínua, podendo auxiliar na elaboração dos planos terapêuticos. Como exemplo, é frequente a avaliação neuropsicológica infantil no contexto do autismo para auxílio do processo de inclusão na instituição de ensino regular. Dessa forma, o mapeamento de habilidades cognitivas e funcionais, no contexto avaliativo, pode auxiliar, exemplificativamente, na construção do que no Brasil chamamos de Plano Educacional Individualizado (PEI), Plano de Atendimento Educacional Especializado (PAEE), ou Plano de Desenvolvimento Individualizado (PDI), uma das diretrizes de base da Política Nacional de Educação Especial na Perspectiva da Educação Inclusiva (PNEEPEI) (Brasil, 2008). Cabe registrar que esse plano é elaborado a partir do conhecimento sobre as potencialidades e as dificuldades de cada criança, respeitando, além de suas competências cognitivas, a sua história de vida (Teixeira et al., 2015)

Os exemplos apresentados mostram um processo de construção colaborativa envolvendo profissionais de diferentes áreas do conhecimento. Sobre esse aspecto, sabe-se que pessoas com deficiências, durante o processo avaliativo, circulam por profissionais de diferentes campos do conhecimento (especialidades). A seguir, abordaremos, ainda que brevemente, as particularidades do trabalho de equipes que se denominam multi, inter ou transdisciplinares, e refletiremos as suas implicações para a avaliação psicológica inclusiva na infância.

A proposta multidisciplinar consiste na justaposição de disciplinas, no sentido de aproximá-las e de promover o compartilhamento de informações, apresentando uma natureza essencialmente aditiva, e não integrativa (Klein, 1990). Nessa configuração, os profissionais tendem a trabalhar e a tomar decisões isoladamente, podendo gerar intervenções ou orientações eventualmente contraditórias ou concorrentes, fato que, muitas vezes, gera desgaste emocional, financeiro e físico às famílias. De fato, pesquisas demonstram que uma avaliação com fins diagnóstico de autismo, por exemplo, pode durar anos, e que essa demora é elencada pelos pais como um fator de insatisfação em relação ao processo avaliativo do filho, o que na maioria das vezes é motivo de troca de profissional (Paula et al., 2020; Zanon et al., 2017). Já um trabalho na perspectiva da interdisciplinaridade envolve uma cooperação das disciplinas, demandando grupos de trabalho que se propõem a integrar conceitos, terminologias, métodos e dados, tendo natureza integrativa (Klein, 1990). Nesse modelo, passa a existir uma estrutura formal de interação e de trabalho de equipe, sendo o compartilhamento de informações mais frequente, e assumido pelo grupo como fundamental (Franco, 2007). Na prática, vemos que as interações entre a equipe costumam ocorrer a partir de telefonemas, e-mail, visitas e reuniões regulares, o que é facilitado quando os profissionais atendem em um mesmo espaço físico. Esse diálogo dos profissionais durante o processo avaliativo é algo importante para as famílias e para as crianças, que passam a se sentir mais acolhidas e respeitadas, não precisando repetir histórias, por exemplo. No entanto, nas tomadas de decisão a perspectiva de cada disciplina ou de cada especialista tende a prevalecer, podendo também colocar em evidência as relações de poder entre os diferentes profissionais (Franco, 2007).

Por outro lado, o modelo transdisciplinar, como o próprio nome diz (trans = além e através), visa ir além das disciplinas, quebrando barreiras e desobedecendo as regras impostas pelas especialidades. Nessa configuração, busca-se construir saberes abrangentes e capazes de unificar o conhecimento. Esse é o modelo que mais pode se adequar a avaliação e a intervenção precoces, justamente por centrar-se nas necessidades do caso, e não nas especialidades dos profissionais (Franco, 2007). A AP infantil no modelo transdisciplinar é realizada por todos os membros da equipe, em conjunto com a família que também participa ativamente do processo, procurando formas de avaliação que perturbem minimamente a rotina e as atividades da criança. Diferentemente das experiências inter e multi, sabe-se que as transdisciplinares são bastante raras, sobretudo no Brasil, o que pode estar relacionado a sua dificuldade de implementação. Isso porque, nesse modelo, o profissional, além de reconhecer a sua falta de habilidades para avaliar e intervir sozinho, precisa estar aberto para integrar conhecimentos e estratégias que ultrapassam os limites da sua formação de base.

Uma maneira de acessar recursos transdisciplinares para o incremento de técnicas efetivas no contexto de AP inclusiva é a pesquisa em protocolos de avaliação do desenvolvimento global infantil, incorporados em protocolos de intervenção. Por exemplo, no caso do autismo, muitos protocolos de intervenção contam com materiais específicos para a avaliação global da criança para fins de orientar os objetivos terapêuticos, e que podem ser utilizados por profissionais de diferentes áreas. Contudo, é possível perceber o quanto esses materiais não fazem parte de um escopo clínico mais geral.

Considerações finais

O caminho argumentativo construído neste capítulo mostra que as habilidades e competências do profissional são fundamentais para a realização de uma avaliação psicológica inclusiva, podendo influenciar em suas posturas, atitudes e na maneira como irá construir, adaptar, flexibilizar e ampliar os seus objetivos, estratégias e devoluções. Para tanto, faz-se necessário uma formação profissional específica acerca da deficiência e da avaliação-intervenção nesse contexto, visando a promoção de práticas acessíveis para todos e pautadas nas premissas do Desenho Universal. Nessa perspectiva, defendemos que investir na acessibilidade é também investir na redução de barreiras e entraves que podem atrasar, prejudicar ou limitar o processo avaliativo. Dentre as barreiras, destacamos aqui a atitudinal, pois entendemos que é a atitude do profissional diante do outro-diferente que o impulsiona a trabalhar no sentido de remover as demais barreiras que possam existir (comunicacionais, arquitetônicas, instrumentais, etc.). Sendo assim, destacamos que a AP inclusiva pode ser viabilizada por profissionais que, além de possuírem a competência técnica para tal, sejam pessoas flexíveis, criativas, sensíveis e empáticas, que saibam trabalhar em equipe e que estejam abertas para trocar e aprender com outros colegas, profissionais e familiares.

Destacamos também, que são escassos os instrumentos e testes para crianças que são consideradas público-alvo das políticas de inclusão. Tal evidência demarca a importância de profissionais e pesquisadores da AP investirem mais na área, tanto produzindo estudos sobre processos de avaliação de pessoas com deficiência, como trabalhando na construção de testes ou em estudos de equivalência de instrumentos para esse público. Ainda, consideramos pertinente que psicólogos da AP se aproximem de outras áreas da psicologia que já vêm trabalhando com esse grupo de pessoas em outros contextos, como na escola e na clínica. Nesse ponto, refletimos também sobre o fato dessa escassez de instrumentos e testes ser proporcional à escassez de psicólogos com deficiências. Certamente a ampliação do acesso e da permanência de estudantes com deficiências no ensino superior, e em especial no curso de Psicologia, pode contribuir para a redução do preconceito e das barreiras atitudinais, bem como auxiliar na expansão da área enquanto ciência e profissão. Diante disso, valoriza-se as políticas públicas já existentes de inclusão escolar, assim como as iniciativas de pesquisadores nessa área, e incentiva-se a publicação de estudos de caso, tanto na clínica quanto no ensino.

Por fim, propomos retomar e refletir sobre as especificidades da avaliação psicológica inclusiva, iniciando pela sua definição e seu propósito. Trata-se de um procedimento científico de investigação e intervenção que busca mapear habilidades e áreas do desenvolvimento infantil, em especial aquelas preservadas, que podem auxiliar no estabelecimento de objetivos terapêuticos para cada caso. Do mesmo modo, visa investigar os entraves/barreiras do ambiente e do contexto, pois entendemos que a deficiência resulta do encontro de uma limitação da criança com uma barreira do seu contexto. Nesse caso, a utilização de um teste ou instrumento psicológico não adaptado e sem normas para pessoas com deficiências, pode se configurar como um grande entrave, capaz de reforçar práticas exclusivas e discriminatórias.

Por tal razão, em todas etapas do processo avaliativo de crianças com deficiências, é fundamental que o psicólogo adapte o seu contexto (ex.: *setting*, comunicação, postura, estratégias) a fim de tornar o ambiente acessível e a sua postura acolhedora e inclusiva. Nesse percurso, apontamos a compreensão da criança e da sua família na sua globalidade, indo ao encontro do seu contexto, e o entendimento do trabalho em equipe transdisciplinar como possibilidades para a realização de uma avaliação atenta às reais necessidades dos casos, e não às necessidades do profissional. Sendo assim, no final do processo, deve-se pensar em metas terapêuticas no sentido amplo e que extrapolam as intervenções endereçadas apenas à criança, incluindo também a família, a escola, entre outros agentes envolvidos. Por fim, destacamos que a deficiência de uma criança ou a escassez de instrumentos e testes psicológicos com normas para esse público não podem ser vistos como limitadores definitivos para se realizar uma AP. Cabe ao psicólogo, em um processo de reflexão contínua, questionar-se se as condições técnicas que compõem o processo por ele proposto estão sendo limitadas para acessar a complexidade do sujeito a ser avaliado, independentemente de seu perfil desenvolvimental e quadro patológico.

Referências

American Psychological Association. (2011). *Guidelines for Assessment of and Intervention with Persons with Disabilities.* https://www.apa.org/pi/disability/resources/assessment-disabilities

American Educational Research Association, American Psychological Association, & National Council on Measurement in Education. (2014). *Standards for educational and psychological testing.* American Educational Research Association.

Brasil. Ministério da Educação. (2008). *Política Nacional de Educação Especial na Perspectiva da Educação Inclusiva.* Retirado de: http://portal.mec.gov.br/arquivos/pdf/politicaeducespecial.pdf

Conselho Federal de Psicologia. (2005). Código de ética profissional do psicólogo. http://site.cfp.org.br/wp-content/uploads/2012/07/codigo-de-etica-psicologia.pdf

Conselho Federal de Psicologia. (2013). *Cartilha de avaliação psicológica.* http://satepsi.cfp.org.br/docs/cartilha.pdf

Conselho Federal de Psicologia. (2018). *Resolução Nº 9, de 25 de abril de 2018.* http://satepsi.cfp.org.br/docs/Resolu%C3%A7%C3%A3o-CFP-n%-C2%BA-09-2018-com-anexo.pdf

Conselho Federal de Psicologia. (2019). *Nota Técnica Nº 4/2019/GTEC/CG.* http://satepsi.cfp.org.br/docs/NotaTecnica042019.pdf

Campos, C. R., & Nakano, T. C. (2014). Avaliação da inteligência de crianças deficientes visuais: Proposta de instrumento. *Revista Psicologia: Ciência e Profissão, 34*(2), 406-419. http://doi.org/10.1590/1982- 3703000272013

Campos, C. R., & Nakano, A. D. C. (2017). Avaliação da inteligência de crianças deficientes visuais: estudo exploratório da adequação de itens. *Avances en Psicología Latinoamericana, 35*(2), 233-252. http://doi.org/10.12804/revistas.urosario.edu.co/apl/a.3133

Cardoso, L. M., & Capitão, C. G. (2007). Avaliação psicológica de crianças surdas pelo Teste das Pirâmides Coloridas de Pfister. *Psico-USF, 12*(2), 135-144. http://doi.org/10.1590/S1413-82712007000200002

Costa, O. R. S. (2004). *Um estudo correlacional das pirâmides de Pfister e a BPR-5* [Dissertação de Mestrado, Universidade São Francisco]. Repositório da Universidade São Francisco. https://pesquisa.bvs.br/brasil/resource/pt/pte-32550

Endres, R. G., Sbicigo, J, B., Sales, J, & Bosa, C. A. (2020). O Fenótipo Ampliado do Autismo e habilidades pragmáticas em pais e mães de crianças com e sem Transtorno do Espectro Autista - TEA. *Avances en Psicología Latinoamericana, 38*(2), 1-16. http://doi.org/10.12804/revistas.urosario.edu.co/apl/a.7855

Filgueiras, A., Mendonça, I., Fontenele, B., Fioravanti-Bastos, A. C. M., Poyares, M., de Oliveira, C. E. T., Saboya, E., & Marques, C. V. M. (2013). Características psicométricas da Escala de Stress Infantil (ESI) para avaliação do stress em crianças cegas. *Psicologia Argumento, 31*(75), 607-614. http://doi.org/10.7213/psicol.argum.31.075.ds03

Franco, V. (2007). Dimensões transdisciplinares do trabalho de equipe em intervenção precoce. *Interação em Psicologia, 11*(1), 113-121. https://revistas.ufpr.br/psicologia/article/view/6452

Goodman, S. A., Evans, G. C., & Loftin, M. (2011). *Intelligence testing of individuals who are blind or visually impaired.* American Printing House for the Blind. https://sites.aph.org/accessible-tests/laws-guidelines/intelligence-testing/

Grantham-McGregor, S., Cheung, Y. B., Cueto, S., Glewwe, P., Richter, L., Strupp, B., & International Child Development Steering Group. (2007).

Developmental potential in the first 5 years for children in developing countries. *The Lancet, 369*(9555), 60-70. http://doi.org/10.1016/S0140-6736(07)60032-4

Lins, M. R. C. (2016). *Relações entre a inteligência geral e a inteligência emocional: O papel do autoconceito em crianças e adolescentes videntes e com deficiência visual* [Tese de Doutorado, Universidade de Brasília]. Repositório Institucional da Universidade de Brasília. https://repositorio.unb.br/bitstream/10482/20000/1/2016_ManuelaRamosCaldasLins.pdf

Ketterlin-Geller, L. R. (2005). Knowing what all students know: Procedures for developing universal design for assessment. Journal of Technology. *Learning and Assessment, 4*(2). https://ejournals.bc.edu/index.php/jtla/article/view/1649

Klein, J. T. (1990). *Interdisciplinarity: History, theory, and practice.* Wayne State University Press.

Krug, J., Bandeira, D. R., & Trentini, C. M. (2016). Entrevista lúdica diagnóstica. In C. S. Hutz, D. R. Bandeira, C. Trentini, & J. S. Krug (Eds.), *Psicodiagnóstico* (pp.73-98). Artmed.

Oliveira, C. M., & Nunes, C. H. S. S. (2015). Instrumentos para avaliação psicológica de pessoas com deficiência visual: Tecnologias para desenvolvimento e adaptação. *Psicologia: Ciência e Profissão, 35*(3), 886-899. http://doi.org/10.1590/1982-3703001902013

Oliveira, C. M., Nuernberg, A. H., & da Silva Nunes, C. H. S. (2013). Desenho universal e avaliação psicológica na perspectiva dos direitos humanos. *Avaliação Psicológica, 12*(3), 421-428. https://www.redalyc.org/pdf/3350/335030096017.pdf

Oliveira, S. E. S., & Silva, M. A. (2019). Integração de resultados qualitativos e quantitativos. In M. N. Baptista et al. (Eds), *Compêndio de avaliação psicológica* (pp. 98-108). Vozes.

Olkin, R. & Pledger, C. (2003). Can Disability Studies and Psychology Join Hands? *American Psychologist, 54*(4), 296-304. http://doi.org/10.1037/0003-066X.58.4.296

Pasquali, L. (2001). *Técnicas de Exame Psicológico – TEP: manual.* Casa do Psicólogo.

Paula, C. S., Cukier, S., Cunha, G. R., Irarrázaval, M., Montiel-Nava, C., Garcia, R., Rosoli, A., Valdez, D., Bordini, D., Shih, A., Garrido, G. Rattazzi, A. (2020) Challenges, priorities, barriers to care, and stigma in families of people with autism: Similarities and differences among six Latin American countries. *Autism*, 1-15. http://doi.org/10.1177/1362361320940073

Silva, M. A. & Bandeira, D. R. (2016). A entrevista de anamnese. In C. S. Hutz, D. R. Bandeira, C. M. Trentini, & J. S. Krug (Eds), *Psicodiagnóstico* (pp. 52-67). Artmed.

Tamis-LeMonda, C. S., Shannon, J. D., Cabrera, N. J., & Lamb, M. E. (2004). Fathers and mothers at play with their 2-and 3-year-olds: contributions to language and cognitive development. *Child Development, 75*(6), 1806-1820. http://doi.org/10.1111/j.1467-8624.2004.00818.x

Teixeira, M. C. T. V., Silva, N. A., Baraldi, G. S., Emerich, D. R., Milan, E., & Carreiro, L. R. R. (2015). Intervenções em sala de aula com alunos com Transtorno do Espectro do Autismo. In N. M. Dias, & T. P. Mecca. (Eds.), *Contribuições da neuropsicologia e da psicologia para intervenção no contexto educacional* (pp. 249-258). Memnon.

Villemor-Amaral, A. E. (2005). *O Teste das Pirâmides Coloridas de Pfister.* Hogrefe.

Vygotsky, L. S. (1997). *Fundamientos da Defectologia* (Obras Escogidas, Vol. 5). Visor.

Zanon, R. B., Backes, B., & Bosa, A. (2017). Diagnóstico do autismo: relação entre fatores contextuais, familiares e da criança. *Psicologia Teoria e Prática, 19*(1), 152-163. doi.org/10.5935/1980-6906/psicologia.v19n1p164-175

Capítulo 6

A IMPORTÂNCIA DOS FAMILIARES ENQUANTO INFORMANTES NA AVALIAÇÃO PSICOLÓGICA INCLUSIVA

Tatiane Oliveira Zanfelici

Estar diante de uma possibilidade de diagnóstico que afirme atipicidades ao desenvolvimento infantil, tais como uma deficiência ou transtorno, pode ser motivo de muita ansiedade aos familiares, e até mesmo à própria criança. Nos casos em que o diagnóstico ocorre durante a gestação ou no pós-parto, o luto pelo filho idealizado começa a ser elaborado logo no início da vida da criança. Contudo, muitas outras situações podem se manifestar apenas posteriormente, passados meses ou anos de desenvolvimento que aparenta ser típico até o momento em que eventos tragam questionamentos à evolução das crianças. Assim, caracteriza-se uma outra construção da parentalidade, a qual poderá ser revista e ressignificada de diferentes formas a partir do marco da confirmação da existência de um diagnóstico e sua aceitação, do enfrentamento e dos encaminhamentos de ações.

Apresentar a criança para uma avaliação na clínica psicológica frequentemente constitui-se em uma ação acompanhada pela suspeita de que algo deve ser melhor investigado, seja por observação da própria família ou por encaminhamento de profissionais que já informaram previamente suas razões (ou ao menos, deveriam tê-lo feito). O processo avaliativo pode ser depositário de fantasias e angústias relativas aos sintomas apresentados, às diferenças percebidas na criança quando fogem a um padrão de expectativas, às queixas derivadas da escola, ou mesmo à dinâmica que a família tem vivenciado em relação a criança, sendo o diagnóstico a resposta que justificaria o quadro apresentado.

O diagnóstico não deveria, contudo, ser o único balizador de qualquer relacionamento com a criança, seja na esfera familiar, seja no campo das relações sociais, clínicas e escolares. As primeiras, em relação aos investimentos emocionais e estimulação, e as demais no que diz respeito ao aos direitos e à eliminação das barreiras físicas e atitudinais que impedem o acesso das crianças ao aprendizado, bem como aos ambientes e situações típicas e significativas para a vivência da infância. A Nota Técnica 04/2014 do Ministério da Educação e Cultura (Brasil, 2014) reafirma esse direito a todas as crianças brasileiras, declarando que seu direito à educação não pode ser impedido pela exigência de um laudo comprobatório de situação de deficiência, transtorno de desenvolvimento ou altas habilidades. Ainda, a insistência nessa atitude afirmaria "imposição de barreiras ao seu acesso aos sistemas de ensino, configurando-se em discriminação e cerceamento de direito" (Brasil, 2014, p. 3). Ademais, é importante refletir sobre a responsabilidade de impingir à criança uma categorização nosológica, que quando não acompanhada de ações efetivas que contribuam para melhorias na vida do indivíduo, tanto em nível individual quanto social, pode trazer mais efeitos perniciosos de estigmatização e não reconhecimento de sua singularidade do que respostas que aliviem angústias, expliquem e auxiliem no manejo de comportamentos ou que favoreçam a inclusão.

Por outro lado, mesmo diante dos argumentos em favor de uma sociedade de direitos e relações que não se orientem pelo diagnóstico de diferenças, sabe-se que na realidade o laudo ainda é um instrumento imprescindível para assegurar certas garantias e acessos, como atendimentos no campo da saúde e o provimento de recursos que contribuam para o cotidiano e desenvolvimento global (como o acesso a transporte público, recebimento de benefícios financeiros e desconto em atividades culturais). Ainda que diante de garantias de direitos, como os declarados na Nota Técnica 04/2014, muitas vezes essa necessidade permanece estendida à esfera da escolarização (como o Atendimento Educacional Especializado) e, posteriormente, ao acesso a trabalho e estudos universitários por programas de cotas.

Na prática, sabe-se que diagnósticos apressados podem ser tão prejudiciais quanto a ausência prolongada de informações acerca de um quadro de demandas. Nesse mesmo sentido, Bermudez (2008) ressalta a complexidade de alguns diagnósticos, reforçando a importância de não apressar sua afirmação enquanto definitivos, mas priorizando seu aspecto funcional e descritivo para os encaminhamentos necessários. A autora pontua a relevância da clareza nas explicações no caráter orientativo dos encaminhamentos, que devem ser realizados por escrito; e sugere a validação dos possíveis progressos e da manutenção da esperança, quando possível. Recomenda também evitar profecias acerca dos prognósticos e o fornecimento de material de apoio. O mesmo poderia contribuir, para além dos encaminhamentos a profissionais e intervenções, enquanto aporte de informações, orientações e esclarecimentos acerca de certas características da criança, bem como demandas ou comportamentos que podem requerer manejos mais específicos.

Sabe-se também que nem sempre o público geral possui dados sobre questões específicas do desenvolvimento infantil, porém geralmente a família que procura ajuda conhece seu filho e quer se empenhar para garantir o melhor que estiver ao seu alcance para a evolução da criança. Portanto, podem precisar saber o que esperar, como também estimular positivamente seu desenvolvimento, mesmo que os resultados finais não apontem para um quadro conclusivo de desenvolvimento atípico. Além disso, não é sempre que as informações disponíveis ou difundidas ao público geral podem ajudar suficientemente nas condutas assumidas pelas famílias. Um exemplo é a máxima "cada criança tem seu tempo". Ainda que essa frase possua fundamentos relativos às particularidades do desenvolvimento de cada indivíduo e contribua para que as famílias não pressionem demais a evolução de alguns comportamentos e aprendizados infantis, existem parâmetros importantes que podem apontar para a necessidade de investigação e contribuir para ações direcionadas a necessidades específicas. Ademais, marcos do desenvolvimento como os relativos ao desenvolvimento social e cognitivo não estão a todo momento claros ao público em geral, que por vezes podem se orientar por aspectos mais aparentes como a fala e o andar para a acompanhar os progressos no desenvolvimento das crianças. Assim, pode-se perder um tempo precioso para iniciar intervenções precoces que melhorem as possibilidades de evolução dessas crianças antes mesmos das idades limites para o desenvolvimento de alguns marcos, reforçando a finalidade de norteador clínico e interventivo do diagnóstico.

Em síntese, a avaliação psicológica, para além de constituir um processo de identificação de dados para a tomada de decisões, pode também servir à orientação da criança e seus familiares, à medida que pode indicar necessidades que demandem investimentos, mas também qualidades e potências que as crianças apresentem, contribuindo para o fortalecimento da articulação, empoderamento e suporte social das crianças e suas famílias.

Avaliação Psicológica Multimétodos: os pais como informantes no processo

Para a avaliação psicológica em geral, a partir de qualquer queixa ou demanda, compreendem-se algumas possibilidades principais de acesso a informações. As fontes fundamentais de informação incluem os testes psicológicos aprovados pelo Conselho Federal de Psicologia (CFP), as entrevistas e anamneses e os protocolos de observação (Conselho Federal de Psicologia, 2018). Segundo o mesmo documento, as técnicas e instrumentos não psicológicos, mas que possuam fundamentação científica e respeitem o Código de Ética e a legislação da profissão, tal como protocolos ou relatórios de outros profissionais envolvidos na equipe, são denominadas fontes complementares de informação. Os últimos visam contribuir na fundamentação das decisões originadas a partir dos primeiros, porém todas as informações devem figurar em possíveis documentos oriundos do processo de avaliação psicológica (Rueda & Zanini, 2018).

Em relação à avaliação psicológica infantil, deve-se considerar ainda as possibilidades e limites característicos ao autorrelato e o heterorrelato (Giacomini & Bandeira, 2016). Segundo as autoras, o autorrelato permite a consulta a informações direto da fonte (a criança), por variados instrumentos como a observação direta, a entrevista, os testes, os desenhos e as narrativas, porém pode apresentar limitações a respeito do que o informante apresenta no momento da avaliação ou conhece sobre sua própria condição. O heterorrelato pode assegurar a integração de variadas informações oriundas de outras fontes, tais como os profissionais já envolvidos na educação e cuidado com a criança, suas famílias e cuidadores mais próximos. Os profissionais podem contribuir com o compartilhamento de relatos e documentos escritos (como pareceres e relatórios), e já os familiares e cuidadores, com o relato verbal obtido em entrevistas, questionários, testes, observação em situações de interação, entre outros. Contudo, a exemplo do autorrelato, os instrumentos e métodos de heterorrelato podem sofrer os efeitos de experiências e expectativas, além de estarem atravessados por questões de percepção pessoal, como as relativas a memória, resistências, distorções ou modificações que o respondente deliberadamente realize (Silva & Bandeira, 2016).

De forma mais geral, a família, juntamente a escola e profissionais da saúde que estejam acompanhando a criança, além de importantes informantes são grandes interessados na questão a ser investigada. Geralmente essas são as pessoas que mais convivem com as crianças, sendo a família o núcleo que costuma ter informações mais variadas e longitudinais sobre o desenvolvimento das crianças, a escola a esfera que costuma contribuir com sua leitura sobre as evoluções cognitivas e sociais, e os profissionais da saúde fontes importantes acerca do desenvolvimento da criança em diversos aspectos biopsicossociais. Além disso, os atravessamentos dos relatos de pais e profissionais podem se diferenciar em outros aspectos. Tratando do sistema de maior interesse para o presente texto, a literatura aponta que os relatos parentais podem minimizar ou maximizar os sintomas dos filhos de acordo com a forma que percebem os problemas (Giacomini & Bandeira, 2016), além de frequentemente serem melhores informantes de comportamentos externalizantes das crianças (Cassel, Brunet & Arteche, 2017) do que internalizantes. Porém, a experiência prática também tem apontado atravessamentos diversos nos relatos oriundos dos profissionais da educação e da saúde, os quais podem estar mais ou menos concentrados nas potencialidades ou limitações das crianças, de acordo com as expectativas e compreensões dos profissionais.

Ainda que os relatos se diferenciem e os vieses impliquem em concordâncias muitas vezes reduzidas entre os relatos de múltiplos informantes, a identificação das diferentes facetas dos comportamentos em variados ambientes de socialização e a integração dessas informações são importantes elementos para conhecer mais amplamente o perfil do avaliado (Giacomini & Bandeira, 2016) e para uma melhor elaboração de possíveis diagnósticos e intervenções (Rocha, Ferrari & Silvares, 2011). Essas discussões são compatíveis às mais recentes abordagens de avaliação psicológica difundidas pela literatura, que preconizam uma visão processual desse sistema e a utilização diversificada de instrumentos, métodos, técnicas e estratégias (abordagem multimétodos), contribuindo para um processo avaliativo mais adequado e ético (Primi, 2010). Tal visão se correlaciona também ao conceito de avaliação psicológica atualmente difundido pelo Conselho Federal de Psicologia, que a define enquanto "um processo estruturado de investigação de fenômenos psicológicos, composto de métodos, técnicas e instrumentos, com o objetivo de prover informações à tomada de decisão, no âmbito individual, grupal ou institucional, com base em demandas, condições e finalidades específicas" (Conselho Federal de Psicologia, 2018, p. 2).

Assim, a adequada condução das estratégias comuns aos psicólogos no processo de avaliação psicológica na clínica, ou psicodiagnóstico, podem trazer indicadores de questões de relevância ao indivíduo avaliado, incrementando os potenciais dos procedimentos e ampliando possibilidades de compreender capacidades e necessidades em diferentes contextos, com vistas à inclusão.

Balizados por experiências e literatura da área, serão discutidos, a seguir, alguns métodos e técnicas já tradicionais à avaliação psicológica, aplicados aos familiares quando informantes em situações de psicodiagnóstico de crianças com suspeitas de deficiências ou transtornos de desenvolvimento, visando a realização de um processo adequado, ético, empático e empenhado em favorecer a inclusão das crianças e a adaptação das suas famílias a essa nova realidade.

Sugestões para as etapas, métodos e técnicas na avaliação psicológica envolvendo a família

O *rapport* é uma etapa de indispensável atenção, seja no primeiro encontro com a própria criança ou com os informantes de sua família. O psicólogo deve dispor de empatia e cordialidade, além da postura de respeitosa escuta e de acolhimento das demandas que podem ser sinalizadas nesse primeiro encontro, transmitindo competência e confidencialidade. Giacomini e Bandeira (2016, p. 207) ressaltam os elementos "emocionais e intelectuais" dessa etapa, que caracterizam enquanto uma relação acima de tudo, humana.

Com relação aos familiares, conforme já discutido, a possibilidade de um diagnóstico pode ser um fator bastante estressante. Além de seu caráter investigativo, intrusivo e da possibilidade de um resultado surpreendente (Giacomini & Bandeira, 2016), impressões e sentimentos diversos, relativos a supostas falhas parentais (genéticas ou comportamentais), desconhecimento de informações, buscas contínuas por respostas, manejo de dificuldades referentes a características ou comportamentos dos filhos, sem contar os mais diversos tipos de apartes e julgamentos com os quais a família pode estar lidando em suas relações, costumam estar ativos em termos cognitivos e emocionais durante o processo de avaliação psicológica. Nesse sentido, as autoras Giacomini e Bandeira (2016) salientam a importância da colaboração e assertividade da (o) psicóloga (o) quanto às informações referentes a objetivos, procedimentos, possibilidades, limitações e expectativas, as quais podem contribuir para que os familiares sejam mais participativos na avaliação psicológica.

Mesmo a posição do membro informante na organização familiar (mãe, pai, avó ou avô, ou outros) pode ser uma fonte de informações sobre a dinâmica que envolve a queixa que está sendo investigada, à medida que permite trazer informações sobre o entendimento da importância da questão e o engajamento dos familiares na vida da criança. Nesse sentido, é indispensável solicitar o comparecimento de ambos os pais (ou na falta deles, dos principais responsáveis), e por posicionamento não centralizar tal solicitação em uma única figura como a materna, ainda que posteriormente essa seja realmente a única que efetivamente participe do processo devido ao funcionamento familiar. Além do mais, no contexto da clínica, o primeiro encontro com os familiares deve conter também o contrato terapêutico, o qual os responsáveis deverão autorizar e estabelecer com o profissional, envolvendo limites práticos, financeiros e prognósticos da avaliação psicológica.

Idealmente, os momentos de coleta de informações com a família deveriam envolver apenas os pais ou responsáveis pela criança em avaliação e a (o) psicóloga (o), cabendo a eles, quando necessário, o manejo das informações que a criança solicita ou que lhe interessam de acordo com sua compreensão. Contudo, caso a criança esteja junto do familiar informante e não exista alternativa no consultório, como uma brinquedoteca em que possa aguardar com segurança e cuidado de um adulto responsável, sugere-se o envolvimento da criança no diálogo, mesmo que aparentemente ela não participe ou compreenda a situação, preservando-a de possíveis informações que causem impacto negativo. Posteriormente, é importante um agendamento de uma nova sessão exclusiva com o familiar informante, em horário que lhe seja possível comparecer sozinho, com a possibilidade de argumentar à criança que nessa outra sessão sua presença não é necessária porque o profissional precisa de informações que só os adultos podem fornecer, e ainda marcando uma nova sessão privativa com a criança (Rigoni & Sá, 2016).

Ainda em relação à criança a ser avaliada, levando em consideração as queixas de desenvolvimento atípico, pode ser necessária ainda mais atenção ao *rapport,* visto que alguns transtornos podem envolver maior dificuldade de socialização ou comunicação da criança. O estranhamento dela a essa nova relação pessoal, ambiente e situação tem chances de ser naturalmente prolongado nessas situações, que devem ser avaliadas com bom senso pela (o) psicóloga (o), pois além de desconfortáveis à criança podem afetar ou impossibilitar o progresso da avaliação. Estratégias como solicitar a permanência dos familiares por mais tempo ou mais encontros que o habitual, identificar com a família o repertório de interesses da criança, permitir que ela leve consigo brinquedos, *smartphones*, *tablets* ou objetos de apego nas primeiras sessões, bem como o envolvimento da (o) psicóloga (o) em jogos e brincadeiras, podem se configurar como formas de contribuir para a aproximação e criação de vínculos entre profissional e criança. Recomenda-se registrar por escrito todos esses empenhos e atentar-se a situações como as aplicações de testes, as quais eventualmente exijam condutas específicas diante da presença de outras pessoas ou de distratores como os brinquedos durante a aplicação.

A anamnese com a família pode ser um instrumento inicial de coleta de informações sobre o desenvolvimento geral da criança, em todos os aspectos percebidos pelos pais. Com a finalidade de esclarecer mais didaticamente os conteúdos desse instrumento, é possível dividi-lo em aspectos do desenvolvimento físico, cognitivo e socioemocional, ainda que se compreenda o entrelaçamento de todas essas áreas. De maneira geral, as questões podem refletir tópicos tais como:

- Desenvolvimento físico: informações relativas ao período gestacional, parto, primeiros meses ou anos de vida, alimentação desde essa época, desenvolvimento motor, desfralde, sono e possíveis históricos de doenças ou sintomas.

- Desenvolvimento cognitivo: questões referentes ao surgimento da fala, evolução escolar, percepção dos pais sobre os progressos e aprendizados das crianças, memória, atenção e concentração da criança, entre outras.
- Desenvolvimento socioemocional: aspectos como a adaptação da criança a diferentes ambientes e atividades, rotinas, percepção de seus traços de personalidade, engajamento em brincadeiras e jogos, relacionamento com outras crianças e adultos da família e manifestações comportamentais em geral são alguns exemplos de conteúdos a serem abordados.

Também se faz importante coletar dados acerca da dinâmica familiar que envolve a criança. Na tentativa de abarcar informações relativas tanto ao desenvolvimento genético quanto aos aspectos ambientais do contexto familiar, obter referências em relação a sua família de origem (pessoas que moram na casa, relacionamentos intrafamiliares, rede de apoio, possíveis vulnerabilidades) parece tão importante quanto resgatar informações conhecidas sobre o desenvolvimento dos próprios pais nos mesmos aspectos já levantados em relação a criança.

Mas para além das questões propostas pelo instrumento, que podem ser mais estruturadas com a finalidade de sintetizar informações, algumas outras questões podem revelar mais informações sobre o lugar da criança na família, suas relações com esse sistema e possíveis impactos em seu desenvolvimento. Nesse sentido, é pertinente incluir questões tais como: Como foi a descoberta e o acompanhamento da gestação dessa criança? Qual a expectativa de sua chegada no seio familiar? Que sentimentos a convivência e o acompanhamento do desenvolvimento da criança despertam nos pais? Como é o relacionamento e participação dos genitores? O que fazem juntos? De onde partiram as suspeitas para a questão a ser investigada? Quais as impressões da família a respeito da criança, da escola, suas relações?

Para tanto, a utilização do método de entrevista pode levantar maiores informações sobre as questões investigadas, uma vez que fornece maior espaço de fala não só aos familiares informantes, mas também à criança que está sendo avaliada, quando pode verbalizar a respeito. Essa estratégia contribui para a formulação das hipóteses, para o início da análise de diagnósticos diferenciais, assim como para a investigação do contexto em que a criança está inserida. Um exemplo relativo a investigação da deficiência intelectual é discutido pela autora Julio-Costa et al. (2016), que afirma que as demandas do ambiente contribuem para a apresentação e percepção familiar dos sintomas comportamentais e cognitivos, não sendo incomum que em ambientes de baixa demanda as queixas a respeito só se manifestem próximas à adolescência, quando necessidades mais complexas podem ressaltar as dificuldades dos indivíduos.

Devido à extensão da entrevista de anamnese, recomenda-se a utilização de um roteiro semiestruturado que contribua para sua abrangência. Silva e Bandeira (2016) sugerem a utilização de uma sessão específica para a anamnese, mas aspectos faltantes ou que necessitem serem melhor averiguados podem ser retomados posteriormente. As autoras também tecem recomendações quanto às informações referentes a crianças adotadas, sugerindo que quando a família adotante não consegue apresentar dados suficientes devido ao desconhecimento dos dados, a triangulação de informações de variadas fontes se faz ainda mais relevante.

Uma outra forma de identificar informações para a avaliação psicológica é a observação. Sua utilização pode ocorrer de forma assistemática ou estruturada, direta ou indireta, em ambiente controlado ou natural. A observação é compreendida enquanto um dos principais métodos e técnicas referentes a avaliação e ao estudo do desenvolvimento humano, especialmente nos primeiros anos de vida da criança, diante de premissas relativas a interações responsivas relevantes ao desenvolvimento infantil inicial. Portanto, também é uma via pela qual a família pode contribuir enquanto informante, ainda que não empregue o relato verbal.

A observação assistemática, embora não científica, acontece a maior parte do tempo em que a (o) psicóloga (o) interage com a criança e sua família, desde o momento e a forma em que se apresentam, seus comportamentos verbais e não verbais, entre outras tantas maneiras eminentemente topográficas de realizar uma leitura da interação com o outro. A denominação "assistemática", todavia, não é um consenso, visto que alguns autores, como Kreppner (2011), ressaltam que mesmo o que denomina "observação ingênua" é direcionada por expectativas relativas a alguns fundamentos. Por sua vez, a observação estruturada ou sistemática, costuma envolver tarefas ou situações específicas, como também a definição prévia dos comportamentos-alvos a serem observados e sua categorização posterior, podendo ser obtida de forma direta (observação *in loco*) ou indireta (quando recorre a registros como os de filmagens).

O ambiente controlado onde a observação costuma acontecer, por excelência, é a clínica. Embora ela apresente vantagens, tais como o maior controle de variáveis que possam interferir na situação, algumas limitações devem ser observadas, como o recorte do período de tempo e de espaço da observação e as possíveis restrições quanto à espontaneidade de comportamentos das crianças, familiares e suas interações. Os ambientes naturais mais importantes para observação na avaliação infantil costumam ser a escola e a casa da criança. A primeira, embora não seja alvo do presente texto, é indispensável no que tange à inclusão escolar e social, permitindo a identificação de relações com pares, da dinâmica em sala de aula, das interações com ambiente, colegas e professores, e o contato formal com profissionais diretamente envolvidos na rotina da criança e que também devem ser envolvidos enquanto informantes no processo avaliativo. A casa da criança pode ser contemplada em visitas domiciliares, permitindo observar a interação de familiares e crianças em momentos ou tarefas específicas, sendo possível considerar interações de díades genitores/filho e famílias, bem como o registro em vídeo e/ou em protocolos impressos (Kreppner, 2011).

Kreppner (2011) destaca a importância de se compreender o contexto em que os comportamentos ou relações familiares se referem, a fim de que se obtenha informações em profundidade, articuladas ao contexto, aproveitando o potencial da observação domiciliar, não se detendo a recortes limitados e superficiais de situações. Contudo, nem sempre a observação domiciliar parece possível, seja por seus custos práticos à (o) psicóloga (o) e à família (como deslocamento e potencial intrusivo), seja pela impopularidade cultural desse método em nosso contexto. Dessa maneira, outra forma de acessar o ambiente familiar para observação, bastante viável diante do acesso à tecnologia atual, é a análise de filmagens de crianças e familiares em tarefas previamente definidas, gravadas e concedidas pela própria família.

Em relação aos <u>testes psicológicos</u>, sabe-se que alguns desses instrumentos possuem versões para pais e profissionais responderem a respeito de características das crianças, mas ainda são escassos (Giacomoni & Bandeira, 2016). Como esses materiais estão sujeitos às avaliações periódicas do Conselho Federal de Psicologia, sugere-se a consulta ao Sistema de

Avaliação de Testes Psicológicos (SATEPSI) para o conhecimento de alternativas dessa natureza que considerem o heterorrelato, atentando à adequação do instrumento ao público alvo em termos de linguagem, objetivo, normatização e padronização.

Outras possibilidades se referem às escalas de uso não restrito a psicólogos, mas atentando-se às informações de padronização e quando de origem internacional, a adequada adaptação transcultural. Um exemplo são os instrumentos de *screening* (rastreio), os quais podem ser empregados logo nos primeiros encontros com a família e a criança. Ainda que padronizados, tais instrumentos não necessariamente são de uso privativo à (o) psicóloga (o), dado que não possuem finalidade diagnóstica, porém são formulados de maneira a identificar sinais de transtornos, um atributo que deve ser considerado com os devidos cuidados para que o instrumento possa ser utilizado em sua potencialidade.Segundo as autoras Seize e Borsa (2017), esses instrumentos podem se manifestar em diversos formatos (tais como escalas ou questionários) e níveis (como diferenciar populações potencialmente clínicas e não clínicas para Transtorno do Espectro do Autismo - TEA, ou diferenciar seus sinais de outros problemas relativos ao desenvolvimento). Demais exemplos de instrumentos de *screening* bastante utilizados no Brasil atualmente são as escalas para vigilância do desenvolvimento infantil e identificação de sinais de Transtorno de Déficit de Atenção e Hiperatividade - TDAH.

Finalizadas as etapas de coleta e análise de dados, o momento da entrevista de devolutiva geralmente é aguardado com bastante ansiedade pelos genitores, que ao mesmo tempo que temem por respostas, também as esperam e, portanto, deve ser conduzido com sensibilidade pela (o) profissional. A respeito, Julio-Costa et al. (2016) recomendam que o diagnóstico restrito ao aspecto nosológico não basta para a família, que já se relaciona com alguma questão emergente ligada à criança e, logo, para além do aspecto avaliativo, precisa de aconselhamento. Sendo assim, acima de informar um resultado, os esclarecimentos acerca do quadro da criança, tal como a apresentação de recursos, direitos, encaminhamentos, e a elaboração de um plano de intervenção quando possível (ou direcionamento para profissional que o realize), também fazem parte dessa etapa.

Quando existe um diagnóstico, ainda que provisório e que necessite de maiores investigações, os caminhos para tanto devem ser apresentados com clareza para que as providências sejam tomadas e a família possa alimentar expectativas realistas. Encaminhamentos profissionais, reavaliação futura, serviços e propostas de intervenções que colaborem para o desenvolvimento de habilidades e a remediação de atrasos, ações de manejo, mudança e estimulação que a própria família possa empenhar, são alguns exemplos.

Nas situações em que o diagnóstico é descartado, Julio-Costa et al. (2016) ressaltam a importância de discutir com a família hipóteses alternativas e apresentar os domínios mais e menos afetados para que elaborem intervenções e possíveis encaminhamentos que se fizerem necessários. Quando é confirmado, é reforçada a importância de se esclarecer a respeito do conceito da deficiência ou transtorno identificado, limitações e dificuldades previsíveis, além das possibilidades de investimento e estimulação. Nesses casos, também é importante informar os direitos a que as crianças e suas famílias devem ter acesso, tais como Atendimento Educacional Especializado (AEE), leis de acesso, prioridades e benefícios (Julio-Costa et al., 2016).

As entrevistas devolutivas com a criança e com a família devem ser conduzidas em separado, respeitando a adequação de terminologias, vocabulários e conteúdos acessíveis a adultos e crianças, bem como suas demandas de informação e condições de compreensão. Nesse mesmo sentido, ressalta-se a importância da adequada redação do laudo proveniente do processo de avaliação psicológica em acordo com a legislação vigente (atualmente, Resolução CFP 06/2019), considerando "a natureza dinâmica e não cristalizada do objeto de estudo" (Conselho Federal de Psicologia, 2019, p. 14), e "observando os condicionantes históricos e sociais e seus efeitos nos fenômenos psicológicos" (Conselho Federal de Psicologia, 2019, p. 5), como também relatando, para além de hipóteses ou comprovações diagnósticas, orientações, intervenções e sugestões de projetos terapêuticos.

Considerações finais

As variadas técnicas, métodos e estratégias já tradicionalmente utilizadas para a avaliação psicológica podem atuar enquanto instrumentos valiosos ao acesso a informações no diagnóstico infantil de deficiências e transtornos. Seu uso adequado (cuidadoso, ético, sensível, empático e fundamentado), articulado a diferentes práticas e fontes de informação, pode contribuir para a identificação de potenciais e necessidades, assim como para o delineamento de ações que favoreçam o desenvolvimento, combate de estigmas e a participação social das crianças. Nesse sentido, o preparo profissional apropriado para atuar na área é indispensável, não se resumindo a uma única formação, mas requerendo estudo e atualizações contínuos. Porém, um adequado processo dessa natureza também não pode perder de vista as pessoas envolvidas nessa dinâmica. Quando se aborda a avaliação psicológica infantil, é importante ter em mente que muitas dificuldades e questionamentos ultrapassam instrumentos, técnicas e métodos, referindo-se especialmente a aspectos subjetivos (emocionais e cognitivos) da criança, da terapeuta e dos genitores, os quais devem ser valorizados (Rocco & Santos, 2016).

Um diagnóstico de transtorno de desenvolvimento ou deficiência traz desdobramentos de diversas naturezas à criança e sua família, podendo surpreender e desencadear sofrimento enquanto o processo de aceitação e adaptação a essa nova realidade acontece. Segundo as autoras Oliveira e Poletto (2015), essa trajetória pode ter duração e intensidade diversas, estando repleta de sentimentos de dificuldades e angústias, além de demandar o desenvolvimento de estratégias de enfrentamento, a compreensão do transtorno ou deficiência e as habilidades de manejo, articulação de suporte social e apoio para o desenvolvimento integral da criança. Configura-se dessa maneira um fenômeno "que não principia nem termina no filho com deficiência e requer uma abordagem multidisciplinar" (Oliveira & Poletto, 2015, p. 14), no qual a Psicologia pode contribuir de diferenciadas maneiras desde os contextos individuais até os sociais.

Referências

Bermudez, B. B. (2008). Filhos com necessidades especiais. In L. Weber (Org.), *Família e Desenvolvimento – Visões Interdisciplinares* (pp. 44-50). Juruá Editora.

Brasil. Ministério da Educação. (2014). *Nota Técnica Nº 04/2014/MEC/SECADI/DPEE. Orientação quanto a documentos comprobatórios de alunos com deficiência, transtornos globais do desenvolvimento e altas habilidades/superdotação no Censo Escolar.* http://portal.mec.gov.br/index.php?option=com_docman&view=download&alias=15898-nott04-secadi-dpee-23012014&category_slug=julho-2014-pdf&Itemid=30192

Cassel, P. A., Brunet, A. E., & Arteche, A. X. (2017). Avaliação Infantojuvenil: emoções, afetos e comportamentos. In M. R. C. Lins & J. C. Borsa (Orgs.), *Avaliação Psicológica: aspectos teóricos e práticos.* Vozes.

Conselho Federal de Psicologia. (2018). *Resolução Nº 9, de 25 de Abril de 2018 -Estabelece diretrizes para a realização de Avaliação Psicológica no exercício profissional da psicóloga e do psicólogo, regulamenta o Sistema de Avaliação de Testes Psicológicos – SATEPSI.* http://crp11.org.br/upload/Resolução-CFP-nº--09-2018-com-anexo.pdf

Conselho Federal de Psicologia. (2019). *Resolução* Nº 6, de 29 de *Março de 2019 - Institui regras para a elaboração de documentos escritos produzidos pela(o) psicóloga(o) no exercício profissional.* https://www.in.gov.br/materia/-/asset_publisher/Kujrw0TZC2Mb/content/id/69440957/do1-2019-04-01-resolucao-n-6-de-29-de-marco-de-2019-69440920

Giacomoni, C. H. & Bandeira, C. M. (2016). Entrevista com pais e demais fontes de informação. Em: C. Hutz, D. Bandeira, C. Trentini, & J. Krug. (Org.), *Psicodiagnóstico.* (1ª ed., pp. 206-210). Artmed.

Julio-Costa, A., Lopes-Silva, J. B., Moura R., Rio-Lima, B. & Haase, V. G. (2016). Como avaliar suspeita de deficiência intelectual. In L. F. Malloy--Diniz, P. Mattos, N. Abreu & D. Fuentes (Orgs.), *Neuropsicologia: aplicações clínicas* (pp. 146-161). Artmed.

Kreppner, K. (2011). *Aplicando a metodologia da observação em psicologia do desenvolvimento e da família.* Juruá Editora.

Oliveira, I. G., & Poletto, M. (2015). Vivências emocionais de mães e pais de filhos com deficiência. *Revista da SPAGESP, 16*(2), 102-119. http://pepsic.bvsalud.org/scielo.php?script=sci_arttext&pid=S1677-29702015000200009&lng=pt&tlng=pt

Primi, R. (2010). Avaliação psicológica no Brasil: fundamentos, situação atual e direções para o futuro. *Psicologia: Teoria e Pesquisa, 26*(n. esp.), 25-35. https://doi.org/10.1590/S0102-37722010000500003

Rigoni, M. S., & Sá, S. D. (2016). O processo psicodiagnóstico. In C. Hutz, D. Bandeira, C. Trentini, & J. Krug. (Org.), *Psicodiagnóstico* (1ªed., pp. 47-60). Artmed.

Rocco, T. Z. & Santos, G. R. (2016). Psicodiagnóstico Infantil: uma visão além do brincar. *Semina: Ciências Sociais e Humanas, 37*(1) 93-102. https://doi.org/10.5433/1679-0383

Rocha, M. M., Ferrari, R. A., & Silvares, E. F. M. (2011). Padrões de concordância entre múltiplos informantes na avaliação dos problemas comportamentais de adolescentes: implicações clínicas. *Estudos e Pesquisas em Psicologia, 11*(3), 948-964. http://pepsic.bvsalud.org/scielo.php?script=sci_arttext&pid=S1808-42812011000300013&lng=pt&tlng=pt

Rueda, F. J. M., & Zanini, S. S. (2018). O que muda com a Resolução CFP n° 09/2018? *Psicologia: Ciência e Profissão, 38*(spe), 16-27. https://doi.org/10.1590/1982-3703000208893

Seize, M. M., & Borsa, J. C. (2017). Instrumentos para Rastreamento de Sinais Precoces do Autismo: Revisão Sistemática. *Psico-USF, 22*(1), 161-176. https://dx.doi.org/10.1590/1413-82712017220114

Silva, M. A. & Bandeira, D. R. (2016). A entrevista de anamnese. Em: C. Hutz, D. Bandeira, C. Trentini, & J. Krug. (Org.), *Psicodiagnóstico* (1ª ed., pp. 92-119). Artmed.

Capítulo 7

ESCRITA DE DOCUMENTOS DE AVALIAÇÃO PSICOLÓGICA: UM OLHAR INCLUSIVO PARA AS ESPECIFICIDADES

Ana Paula Porto Noronha
Caroline Tozzi Reppold

Gostaríamos de iniciar este capítulo discorrendo sobre a importância de discussões sobre a temática. Como parte das atribuições do psicólogo, está a elaboração de documentos psicológicos. Historicamente, eles trouxeram consequências que marcaram negativamente o reconhecimento social da profissão, não contribuindo, sobretudo nos anos iniciais do desenvolvimento da Psicologia enquanto ciência e profissão no Brasil, para sua credibilidade. A preparação de documentos, especialmente aqueles decorrentes de processos de avaliação psicológica, sem parâmetros claros e bem justificados, foram questionados inclusive por pesquisadores envolvidos com o tema, e viraram objeto de reflexão sobre as melhores formas de realizá-los (Lago, Bandeira, & Yates, 2016; Zaia, Oliveira, & Nakano, 2018).

A intervenção do psicólogo que resulta na elaboração de documentos tem sido amplo tópico de discussão no país há vários anos (Reppold, Zanini, & Noronha, 2019; Wechsler, Hutz, & Primi, 2019). Em consequência, a preparação adequada do psicólogo tem sido exigida com vistas a aperfeiçoar a qualidade de suas ações nos variados contextos, que impactam em instâncias distintas da sociedade (Gouveia, 2019; Nunes et al., 2012). Isso posto, a redação de documentos envolve questões éticas, de direitos humanos e técnicas.

Tal como defendido por Anache e Reppold (2010), questões éticas e de direitos humanos estão diretamente atreladas ao trabalho do psicólogo, uma vez que as concepções de sujeito e de sociedade inerentes à interpretação dos fenômenos psicológicos adotadas pelo profissional têm consequências à sua prática e ao sujeito em foco. Complementarmente, Muniz (2018) afirma que os princípios éticos devem ser pautados em direitos humanos universais e devem contribuir com a justiça social e atuação profissional digna, valores esses enaltecidos no campo da Avaliação Psicológica (AP), por exemplo, pela Resolução CFP nº 09/2018, que inclui um tópico específico sobre justiça e proteção dos direitos humanos na AP (Rueda & Zanini, 2018).

Um aspecto importante a ser levado em consideração nessa discussão é que os documentos a serem elaborados pelos psicólogos durante seu exercício profissional devem obedecer aos objetivos para os quais foram concebidos. Qualquer uso diferente poderá gerar consequências desastrosas ao indivíduo que o recebeu e para o que emitiu. Assim, é ímpar que se tenha a clareza do motivo da realização.

Considerando que este capítulo se destina a promover reflexões acerca da perspectiva da inclusão, propôs-se a organização de sua escrita em três seções. Após esse breve preâmbulo, os documentos escritos serão debatidos. Pretende-se apresentar as diferentes modalidades, de acordo com as normativas vigentes. Em seguida, serão aventadas as especificidades necessárias para os documentos, com vistas a atender ao proposto no capítulo. Por fim, as autoras tecerão considerações sobre o olhar inclusivo dos documentos psicológicos e encaminharão agendas de pesquisas.

Elaboração de documentos escritos: vamos falar sobre eles?

Convém destacar que estamos discutindo documentos, o que sugere uma natureza formal, na qual se reconhece e se confirma um estado psicológico, de condições de saúde mental ou de um acontecimento. Nessa direção, ressalta-se que possui caráter oficial, ou seja, pode ser utilizado como prova em circunstâncias variadas, sendo o profissional que o elabora, aquele que responde por ele. O documento sempre será escrito, pois caso fosse de outra maneira, assemelharia a outras técnicas das quais o psicólogo dispõe, como por exemplo a uma entrevista devolutiva, na qual são retomados com o indivíduo avaliado o conjunto de entendimento do profissional sobre o cliente à luz dos preceitos teóricos. Por fim, o documento tem natureza e valor científico, pois é totalmente construído com base em fundamentos da ciência, essa inclusive uma exigência normativa que, na elaboração de laudos psicológicos, requer sua menção (CFP, 2019).

Recentemente, o Conselho Federal de Psicologia promulgou a Resolução CFP nº 06/2019, que versa sobre a elaboração de documentos escritos resultantes do exercício profissional. O objetivo da normativa é orientar sobre o tema, assim como produzir subsídios éticos e técnicos para a qualificação da produção. Nesse sentido, o artigo 4º declara: "o documento psicológico constitui instrumento de comunicação escrita resultante da prestação de serviço psicológico à pessoa, grupo ou instituição". A esse respeito, é importante considerar os objetivos dos documentos: A quem se destina? Por que vou prepará-lo? Qual o contexto em que se insere?

Ainda de acordo com a normativa, deve-se esperar uma produção qualificada da produção escrita. Para facilitar a apresentação, receberam destaque alguns elementos da Resolução CFP nº 06/2019, como conceito, finalidade e estrutura. Na Figura 1 encontram-se as descrições do conceito e finalidades dos documentos possíveis de serem elaborados na prática profissional de um psicólogo.

Figura 1 – Conceito e finalidade dos documentos escritos pelos psicólogos

Tipos de documentos	Conceito/finalidade
Declaração	Registrar, de forma objetiva e sucinta, informações sobre a prestação de serviço realizado ou em realização
Atestado psicológico	Afirmar as condições psicológicas de quem o solicita, com fundamento em um diagnóstico psicológico ou uma determinada situação, estado ou funcionamento psicológico
Relatório	Comunicar a atuação do psicólogo em um processo de trabalho, podendo gerar recomendações, encaminhamentos e intervenções, não tendo como objetivo o diagnóstico psicológico
Relatório multiprofissional	Resultante do trabalho multiprofissional, com realização individual ou em conjunto com profissionais de outras áreas, respeitando-se autonomia e ética dos vários membros

Tipos de documentos	Conceito/finalidade
Laudo psicológico	Resultante de avaliação psicológica, para subsidiar decisões. Apresenta informações dos fenômenos psicológicos
Parecer psicológico	Pronunciamento por escrito, com intuito de apresentar uma análise técnica e responder a uma questão-problema do campo psicológico ou a documentos psicológicos questionados

Nota. Fonte: CFP (2019).

Seis diferentes tipos de documentos são estabelecidos, a saber, Declaração, Atestado psicológico, Relatório, Relatório multiprofissional, Laudo psicológico e Parecer psicológico. Como se observa na figura , eles possuem objetivos distintos. Dois deles são resultantes de processos de avaliação psicológica: atestado e laudo. Outros três referem-se a registros, sejam de informações sucintas, como é o caso da declaração, ou da atuação do psicólogo em um processo, de modo individual ou coletivo (Relatório multiprofissional). Por fim, ainda há o parecer psicológico, que responde a uma questão problema.

Qual deve ser utilizado? Para responder à pergunta, deve-se compreender o que lhe é requerido. Assim, a fim de trazer mais informações sobre os documentos, a Figura 2 foi elaborada.

Figura 2 – Estrutura dos documentos escritos pelos psicólogos

Tipos de documentos	Estrutura
Declaração	I - Título II - a) Nome da pessoa atendida b) Descrição da razão ou motivo do documento c) Informações sobre local, data, horários e duração do acompanhamento psicológico III - Local, data, carimbo, nome completo, número de inscrição do psicólogo no Conselho Regional de Psicologia, assinatura

Tipos de documentos	Estrutura
Atestado Psicológico	I - Título II - Nome da pessoa atendida III - Nome do solicitante do documento (Poder Judiciário, empresas, instituições, próprio usuário ou outros) IV - Finalidade: descrição do motivo do pedido V - Descrição das condições psicológicas (pode usar CID) VI - Local, data, carimbo, nome completo, número de inscrição do psicólogo no Conselho Regional de Psicologia, assinatura
Relatório Psicológico E Multiprofissional	I - Título a) Identificação b) Descrição da demanda c) Procedimento d) Análise e) Conclusão II - Local, data, carimbo, nome completo, número de inscrição do psicólogo no Conselho Regional de Psicologia, assinatura
Laudo Psicológico	I - Título a) Identificação b) Descrição da demanda c) Procedimento d) Análise e) Conclusão f) Referências II - Local, data, carimbo, nome completo, número de inscrição do psicólogo no Conselho Regional de Psicologia, assinatura

Tipos de documentos	Estrutura
Parecer Psicológico	I - Título a) Identificação b) Descrição da demanda c) Análise d) Conclusão e) Referências II - Local, data, carimbo, nome completo, número de inscrição do psicólogo no Conselho Regional de Psicologia, assinatura

Nota. Fonte: CFP (2019).

Como é possível observar, algumas informações são comuns a todos os documentos, dentre as quais estão os dados de identificação do cliente e dados de identificação do psicólogo, acompanhados de assinatura, local e data. Nesse mesmo sentido, Relatórios Psicológico e Multiprofissional, Laudo e Parecer Psicológicos têm estruturas similares, com exceção das referências, não recomendadas no Relatório.

Há uma informação presente em todos os tipos de documentos, embora com algumas especificidades: a razão pela qual o documento foi elaborado deve ser informada. Assim, retomando a pergunta que fizemos após a Figura 1, a depender da solicitação feita, tem-se uma questão a ser explorada. A esse respeito, destaca-se o preconizado no Artigo 4º da Resolução CFP 06/2019: "a confecção do documento psicológico deve ser realizada mediante solicitação do usuário do serviço de Psicologia, de seus responsáveis legais, de um profissional específico, das equipes multidisciplinares ou das autoridades, ou ser resultado de um processo de avaliação psicológica".

À vista disso, caso se pretenda registrar que um determinado cliente esteve sob seu atendimento em determinado dia e horário, deve-se lançar mão da Declaração. No entanto, se a necessidade foi analisar, por meio de avaliação psicológica, o funcionamento psicológico, com vistas a afirmar as condições psicológicas de alguém, utiliza-se o Atestado Psicológico. Em termos práticos, a título de exemplo, esse documento deve ser utilizado como resultante da avaliação das condições psicológicas de indivíduos para dirigir automóveis.

Os Relatórios (psicológico e multiprofissional) possuem caráter informativo, ou seja, objetivam registrar como se deu o processo de trabalho do profissional. Tratam-se de uma narrativa detalhada, embora não seja literal, de uma ação profissional, que deve ser utilizada, por exemplo, após o atendimento de indivíduos, grupos ou instituições. Por sua vez, o Laudo psicológico é o documento decorrente de processos de avaliação psicológica, e seu uso é indicado para subsidiar decisões relacionadas ao contexto ao qual se relaciona. O Laudo e o Parecer se diferenciam, pois enquanto o primeiro é resultante de processo avaliativo, o segundo responde a uma questão-problema, que deve nortear a sua construção. Por exemplo, o Poder Judiciário elabora uma questão passível de ser respondida a partir de uma análise técnica, teoricamente fundamentada, por meio de um parecer.

Que características devem ter os documentos escritos para sejam inclusivos?

Os documentos dispõem de duas distintas e importantes funções: comunicação (Silva, & Alcheiri, 2011) e documentação. A última foi amplamente discutida nas seções anteriores. A comunicação, no entanto, é menos difundida. A esse respeito, antecipa-se que o grande desafio ao elaborar documentos consiste em selecionar, organizar e integrar os dados com o objetivo de comunicar resultados. Ao apresentar uma reflexão sobre o tema, Lago, Yates e Bandeira (2016) afirmaram que o psicólogo não recebe em sua graduação os recursos necessários para desenvolver uma escrita crítica, organizada e bem construída, o que é também mais amplamente discutido por Reppold e Noronha (2018) e por Gouveia (2018).

Contudo, o que é necessário para que o psicólogo construa um documento satisfatório, que o auxilie na comunicação verbal ou escrita? Rovinski e Lago (2016), assim como Pasian, Pizeta e Okino (2019) e Okino, Loureiro e Pasian (2019) afirmam que a escrita permite ao profissional organizar seus processos de trabalho. Ao elaborar um lado psicológico, a título de exemplo, ele pode funcionar como base para a realização de entrevistas devolutivas. Por essa razão, as autoras sugerem que a escrita subsidie a comunicação verbal, quando ela se fizer necessária.

Ainda, procurando atender ao tema do capítulo, isto é, o olhar para as especificidades, deve-se ter clareza de que o documento obrigatoriamente deve ser registrado por escrito e, para que a interpretação das informações seja o mais próximo possível do que se pretendeu afirmar, princípios técnicos da linguagem escrita devem ser seguidos (Goldfinger & Pomerantz, 2014). A obediência à norma culta e à linguagem objetiva tendem a favorecer o entendimento. Também no que se refere a redação, cabe observar que a utilização de palavras pouco conhecidas não é sinônimo de redação bem-feita. De igual modo, o uso de termos técnicos da Psicologia tende a impedir a compreensão das informações por leigos. Orientações nesse sentido são contidas, inclusive, nas instruções propostas pela Resolução CFP nº 06/2019.

Acredita-se que uma redação bem estruturada e definida, com ideias ordenadas e concatenadas, com frases e termos compatíveis com as expressões profissionais, mas não excessivamente técnicas, como destacado anteriormente, configuram o desejável para o documento escrito. Sob essa perspectiva, sem o uso de redação lacônica ou prolixa, os documentos atenderão aos seus variados objetivos para as demandas específicas. Nesse sentido, Lago et al. (2016) destacam que inadequações na escrita formal comprometem os documentos produzidos pelo psicólogo.

Zaia et al. (2018) identificaram, por meio da análise da seção Processos Éticos do Jornal do Federal de 2004 a 2016, que laudos mal elaborados foram um dos motivos apontados de ações movidas contra psicólogos, avaliados pela Comissão de Orientação e Ética do CFP. Referente a isso, as autoras apontam que a situação faz refletir sobre a incoerência existente entre uma profissão cujo foco é o cuidado com o bem-estar, e a infração de princípios éticos que visam à garantia dos direitos humanos.

A discussão quanto aos malefícios que documentos escritos podem causar a indivíduos, famílias e instituições não é recente no Brasil ou no mundo. Com vistas à promoção da garantia de direitos de pessoas avaliadas em pesquisas, o *Office for Human Research Protections* (1979) publicou um relatório que previa o respeito, a beneficência e a justiça. Na mesma direção, Hutz (2009) fez uma importante analogia entre os princípios, inicialmente previstos para pesquisas, para a avaliação psicológica. Nesse sentido, é destacado que o indivíduo avaliado deve ter seus direitos garantidos, sobretudo se for vulnerável por apresentar qualquer diminuição de sua autonomia, no que respeita à idade, condição social ou de saúde.

Assim, a título de finalização, as autoras desejam destacar que psicólogos, quando da escrita de documentos, devem garantir que eles expressam atitude avaliativa, compreensiva, integradora e contínua. Seguramente, isso colaborará para a diminuição da exclusão.

Referências

Anache, A. A., & Reppold, C. T. (2010). Avaliação psicológica: Implicações éticas. In A. A. Santos, A. A. Anache, A. E. Villemor-Amaral, B. S. V. Welang, C. T. Reppold, C. H. S. Nunes et al. (Orgs.), *Avaliação psicológica: Diretrizes para a regulamentação da profissão* (pp. 57-86). Conselho Federal de Psicologia.

Conselho Federal de Psicologia. *(2019). Resolução N° 6, de 29 de março de 2019. Institui regras para a elaboração de documentos escritos produzidos pela(o) psicóloga(o) no exercício profissional e revoga a Resolução CFP nº 15/1996, a Resolução CFP nº 07/2003 e a Resolução CFP nº 04/2019.* Conselho Federal de Psicologia.]https://site.cfp.org.br/wp-content/uploads/2019/09/Resolu%C3%A7%C3%A3o-CFP-n-06-2019-comentada.pdf

Goldfinger, K., & Pomerantz, A. M. (2014). *Psychological assessment and report writing.* SAGE Publications.

Gouveia, V. V. (2018). Formação em Avaliação Psicológica: Situação, Desafios e Diretrizes. *Psicologia: Ciência e Profissão, 38*(n. esp.), 74-86. https://doi.org/10.1590/1982-3703000208641

Hutz, C. S. (2009). Ética na avaliação psicológica. In C. S. Hutz (Org.), *Avanços e polêmicas em avaliação psicológica* (pp. 297-310). Casa do Psicólogo.

Lago, L. M., Yates, D. B., & Bandeira, D. R. (2016). Elaboração de Documentos Psicológicos: Considerações Críticas à Resolução CFP n°007/2003. *Trends in Psychology, 24*(22), 771-786. https://doi.org/10.9788/TP2016.2-20

Muniz, M. (2018). Ética na Avaliação Psicológica: Velhas Questões, Novas Reflexões. *Psicologia: Ciência e Profissão, 38*(n. esp.), 133-146. https://doi.org/10.1590/1982-3703000209682

Nunes, M. F. O., Muniz, M., Reppold, C. T., Faiad, C., Bueno, J. M. H., & Noronha, A. P. P. (2012). Diretrizes para o ensino de avaliação psicológica.

Avaliação Psicológica, 11(2), 309-316. http://pepsic.bvsalud.org/scielo.php?script=sci_arttext&pid=S1677-04712012000200016&lng=pt&tlng=pt

Office for Human Research Protections. (1979). *The Belmont Report.* U.S. Department of Health & Human Services. https://www.hhs.gov/ohrp/regulations-and-policy/belmont-report/read-the-belmont-report/index.html

Okino, E. T. K., Loureiro, S. R., & Pasian, S. R. (2019). Entrevista psicológica no contexto clínico. In M. N. Baptista, M. Muniz, C. T. Reppold, C. H. S. Nunes, L. F. de Carvalho, R. Primi, A. P. P. Noronha, A. G. Seabra, S. M. Wechsler, C. S. Hutz, & L. Pasquali. (Orgs.), *Compêndio de Avaliação Psicológica* (pp. 248-261). Vozes.

Pasian, S. R., Pizeta, F. A., Okino, E. T. K. (2019). Elaboração de relatório/laudo psicológico: normativas e reflexões críticas. In: M. N. Baptista, M. Muniz, C. T. Reppold, C. H. S. Nunes, L. F. de Carvalho, R. Primi, A. P. P. Noronha, A. G. Seabra, S. M. Wechsler, C. S. Hutz, & L. Pasquali. (Orgs.), *Compêndio de Avaliação Psicológica* (pp. 233-247). Vozes.

Reppold, C. T., & Noronha, A. P. P. (2018). Impacto dos 15 Anos do Satepsi na Avaliação Psicológica Brasileira. *Psicologia Ciência e Profissão, 38* (n. esp.), 6-15. https://doi.org/10.1590/1982-3703000208638

Reppold, C. T., Zanini, D., & Noronha, A. P. (2019). O que é avaliação psicológica? In: Baptista, M. N., Nascimento, M. M., Reppold, C. T., Nunes, C. H. S. S., Carvalho, L. F., Primi, R.., Noronha, A. P., Seabra, A. G., Weschsler, S., Hutz, C. S., & Pasquali, L. (Orgs.), *Compêndio de Avaliação Psicológica* (pp. 15-28). Vozes.

Rovinski, S. L. R. & Lago, V. M. (2016). Elaboração de documentos decorrentes da avaliação psicológica. In C. Hutz, D. Bandeira, C. Trentini, & J. Krug (Orgs.), *Psicodiagnóstico* (pp. 172-183). ArtMed.

Rueda, F. J. M., & Zanini, D. S. (2018). O que muda com a Resolução CFP n° 09/2018? *Psicologia: Ciência e Profissão, 38*(n. spe.), 16-27. https://doi.org/10.1590/1982-3703000208893

Silva. F. H. C, & Alchieri, J. C. (2011). Laudo Psicológico: Operacionalização e Avaliação dos Indicadores de Qualidade. *Psicologia Ciência e Profissão, 31* (3), 518-535.

Zaia, P., Oliveira, K. S., & Nakano, T. C. (2018). Análise dos Processos Éticos Publicados no Jornal do Conselho Federal de Psicologia. *Psicologia: Ciência e Profissão, 38*(1), 8-21. https://doi.org/10.1590/1982-3703003532016

Wechsler, S. M., Hutz, C. S., & Primi, R. (2019). O desenvolvimento da avaliação psicológica no Brasil: Avanços históricos e desafios. *Avaliação Psicológica, 18*(2), 121-128. https://doi.org/10.15689/ap.2019.1802.15466.02

Parte II

RELATO DE EXPERIÊNCIAS PRÁTICAS

Capítulo I

AVALIAÇÃO NEUROPSICOLÓGICA INCLUSIVA NOS TRANSTORNOS DE APRENDIZAGEM: RELATO DE CASO E VIAS LEGAIS E CONCEITUAIS PARA INCLUSÃO

Rauni Jandé Roama-Alves

Princípios conceituais sobre os Transtornos Específicos da Aprendizagem

Os "Transtornos Específicos Da Aprendizagem", ou apenas "Transtornos De Aprendizagem" (TEAp), integram o grande grupo de diagnósticos dos "transtornos do neurodesenvolvimento", no Manual Diagnóstico e Estatístico de Transtornos Mentais (DSM-5) (*American Psychiatric Association* [APA], 2013). Manifestam-se em períodos iniciais do desenvolvimento escolar e acarretam prejuízos ao funcionamento pessoal, social, acadêmico ou profissional, e apresentam-se por meio de dificuldades na aquisição e uso de habilidades acadêmicas, tais como na leitura, escrita e matemática (APA, 2013). Além disso, possuem caráter crônico e podem conduzir a comorbidades emocionais, dentre elas, depressão e transtornos de ansiedade, necessitando intervenções específicas e adequadas de modo individualizado (APA, 2013).

A Classificação Internacional de Doenças e Problemas Relacionados à Saúde (CID-10), desenvolvida pela Organização Mundial da Saúde (OMS, 1993), diferentemente dos "transtornos específicos de aprendizagem" visto no DSM-5, utiliza as seguintes nomenclaturas: transtornos específicos do desenvolvimento das habilidades escolares (descrito no item F.81), transtorno específico da leitura (F81.0), transtorno específico da soletração (F81.1), transtorno específico da habilidade aritmética (F81.2), transtorno misto de habilidades escolares (F81.3), outros transtornos do desenvolvimento das habilidades escolares (F81.8) e transtorno não especificado do desenvolvimento das habilidades escolares (F81.9).

Esses transtornos também podem se manifestar com outras nomenclaturas nos meios científico e clínico. Comumente, encontra-se "distúrbios de aprendizagem" para referi-los de modo mais generalizado, "discalculia" (para transtorno que afeta a matemática), "disgrafia" (para transtorno que afeta a escrita) e "dislexia" (para transtorno que afeta a leitura) (APA, 2013).

De modo geral, são quatro os principais critérios diagnósticos descritos no DSM-5 (APA, 2013): (a) dificuldades na aprendizagem e no uso de habilidades acadêmicas, conforme indicado pela presença de ao menos um dos sintomas que tenha persistido por pelo menos seis meses, apesar da provisão de intervenções dirigidas a essas dificuldades; (b) as habilidades acadêmicas afetadas estão substancial e quantitativamente abaixo do esperado para a idade cronológica do indivíduo, causando interferência significativa no desempenho acadêmico ou profissional ou nas atividades cotidianas, confirmada por meio de medidas de desempenho padronizadas administradas individualmente e por avaliação clínica abrangente; (c) as dificuldades de aprendizagem iniciam-se durante os anos escolares, mas podem não se manifestar completamente até que as exigências pelas habilidades acadêmicas afetadas excedam as capacidades limitadas do indivíduo; (d) as dificuldades de aprendizagem não podem ser explicadas por deficiências intelectuais, acuidade visual ou auditiva não corrigida, outros transtornos mentais ou neurológicos, adversidade psicossocial, falta de proficiência na língua de instrução acadêmica ou instrução educacional inadequada.

Dentre as teorias mais aceitas para explicação desses sintomas, tem-se as ancoradas em princípios neuropsicológicos, ou seja, aquelas em que haveria disfunções específicas no Sistema Nervoso Central que interfeririam na aprendizagem. Para dislexia, pode-se citar, por exemplo, os seguintes modelos teóricos: (a) déficit fonológico: pressupõe prejuízos no nível fonológico da informação, a base da leitura, e envolveria regiões perisilvianas esquerdas (Ramus, Marshall, Rosen, & van der Lely, 2013); (b) teoria magnocelular: prejuízos nessa via cerebral, que está relacionada com o processamento visual, percepção do contraste figura-fundo e movimentos, afetando colateralmente a decodificação sonora dos grafemas (Jednoróg, Marchewka, Tacikowski, Heim & Grabowska, 2011); (c) disfunções cerebelares: prejuízos motores específicos dessa região causariam alterações na linguagem e consequentemente na leitura (Nicolson & Fawcett, 2011).

De forma geral, os fatores biológicos e cognitivos são os aspectos mais frequentemente estudados nos TEAp, sendo as causas ambientais muito pouco conhecidas. Contudo, no momento, esses transtornos devem ser reconhecidos como uma condição decorrente de uma interação entre fatores biológicos (tais como os genéticos), cognitivos e sociais, não possuindo apenas uma causa única.

Avaliação interdisciplinar e neuropsicológica dos Transtornos Específicos da Aprendizagem

A avaliação dos TEAp é um processo extremamente complexo, pois na aprendizagem estão envolvidos inúmeros fatores, tais como neurológicos, sensoriais, psicológicos, socioculturais, socioeconômicos, educacionais, dentre outros. Dessa forma, um único profissional não é suficiente para analisar todos esses aspectos de maneira a fornecer um diagnóstico preciso e seguro dessa condição. É preciso que um grupo de profissionais o realize e analise os déficits funcionais, trace o perfil cognitivo/escolar/comportamental/emocional, formule hipóteses explicativas e apresente quais serão as condutas terapêuticas (Pestun, Ciasca, & Gonçalves, 2002). Quando a avaliação é realizada de modo "interdisciplinar", são observadas certas vantagens, pois há uma troca de informações provindas de cada especialidade, sendo o diagnóstico discutido e realizado em conjunto. Todavia, não menos ideal é a avaliação "multidisciplinar", em que cada profissional realiza sua própria avaliação e as hipóteses são levantadas independentemente (Alves, Lima, & Ciasca, 2014).

De maneira geral, o médico oftalmologista realizará o exame de acuidade visual, a fim de verificar se há déficit visual; o médico neurologista irá verificar comprometimentos neurológicos característicos por meio do exame neurológico tradicional e do evolutivo; o fonoaudiólogo poderá conduzir a avaliação audiométrica, avaliação da linguagem oral e da linguagem escrita, e o pedagogo/psicopedagogo verificará se o desempenho acadêmico (em leitura, matemática e escrita) é compatível ao nível escolar e idade do paciente (Alves et al., 2014).

Nesse contexto, enquadra-se essencialmente o trabalho do psicólogo/neuropsicólogo, que também contribuirá com sua avaliação. Assim como qualquer outro psicodiagnóstico, a avaliação neuropsicológica para queixas escolares deve ser considerada um processo científico que possui ponto de partida (o encaminhamento ou procura voluntária), perguntas a serem respondidas e hipóteses clínicas (por que o indivíduo não aprende?), métodos (procedimentos técnicos, uso de instrumentos, observação), resultados (dados quantitativos e qualitativos), discussão (interpretação dos resultados, confirmação ou refutação das hipóteses clínicas levantadas, estabelecimento de perfil neuropsicológico, formulação diagnóstica) e conclusão (respostas às perguntas iniciais e encaminhamentos). Sendo assim, podemos estabelecer três grandes fases (Alves et al., 2014): (a) investigação do histórico cognitivo, comportamental e escolar com pessoas relacionadas ao paciente; (b) avaliação das habilidades cognitivas, comportamentais e escolares com o paciente; (c) integração dos resultados e conclusão.

Essas fases são compatíveis com a Resolução nº 6, de 29 de março de 2019, do Conselho Federal de Psicologia, que "Institui regras para a elaboração de documentos escritos produzidos pela(o) psicóloga(o) no exercício profissional e revoga a Resolução CFP nº 15/1996, a Resolução CFP nº 07/2003 e a Resolução CFP nº 04/2019". Especificamente na seção de "Laudo Psicológico", são descritos seus seguintes componentes estruturais: a) Identificação; b) Descrição da demanda; c) Procedimento; d) Análise; e) Conclusão; f) Referências. O laudo objetiva, então, apresentar os procedimentos e conclusões gerados pelo processo de avaliação psicológica, e visa a fornecer as informações necessárias e relacionadas a demanda, bem como relatar o encaminhamento, as intervenções, o diagnóstico, o prognóstico, a hipótese diagnóstica, a evolução do caso e a orientação e/ou sugestão de projeto terapêutico.

Além disso, pode possuir um perfil multiprofissional, o que é aconselhável à avaliação dos TEAp. Na resolução em questão também se descreve que nos "casos em que a(o) psicóloga(o) atue em equipes multiprofissionais, e havendo solicitação de um documento decorrente da avaliação, o laudo psicológico ou informações decorrentes da avaliação psicológica poderão compor um documento único". Em vista disso, o próximo tópico foi proposto a fim de ilustrar um laudo desse porte, resultante de uma avaliação que gerou um diagnóstico de Dislexia.

Exemplo de avaliação interdisicplinar e neuropsicológica de um caso de Dislexia

O caso apresentado foi avaliado no Centro de Prática Psicológicas (CEPRAPSI) da Universidade Federal de Rondonópolis, pelo projeto de extensão "Avaliação Neuropsicológica para Crianças e Adolescentes: diagnósticos e condutas (NEUROPSI-i)", do Laboratório de Neuropsicologia e Avaliação Psicológica (NeuropsiLab). O paciente, de 11 anos, foi encaminhado pela escola com queixas de dificuldades de aprendizagem. Aguns dados foram modificados, principalmente os pessoais, para manutenção de sigilo da criança. Ressalta-se que a equipe do projeto ainda é composta por poucos profissionais e que a presente avaliação foi realizada somente por um estudante de psicologia (sob supervisão do docente, neuropsicólogo), uma fonoaudióloga e um neurologista. De toda forma, sua apresentação a seguir foi considerada adequada ao objetivo de exemplificação para este capítulo.

LAUDO MULTIPROFISSIONAL

I. IDENTIFICAÇÃO

Nome: João

Data de Nascimento: 22/01/2008 | Idade: 11 anos

Escolaridade: 5º ano | Procedência: Rondonópolis/MT

Informantes: Mãe | Solicitante: Escola

II. DESCRIÇÃO DA DEMANDA

Esse laudo apresenta os resultados da avaliação interdisciplinar de João em razão de queixas escolares e familiares de desatenção e dificuldades de aprendizagem em relação à leitura e escrita.

III. PROCEDIMENTO

Avaliação Neuropsicológica

Com os responsáveis:

- Roteiro de Anamnese

Com a escola:

- Questionário de desempenho e conduta escolares

Com a criança:

- Desenho da Figura Humana - III (DFH);
- Escala de Inteligência Wechsler para Crianças (WISC-III);
- Matrizes Progressivas Coloridas de Raven;
- Teste de Desempenho Escolar (TDE);
- Teste de Luria Nebraska (TLN-C)*;
- Teste Wisconsin de Classificação de Cartas (WCST);
- Escala de Autoconceito Infanto-Juvenil (EAC-IJ);
- Para complementação diagnóstica*: Testes de Cancelamento (TC-FG/LF), *Trail Making Test* (TMT-A/B), *Stroop Color Word Test* (SCWT), Teste de Fluência Verbal (FAS), Inventário de Depressão Infantil (CDI); Teste de Cópia e de Reprodução de Memória de Figuras Complexas de Rey; Escala Multidimensional de Autoestima; *Child Behavior Checklist* (CBCL).

Avaliação Fonoaudiológica:

- Avaliação de Nível e Velocidade de leitura Oral*;
- Escrita Espontânea*;
- Velocidade de recodificação fonológica (RAN)*;
- Confias;
- Protocolo de Avaliação de Memória de Trabalho*;
- Prova de leitura e escrita sob ditado*.

Avaliação Neurológica:

- Exame Físico Geral;
- Exame Neurológico Tradicional;
- Exame Neurológico Evolutivo;
- QNST-II;
- Observação do paciente.

* Instrumentos de uso em pesquisa.

IV. ANÁLISE

De acordo com os dados relevantes da anamnese, João é o terceiro filho de um casal não consanguíneo. Sua gravidez não foi programada, mas foi desejada. A mãe relata ter tido boas condições de saúde, mas condições psicológicas delicadas. Durante todo o período gestacional, seu marido desconfiou de que o paciente não fosse seu filho e por essa razão a agredia verbalmente constantemente. Atualmente, faz cinco anos que está separada e relata que o pai do paciente não "dá atenção" ao mesmo [sic].

João nasceu a termo e de parto cesariana, APGAR, estatura e peso não informados, mas a mãe relata não ter tido complicações tanto com ela quanto com o paciente.

Pelos dados informados, João apresentou desenvolvimento neuropsicomotor um pouco adiantado para sustentação do tronco (três meses) e sentar sem apoio (quatro meses). Não engatinhou, andou sem apoio em idade esperada (nove meses). Apresentou controles esfincterianos em idade adiantada (por volta de um ano). Em geral, não apresentou doenças que pudessem comprometer seu desenvolvimento neuropsicomotor.

Quanto à fala, balbuciou (um ano) e disse as primeiras palavras (dois anos) tardiamente. Nunca gaguejou. Sua mãe julga seu vocabulário como médio, apesar de mostrar dificuldades em expressar-se verbalmente.

Em atividades de vida diária (AVD's) mostra-se independente. Apresenta-se sociável aos diversos ambientes de sua vida (família, irmãos, mãe, avós). Sua rede de amizades costuma ser composta por crianças da mesma idade. Mostra-se constantemente irritado em casa.

Apresenta sono agitado, com falas e respiração oral. Em relação a essa última observação, a mãe disse que durante o dia verifica respiração nasal e normal.

Nunca realizou exames oftalmológicos e audiométricos. Não apresenta problemas ortodônticos, nem ortopédicos.

Em seus antecedentes familiares verificou-se que sua irmã apresentou dificuldades escolares, mas que, segundo sua mãe, foi por que "ela não se dedicava" [sic], já que apresentava um desempenho diferencial quando estudava. Foi verificado também que sua avó materna apresentava Parkinson.

Na carta enviada à escola, as respostas foram bem organizadas e informativas. Realizaram um histórico sobre o desempenho do paciente desde quando ele iniciou seu processo de alfabetização. Verificou-se que o paciente foi retido no 1º ano, pois ainda apresentava um nível pré-silábico. No 2º ano, apesar de apresentar nível alfabético, também foi retido. Em 2009, quando frequentava novamente o 2º ano, foi iniciado o setor psicopedagógico na escola e foi levantada suspeita de dislexia. Em 2010, quando estava frequentando o 3º ano, foi realizada intervenção frente a possível dislexia. Hoje, no 4º ano, continua realizando essa intervenção. A equipe escolar relata observar muitas dificuldades em relação à aprendizagem, principalmente, as que envolvem a leitura e escrita.

Avaliação Neuropsicológica

Durante as sessões, o paciente se mostrou muito participativo e envolvido nas atividades. Não mostrou agitações e realizou as tarefas de forma concentrada, mesmo naquelas que apresentava dificuldades, tentava sempre solucioná-las.

Resultado das funções neuropsicológicas avaliadas:

- **Intelectual**: desempenho intelectualmente superior em relação ao esperado para sua idade no teste WISC-III: obteve desempenho médio-superior em tarefas não verbais (de execução) e desempenho intelectualmente superior em tarefas verbais. Em outros instrumentos de avaliação de inteligência, o teste DFH e o de Raven, também obteve desempenho intelectualmente superior.
- **Percepção visual**: desempenho geral médio-superior em raciocínio não verbal e em percepção para detalhes e integração visomotora (integração entre percepção visual e habilidade motora) - Índice de Organização Perceptual (WISC-III). Apresentou boas habilidades em relação à resolução de problemas de análise e síntese viso-motor-espacial, que também está relacionado ao raciocínio aritmético (subteste Cubos – WISC-III).
- **Atenção**: desempenho médio-superior em atenção sustentada e processamento sequencial auditivo (Índice de Resistência a Distração – WISC-III). Desempenho dentro da média em atenção sustentada visual (Índice de Velocidade de Processamento – WISC-III). A análise dos demais testes de atenção sustentada visual (TC-FG/LF, TMT-A) indicou tempo de resolução acima do esperado para a idade, apesar de ter utilizado estratégia organizada de rastreamento visual. Do ponto de vista clínico, não foram observados indícios de distraibilidade. Os resultados indicaram que necessitou de quantidade maior de tempo para realização de tarefas que exigiam sustentação atencional;

- **Habilidades motoras**: tendência de dominância lateral à direita em membros superiores e inferiores; tendência ocular à direita; obteve desempenho médio em praxia fina, global e em equilíbrio; reconheceu lateralidade (direita-esquerda) em si e no outro (TLN-C). Além disso, apresentou uma maturação percepto-motora esperada para sua idade;
- **Memória**: Apresentou desempenho médio-superior em memória de curto prazo auditiva (subteste Dígitos - WISC-III; Repetir as Sequências – TLN-C) e desempenho médio em memória de curto prazo visual (subteste Enunciar 6 figuras – TLN-C). Memória de longo prazo auditiva com desempenho médio em aprendizados formais (subtestes Informação – WISC-III) e médio-superior em informais (subtestes Vocabulário e Compreensão – WISC-III). Memória de longo prazo visual médio-superior (Completar Figuras - WISC-III). Na extensão da memória imediata auditiva para palavras apresentou desempenho adequado, com curva ascendente de aprendizagem em função da repetição e pouco prejuízo na recordação em função do tempo (RAVLT). Em atividade de memória imediata visual obteve desempenho dentro do esperado para sua faixa etária, tanto na reprodução imediata, quanto em evocação tardia (Figuras de Rey), apesar de ter necessitado de um tempo maior para a realização da tarefa;
- **Habilidades verbais**: desempenho superior em compreensão e raciocínio verbal (Índice de Compreensão Verbal – WISC-III). Discriminou nominalmente algumas letras e números assim como os copiou com facilidade, no entanto, apresentou trocas surdas/sonoras na leitura (subtestes Escrita e Leitura – TLB-C);
- **Funções executivas**: apresentou desempenho adequado em atividade de planejamento e raciocínio lógico (ToL), com tempo de resolução adequado e ausência de respostas impulsivas. Demonstrou maiores dificuldades nas habilidades de: flexibilidade cognitiva e alternância atencional (apesar do tempo maior ao esperado para a realização, apresentou ausência de erros) (TMT-B); fluência verbal (principalmente na categoria fonológica) (FAS); controle inibitório (atenção seletiva visual; tempo e número de erros acima do esperado) (SCWT); uso e alternância de estratégias cognitivas (não conseguiu completar todas as categorias da atividade, teve número maior de erros perseverativos e não se manteve nas estratégias) (WCST).

Resultado das habilidades escolares avaliadas (TDE):

- **Leitura**: apresentou adivinhações de palavras e letras constantemente, trocas surdas/sonoras, confusão entre letras parecidas (principalmente em letras de máquina) e erros de representações múltiplas – desempenho inferior ao esperado para sua idade;
- **Escrita**: apresentou erros surdo/sonoros, apoio na oralidade, erros de representações múltiplas e confusão entre letras parecidas - desempenho inferior ao esperado para sua idade;
- **Cálculo**: raciocínio aritmético esperado para sua idade, no entanto, cometeu erros atencionais na resolução de contas (realizou contas sem conferir qual era a operação matemática pedida e confundiu-se ao lidar com números com mais de três dígitos) - desempenho médio ao esperado para sua idade.

Na avaliação dos aspectos de conduta e emocionais, realizada com a mãe (CBCL), não houve frequência significativa de queixas, de modo que o escore geral esteve situado abaixo do nível clínico. Considerando todas as categorias, houve maior frequência de queixas de "retraimento/depressão", no entanto, abaixo do nível significativo (clínico). De acordo com o relato materno, suas principais preocupações em relação a João se referem à "lentidão na leitura e troca de palavras na escrita" [sic]. Não houve diferenças significativas entre os relatos de queixas de condutas internalizantes e externalizantes.

Na investigação de sintomas depressivos por meio do autorrelato com a criança (CDI), teve escore abaixo da média para o nível significativo. No entanto, apresentou relatos de incerteza com relação ao futuro, pouca diversão, avaliação negativa do futuro, preocupação com a aparência, sentimentos de solidão, comparação de seu desempenho com o de outras crianças e conduta opositora ocasional.

João demonstrou consciência de suas dificuldades no contexto escolar e referiu que reconhece que apresenta dificuldades na fala e para leitura/escrita. Sempre estudou na mesma escola e teve duas reprovações. João possuiu demonstração de sentimentos negativos relacionados às suas dificuldades e referiu sentir-se menos inteligente que os seus colegas.

Na avaliação do autoconceito (EAC-IJ), apresentou escore geral médio inferior. Considerando as diferentes categorias analisadas, obteve escores adequados nos aspectos "pessoal" e "familiar". Seus escores foram rebaixados nas categorias "escolar" e "social". Quanto aos aspectos familiares e sociais, não foram observadas alterações evidentes no que se refere às condições de suporte.

Na avaliação afetivo-emocional, foi realizada uma entrevista com a mãe e com João. Tais entrevistas tiveram como objetivo investigar se as dificuldades escolares tiveram impacto negativo nas representações de si, ou seja, nas imagens que João construiu de si como pessoa e como aluno. Vale destacar que essas imagens compõem o Eu, portanto, a personalidade, e são construídas essencialmente pelas interações com o meio, dentre elas, o olhar alheio.

Segundo as informações da mãe, as dificuldades vivenciadas no contexto escolar não tiveram impacto negativo significativo na dimensão afetiva do filho. Relata, todavia, que percebe sentimentos de mágoa e ressentimento pelas reprovações. Quando faz as tarefas de casa, as dificuldades são evidenciadas e em alguns momentos ele faz uma avaliação negativa de si, que denota baixa capacidade. Apesar disso, mãe acredita que o filho é feliz, alegre, carinhoso e mantém excelentes vínculos afetivos com colegas da escola e amigos, junto com os quais nunca percebeu qualquer brincadeira pejorativa com relação a João.

Quanto à escola, a mãe relatou manter bom contato e demonstrou que há tentativa de acolhimento e adaptações às necessidades do filho. Segundo ela, tentam lhe oferecer um apoio psicológico, dizendo que nada de grave será diagnosticado em seu filho. Isso denota a visão positiva dos profissionais com relação à criança.

Sobre a família, a mãe pareceu ser acolhedora, sem superproteção, o que permite que a criança fale de seus sentimentos sem defesas. Os valores que inspiram a importância do conhecimento são ressaltados. Ao mesmo tempo em que cobra as obrigações, apoia João nas dificuldades.

No que se refere à imagem de si relativa à dimensão física, a maior dificuldade enfrentada por João é com relação à sua cor de pele. Ele mostra total desagrado e decepção e o desejo de mudar esta situação. Isso lhe traz sofrimento.

Em entrevista com João, alguns aspectos da visão da mãe puderam ser confirmados. Verificou-se ressentimento por apresentar as dificuldades na leitura e manifestou sentimentos de vergonha e humilhação em decorrência de possíveis reações dos colegas frente às situações de exposição de suas limitações. O valor positivo ao conhecimento e à escola foram evidenciados. Ele se vê como um bom aluno, mas as dificuldades o "deixa menos inteligente".

Verificou-se que as dificuldades escolares o influenciaram de forma negativa nas representações de si. Porém, o entorno (família e escola) pareceu ser satisfatório, o que minimizou o impacto emocional.

Avaliação Fonoaudiológica

O processo de avaliação fonoaudiológica contemplou os seguintes aspectos:

- **Linguagem oral**: não foram observadas alterações nas habilidades receptivas e expressivas da linguagem oral. Realizou troca de turnos, mas manteve-se na atividade dialógica e conservou o tema do diálogo de forma adequada. Apresentou trocas culturais na fala (/l/ pelo /r/ - "pranta", "bicicreta");
- **Acesso lexical**: observou-se alteração na velocidade de acesso lexical ou recodificação fonológica no subteste de cores, letras, números e objetos. No subteste de letras, trocou "p" por "d" ou por "b". No subteste de dígitos, trocou o número 6 por 9 algumas vezes.
- **Memória de trabalho**: apresentou desempenho substancialmente abaixo do esperado, principalmente nas provas de recordação inversa. Foi capaz de fazer uso de estratégias semânticas para facilitar a recordação. Possuiu um span (carga) de memória de 3 elementos e sem diferença de desempenho nos subtestes auditivos e visuais.
- **Consciência Fonológica**: apresentou alteração nas provas silábicas e principalmente nas provas fonêmicas. O desempenho total da criança foi de 52 pontos de um valor máximo de 70, sendo 38 pontos referentes ao desempenho na parte silábica do teste e 14 pontos referentes à parte fonêmica. O desempenho encontrou-se abaixo do esperado para sua idade e nível de escolaridade. Na parte silábica, o desempenho encontrou-se abaixo do esperado na habilidade de produção de rimas e na parte fonêmica em produção de palavras iniciadas com determinado som, exclusão, síntese, segmentação e transposição fonêmica.
- **Linguagem escrita**:
- Leitura: No período da avaliação, o nível da leitura encontrou-se no estágio ortográfico, sendo caracterizada por trocas de grafemas surdo-sonoros como: /b/ por /d/, /d/ por /b/, /d/ por /t/, /b/ por /p/, /p/ por /b/. Apresentou velocidade de leitura oral lentificada (43,2 palavras por minuto), sem respeito às regras de pontuação, sem entonação, sem fluência de leitura. Apesar das características da leitura oral citadas acima, João foi capaz de compreender o que leu. Na leitura de palavras reais e inventadas de alta e baixa frequência, observou-se o mesmo padrão de erros na decodificação e ausência de regularizações na leitura de palavras inventadas.

- Escrita: A escrita foi caracterizada por trocas de natureza auditiva (fonológica) e visuais como: /v/ por /f/, /x/ por /j/, /p/ por /d/, /g/ por /c/, /d/ por /t/, /z/ por /s/, /lh/ por /nh/, por erros ortográficos. Os demais aspectos que são analisados na escrita, como alterações sintáticas, semânticas, lexicais, na coesão e coerência textual encontraram-se adequados para a idade e nível de escolaridade. Na prova de escrita sob ditado, a maioria dos erros encontrados foi de natureza auditiva e visual e em minoria, ocorreram erros ortográficos.

Avaliação Neurológica

Mãe referiu que o paciente apresentou hipoglicemia neonatal severa. Referiu também um desenvolvimento regular, exceto na fala, pois tinha uma fala ininteligível e, mesmo com fonoaudióloga só melhorou as trocas entre os 8 e 9 anos. Tem dificuldade de compreensão da leitura e é muito sensível. Fica muito nervoso e ansioso em época de provas, sofre com antecedência. Tem medo de perder alguém da família. O paciente conversou com o examinador sem recusas e sendo colaborativo.

Exame Físico Geral: adequado.

Exame Neurológico Tradicional: Perímetro Cefálico: 54 cm; Pares cranianos: adequados; movimentos oculares extrínsecos sem anormalidade; Index-nariz sem dismetrias; força muscular grau V; tono reduzido; trofismo normal; marcha típica; movimentação passiva sem alterações; reflexos osteotendinosos: normoativos; fala adequada; sensibilidade: adequada; propriocepção: formas (acertou 10 /10).

Exame Neurológico Evolutivo: coordenação fina inadequada, disdiadococinesia (< 7 anos). Equilíbrio estático: adequado. Equilíbrio dinâmico: menor que 7 anos. Persistência Motora: normal. Lateralidade: direita.

QNST-II: O paciente apresentou 40 pontos, situando-se dentro dos desvios moderados em soft signs. Foi observado dificuldade grave em habilidade manual, reconhecimento e produção de figuras e padrões sonoros. Dificuldade moderada em grafoestesia, índex nariz sensibilizado, sensibilidade e hiperextensão de braços e pernas.

Observação do paciente: O paciente apresentou vários sinais de ansiedade e introspecção, leitura com interpretação irregular.

V. CONCLUSÃO

O paciente foi encaminhado com queixas escolares e familiares de desatenção e dificuldades de aprendizagem em relação à leitura e escrita.

Na avaliação realizada, João apresentou nível intelectual superior ao esperado para sua idade. Mas apresentou déficits em algumas habilidades que subsidiam a aprendizagem escolar, como: manutenção de uma linha de raciocínio oferecida por instrução verbal, dificuldades ao lidar com símbolos, e um provável déficit no processamento fonológico.

Desse modo, verifica-se o diagnóstico de Transtorno Específico de Leitura (dislexia do desenvolvimento) – CID F81.0.

Sugerimos intervenções nas seguintes áreas:

- Fonoaudiologia – para auxiliá-lo no seu desenvolvimento da leitura, escrita, habilidades metafonológicas e metalinguística. Em relação à escola, sugere-se que a fonoaudióloga faça contatos periódicos com a coordenação pedagógica da escola, a fim de monitorarem o desempenho da criança e realizar as adaptações necessárias para maximizar suas potencialidades e minimizar suas dificuldades individuais e com o grupo;
- Apoio pedagógico no contexto escolar – atividades que considerem suas dificuldades e possam estimular o desenvolvimento das habilidades as quais apresenta maiores dificuldades, descritas acima. Na escola, sugere-se atividades significativas, com a princípio com o uso de material concreto, a fim de auxiliar a criança a atingir níveis mais elevados de desenvolvimento cognitivo. Atividades meramente mnemônicas contribuirão pouco para a sua aprendizagem global. Deve-se continuar a estimular a leitura (prazerosa) na escola e em casa.
- Psicológico – considera-se que a condição de dificuldade de aprendizagem é fator de vulnerabilidade para o desenvolvimento de repercussões afetivo-emocionais. Apenas de não terem sido verificadas alterações significativas, sugere-se como terapêutica preventiva a realização de acompanhamento psicoterapêutico. Sugere-se também Reabilitação Neuropsicológica para as alterações em habilidades executivas.

É importante ressaltar que as intervenções devem ser acompanhadas por orientação familiar e escolar.

Também pode beneficiar-se com atividades esportivas e/ou artísticas.

Colocamo-nos a disposição para maiores esclarecimentos.

___

Assinatura, carimbo

Nome

CRP

___

Assinatura, carimbo

Nome

CFFa

___

Assinatura, carimbo

Nome

CRM

VI. REFERÊNCIAS

American Psychiatric Association. (2013). DSM-5: *Manual diagnóstico e estatístico de transtornos mentais*. Artmed Editora.

Organização Mundial da Saúde. (1993). *CID-10: Classificação Estatística Internacional de Doenças com disquete Vol. 1*. Edusp.

Resolução N° 6, de 29 de março de 2019. Institui regras para a elaboração de documentos escritos produzidos pela(o) psicóloga(o) no exercício profissional e revoga a Resolução CFP nº 15/1996, a Resolução CFP nº 07/2003 e a Resolução CFP nº 04/2019. Brasília, DF: Conselho Federal de Psicologia.

Rondonópolis, 15 de abril de 2019.

No presente caso, apresentado em formato de laudo, foi possível notar como a avaliação de habilidades neuropsicológica/psicológicas, linguísticas e neurológicas possibilitaram o diagnóstico da Dislexia. Além disso, pôde-se observar as intervenções que foram solicitadas no intuito de possibilitar a habilitação neuropsicológica da criança em leitura e sua inclusão principalmente na escola, mas que trabalharão habilidades que propiciarão, obviamente, uma inclusão nas diversas esferas sociais.

Encaminhamentos possíveis: vias legais e conceituais para inclusão

Como se pôde perceber, ao caso apresentado infelizmente não foi realizado nenhum encaminhamento inclusivo em âmbitos legais, em nenhum dos diversos contextos sociais, dentre eles, o escolar, onde talvez seja mais necessário, por se tratar de um TEAp. Cabe apontar que a Lei nº 9.394, de 20 de dezembro de 1996 (Lei de Diretrizes e Bases da Educação Nacional - LDBEN), em seu capítulo V sobre a Educação Especial, por desventura, não prevê diretamente a inclusão desses casos e somente a propõe para três condições (incluídos pela Lei nº 12.796, de 4 de abril de 2013): "educandos com deficiência, transtornos globais do desenvolvimento e altas habilidades ou superdotação". Todavia, atualmente, época de escrita deste capítulo (agosto/2020), está em avaliação o Projeto de Lei (PL) do Senado nº 3517/2019, antigo PL 7081/2010 (substitutivo da Câmara dos Deputados ao Projeto de Lei do Senado nº 402/2008 (PL 7081/2010 - Câmara), capaz de mudar esse panorama, pois propõe que o diagnóstico e tratamento do TDAH e Dislexia sejam tratados na rede pública de Educação Básica.

Ainda, é possível também indagar: Os TEAp poderiam ser considerados como "deficiência" e as pessoas que a possuem usufruir da LDBEN? Resposta: é possível. Entretanto, é preciso contextualizar as brechas em âmbitos legais e conceituais no Brasil. Inicialmente, faz-se mister apresentar que são diversos os modos de concepção da deficiência, dentre os quais, os mais estudados, tem-se os Modelos Médico e o Social (Gaudenzi & Ortega, 2016); sendo os postulados da legislação brasileira possíveis de serem interpretados por ambas as vias. Desse modo, quando interpretados pela primeira, tem-se que nominalmente os TEAp são "transtornos" e não "deficiências", o que, então, não os incluiriam na LDBEN. No DSM-5 (APA, 2013) essa diferenciação se mostra mais evidente que na própria CID-10 (OMS, 1993), quando o termo "transtorno" parece ser restritamente voltado para as condições mentais, e "deficiência" para condições físicas e fisiológicas (ex. "deficiência nutricional", "deficiência sensorial", "deficiência física", entre outros). Interessantemente, a única deficiência em âmbitos mentais apresentada no DSM-5 é a "Deficiência Intelectual", mas que já acompanha o termo alternativo de "Transtorno do Desenvolvimento Intelectual". Infelizmente, nesses manuais, não se encontram as definições para "deficiência", "transtorno", "doença" etc.

Na Lei nº 13.146, de 6 de julho de 2015, que "Institui a Lei Brasileira de Inclusão da Pessoa com Deficiência (Estatuto da Pessoa com Deficiência)", o conceito de deficiência parece seguir o mesmo Modelo Médico, uma vez que é definida como um "impedimento de longo prazo de natureza física, mental, intelectual ou sensorial, o qual, em interação com uma ou mais barreiras, pode obstruir sua participação plena e efetiva na sociedade em igualdade de condições com as demais pessoas". Em outras palavras, a desvantagem vivida pela pessoa deficiente é efeito de desvantagens naturais inerentes aos contornos do corpo e, dessa forma, seus impedimentos são reconhecidos como infortúnios privados (Gaudenzi & Ortega, 2016). Essa lei também define que o termo "barreiras" se referirá a qualquer entrave, obstáculo, atitude ou comportamento que limite ou impeça a participação social da pessoa, bem como o gozo, a fruição e o exercício de seus direitos à acessibilidade, à liberdade de movimento e de expressão, à comunicação, ao acesso à informação, à compreensão, à circulação com segurança, entre outros. Desse modo, percebe-se certa contraposição, pois o mesmo Modelo Médico que nomeia os TEAp como "transtorno" o poderia reconhecer como "deficiência" a partir dessas definições presentes na lei em questão, haja vista que as características descritas abrangem os critérios diagnósticos desse quadro.

Essa pode ser uma saída em contextos legais para a inclusão dos TEAp, tanto de modo individualizado (para aquelas pessoas e famílias que buscarem seus direitos na atualidade), quanto de modo *lato*, atingindo a todos com a condição, por exemplo, na LDBEN, a partir do momento que esse quadro, mesmo que definido como transtorno, fosse legalmente reconhecido como uma deficiência. Tal definição poderia até mesmo ser inclusa na PL nº 3517/2019, assim como ocorreu na Lei nº 12.764, de 27 de dezembro de 2012, que "Institui a Política Nacional de Proteção dos Direitos da Pessoa com Transtorno do Espectro Autista; e altera o § 3º do art. 98 da Lei nº 8.112, de 11 de dezembro de 1990". Nela, é declarado que a "pessoa com transtorno do espectro autista é considerada pessoa com deficiência, para todos os efeitos legais".

Por outro lado, haveria uma outra possibilidade: ter a inclusão de determinados "transtornos", como os TEAp, na LDBEN, em vez de somente considerá-lo como "deficiência" e, então, "resolver o problema". Nesse sentido, podemos observar certa inconsistência (talvez estratégica, mas de modo positivo) na redação dessa lei: se o autismo já era considerado uma deficiência (em 2012), por lei anterior a sua inclusão na LDBEN (ocorrida em 2013), haveria a necessidade de sua especificação (que são os "transtornos globais do desenvolvimento") dentre os três casos que devem ser inclusos? Talvez não. Todavia, talvez seja importante, por uma questão política/identitária, que apareça de modo independente, nomeadamente como um "transtorno". Do mesmo modo, esse mesmo processo poderia ocorrer para os TEAp, mesmo que não sejam considerados como deficiência (por exemplo, pela inclusão na PL 3517/2019), aparecendo de modo independente, como uma das condições que merecem inclusão, enquanto um "transtorno" propriamente dito. Nesse momento de discussão deste capítulo, percebe-se que a problemática envolve muito mais diretamente o uso das nomenclaturas e seus estigmas – os quais são extremamente relevantes –, pois, por definição no Modelo Médico, ambas parecem se referir a um mesmo campo conceitual/semântico.

Tanto na lei que institui a Política Nacional de Proteção dos Direitos da Pessoa com Transtorno do Espectro Autista, como no Estatuto da Pessoa com Deficiência, é possível ainda observar claramente uma outra vertente de concepção da deficiência, a do Modelo Social. Tal modelo pressupõe que a deficiência não precisa ser "corrigida", e que os "ajustamentos" não devem ser dos indivíduos deficientes, mas da sociedade, visto que ela é que está desajustada em relação a eles. Entende-se que a opressão social e a exclusão desses deficientes não são resultantes de suas características físico-mentais e que a experiência da desigualdade apenas se manifesta em uma sociedade pouco sensível à diversidade de estilos de vida. As pessoas com deficiência devem ser vistas como membros de uma minoria cujos direitos são violados por uma maioria injusta. Assim, o foco da atenção aos deficientes seria permitir às pessoas com deficiência liberdade para participar da vida social e das oportunidades (Gaudenzi & Ortega, 2016). Como exemplo de artigos presentes nessas leis e que representam esse modelo, tem-se o Artigo 4º, que delibera: "A pessoa com transtorno do espectro autista não será submetida a tratamento desumano ou degradante, não será privada de sua liberdade ou do convívio familiar nem sofrerá discriminação por motivo da deficiência", declarando que: "Toda pessoa com deficiência tem direito à igualdade de oportunidades com as demais pessoas e não sofrerá nenhuma espécie de discriminação."; dentre muitos outros que abrangem esses princípios.

Contudo, é preciso ouvir as pessoas consideradas com algum tipo de deficiência, o que vai também ao encontro do Modelo Social. Nesse movimento, pode-se inserir o da "neurodiversidade", que envolve princípios do "lugar de fala". É um termo que tenta, sobretudo, salientar que uma "conexão neurológica" (*neurological wiring*) atípica (ou neurodivergente) não é uma doença a ser tratada e, se for possível, curada. Trata-se antes de uma diferença humana que deve ser respeitada como outras diferenças (sexuais, raciais etc). Os indivíduos autodenominados "neurodiversos" consideram-se "neurologicamente diferentes", ou "neuroatípicos". Nesse bojo, os tratamentos e formas de identificação não devem ser banidos, mas sim assegurados sob uma qualidade que vise o respeito à promoção das singularidades, de acordo com demandas intraindividuais (den Houting, 2019; Ortega, 2008). Da mesma forma, tais demandas podem abranger âmbitos legais e suas considerações sobre suas características serem consideradas "deficiência" ou não devem ser consideradas.

Considerações finais

O presente capítulo apresentou: as definição atuais dos TEAp, compreendendo principalmente seus critérios diagnósticos; uma proposta de como realizar sua avaliação de forma interdisciplinar, e a compondo a avaliação neuropsicológica; um exemplo de caso de avaliação, que gerou um diagnóstico de Dislexia e seu respectivo laudo; e, por fim, uma discussão de como realizar a inclusão dos TEAp, a partir de interpretações de conceitos/leis de "deficiência" já existentes, uma vez que ainda não existe legislação específica que a aborde como "transtorno". Os TEAp são uma condição complexa, que exigem uma avaliação e intervenção ampliada. Quando não tratados precocemente, de modo interdisciplinar, podem levar a condições de alteração emocionais debilitantes. Processos inclusivos, que podem se originar em processos de Avaliação Psicológica/

Neuropsicológica, tornam-se fundamentais para assegurar condições de dignidade para aqueles que os possuem.

Referências

Alves, R. J. R., Lima, R. F., & Ciasca, S. M. (2014). Avaliação Neuropsicológica da Dislexia do Desenvolvimento. In C. R. Campos, & T. C. Nakano (Orgs.), *Avaliação Psicológica direcionada a populações específicas* (pp. 83-118). Vetor.

American Psychological Association. (2013). *Diagnostic and statistical manual of mental disorders: DSM-V.* American Psychiatric Association.

Congresso Nacional. (1996). *Lei nº 9.394, de 20 de dezembro de 1996 - Lei de Diretrizes e Bases da Educação Nacional.* Congresso Nacional. http://www.planalto.gov.br/ccivil_03/leis/l9394.htm

Congresso Nacional. (2013). *Lei Nº 12.796, de 4 de abril de 2013 - Altera a Lei nº 9.394, de 20 de dezembro de 1996, que estabelece as diretrizes e bases da educação nacional, para dispor sobre a formação dos profissionais da educação e dar outras providências.* Congresso Nacional. http://www.planalto.gov.br/ccivil_03/_Ato2011-2014/2013/Lei/L12796.htm

Congresso Nacional. (2015). *Lei Nº 13.146, de 6 de julho de 2015 - Institui a Lei Brasileira de Inclusão da Pessoa com Deficiência (Estatuto da Pessoa com Deficiência).* Congresso Nacional. http://www.planalto.gov.br/ccivil_03/_ato2015-2018/2015/lei/l13146.htm

Conselho Federal de Psicologia. *(2019). Resolução N° 6, de 29 de março de 2019. Institui regras para a elaboração de documentos escritos produzidos pela(o) psicóloga(o) no exercício profissional e revoga a Resolução CFP nº 15/1996, a Resolução CFP nº 07/2003 e a Resolução CFP nº 04/2019.* Conselho Federal de Psicologia.]https://site.cfp.org.br/wp-content/uploads/2019/09/Resolu%C3%A7%C3%A3o-CFP-n-06-2019-comentada.pdf

den Houting, J. (2019). Neurodiversity: An insider's perspective. *Autims, 23*(2). https://doi.org/10.1177/1362361318820762

Gaudenzi, P., & Ortega, F. (2016). Problematizando o conceito de deficiência a partir das noções de autonomia e normalidade. *Ciência & Saúde Coletiva, 21,* 3061-3070. https://doi.org/10.1590/1413-812320152110.16642016

Jednoróg, K., Marchewka, A., Tacikowski, P., Heim, S., & Grabowska, A. (2011). Electrophysiological evidence for the magnocellular-dorsal pathway deficit in dyslexia. *Developmental science, 14*(4), 873-880. https://doi.org/10.1111/j.1467-7687.2011.01037.x

Nicolson, R. I., & Fawcett, A. J. (2011). Dyslexia, dysgraphia, procedural learning and the cerebellum. *Cortex, 47* (1), 117-127. https://doi.org/10.1016/j.cortex.2009.08.016

Organização Mundial de Saúde. (1993). *CID-10: Classificação de transtornos mentais e de comportamento: descrições clínicas e diretrizes diagnósticas.* Artes Médicas.

Ortega, F. (2008). O sujeito cerebral e o movimento da neurodiversidade. *Mana, 14*(2), 477-509. https://doi.org/10.1590/S0104-93132008000200008

Pestun, M. S. V., Ciasca, S., & Gonçalves, V. M. G. (2002). A importância da equipe interdisciplinar no diagnóstico de dislexia do desenvolvimento: relato de caso. *Arquivos de neuro-psiquiatria, 60*(2A), 328-332. https://doi.org https://doi.org/10.1590/S0004-282X2002000200029

Ramus, F., Marshall, C. R., Rosen, S., & van der Lely, H. K. (2013). Phonological deficits in specific language impairment and developmental dyslexia: towards a multidimensional model. *Brain, 136*(2), 630-645. https://doi.org/10.1093/brain/aws356

Capítulo II

AVALIAÇÃO PSICOLÓGICA DE SUPERDOTADOS: RELATO DE EXPERIÊNCIA CLÍNICA SOBRE IDENTIFICAÇÃO

Priscila Zaia

Breve introdução teórica acerca da identificação e avaliação de superdotados

As diferenças individuais têm sido tópico de estudo de cientistas há décadas, sendo a conceituação do que chamamos, atualmente, de Altas Habilidades/Superdotação (AH/SD), histórica e filosoficamente relacionada a esses interesses. A partir dos estudos acerca da inteligência, a grande variabilidade entre a população foi evidenciada, demonstrando que poderiam existir indivíduos com características ou habilidades extremamente diferentes que seus pares, considerando a distribuição média da população geral na extensão da curva normal – existindo aqueles que apresentariam níveis muito baixos, níveis médios e níveis muito altos de competências em determinada área (Silverman, 2009).

À vista das evoluções teóricas e aprofundamento das pesquisas científicas, pesquisadores passaram a considerar o estudo da superdotação como multidimensional, concordando acerca da importância de embasar-se em uma visão ampliada não apenas para a variedade de níveis, mas também de características apresentadas por esses indivíduos. Sendo assim, os modelos atuais incluem concepções que vão desde aspectos gerais e amplos até a caracterização de habilidades, produtos e ações específicos dentro de diferentes domínios (Renzulli & Reis, 2018).

Desse modo, compreende-se que indivíduos superdotados podem ou não se desempenhar de forma destacada na escola, demonstrar um desenvolvimento assíncrono (quando as habilidades intelectuais podem encontrar-se avançadas para a idade cronológica, mas o mesmo pode não ocorrer com aspectos socioemocionais), além de apresentar, em variados domínios do desenvolvimento humano, diversidade de características que os diferem de seus pares. Essas características não se manifestarão da mesma maneira em cada um deles, corroborando as afirmações a respeito da grande variabilidade existente e reforçando a ideia das diferenças individuais (Renzulli & Reis, 2018).

Assim, podem servir de exemplo a aprendizagem precoce e rápida, o vocabulário avançado, a flexibilidade cognitiva, a facilidade para entender problemas e instruções, a perspicácia, a capacidade para observação, a boa memória, o desejo e interesse em aprender cada vez mais, o envolvimento, a curiosidade, a persistência para adquirir conhecimento, a variedade de interesses, a criatividade e imaginação, a sensibilidade emocional, o senso de justiça, a liderança, o senso de humor, dentre outras (Almeida, Araújo, Sainz-Gómez & Prieto, 2016; Bahia & Trindade, 2014; Pérez, 2009; Zaia, Nakano & Peixoto, 2018).

A partir dessa compreensão de que AH/SD estão inseridas dentro dos estudos das diferenças individuais, evidencia-se que a identificação e/ou avaliação dessa população específica não caracteriza-se como tarefa simples e fácil de se realizar, uma vez que a gama de diferentes características e habilidades apresentadas acima precisa ser considerada em todas as etapas do processo (Almeida et al., 2016; Zaia, Nakano, Miller & Plucker, 2019).

Durante longos períodos da história desse tema, acreditou-se na eficácia dos testes de inteligência como única medida para avaliação das habilidades superiores. No entanto, atualmente, sabe-se que esses instrumentos, quando utilizados isoladamente, não contemplam todas as particularidades desses indivíduos. Ainda assim, faz-se importante esclarecer que a investigação da inteligência continua tendo sua importância nos processos de identificação, sendo necessária a aplicação desses instrumentos em conjunto com os demais critérios (Renzulli & Reis, 2017).

Nessa perspectiva, os procedimentos de avaliação psicológica da população de indivíduos superdotados devem considerar todas as singularidades envolvidas no que tange às habilidades cognitivas (atenção, percepção, memória de trabalho, inteligência, resolução de problemas), à aprendizagem (linguagem, curiosidade, manipulação de ideias complexas), à motivação (intrínseca, perfeccionismo), bem como aos traços de personalidade (Almeida et al., 2016). Essa visão ampliada do processo torna-se necessária visto que os traços cognitivos podem, em termos de proporção, ocupar grande parte da manifestação das AH/SD. Entretanto, sua interação com comportamentos não pode ser descartada. Dessa forma, existem outros fatores e circunstâncias que contribuem para que algumas pessoas possam desenvolver suas potencialidades com mais facilidades que outras. São as nomeadas características não cognitivas, como otimismo, coragem, energia física e mental, romance com um assunto de seu interesse, sensibilidade com outras pessoas, ou ainda relacionamentos interpessoais em contextos sociais, familiares e educacionais (Renzulli & Reis, 2018).

A mensuração das diferentes características, habilidades e traços envolvidos no olhar psicológico constituem-se como um dos critérios de todo o processo de identificação, mas é importante que a conexão com outras fontes exista (Zaia et al., 2019). Dessa maneira, valoriza-se a ideia de que as AH/SD emergem também do contexto educacional, o qual possui papel relevante no desenvolvimento dos talentos e desempenhos superiores, além de que a avaliação técnica realizada dentro da psicologia pode se tornar mais enriquecida a partir da obtenção de informações advindas de pais e professores (Almeida et al., 2016). Com isso, entende-se que a identificação pode incorporar informações da avaliação psicológica, observação clínica, entrevista com familiares, análise dos trabalhos produzidos pelos indivíduos, como também relatórios e instrumentos realizados ou respondidos por professores. As escalas de avaliação por professores podem ser fontes confiáveis e eficientes para abarcar a percepção do desempenho do estudante, a partir das observações enriquecedoras no contexto da sala de aula (Jarosewich, Pfeiffer & Morris, 2002).

Haja vista as considerações acerca da ampliação da conceituação das Altas Habilidades/Superdotação para as diferenças individuais, da variedade de características que podem manifestar-se dentro desse quadro e das recomendações científicas relacionadas a condução dos processos de identificação dos indivíduos pertencentes a essa população específica, o objetivo dos tópicos a seguir será fornecer relatos de experiência clínica e prática do desenvolvimento do processo de avaliação psicológica nesse contexto. Destaca-se que todas as etapas têm se baseado na compreensão de que os conceitos associados aos modelos teóricos e à literatura científica precisam ser traduzidos de maneira coerente e adequada à realidade de cada indivíduo (Pérez, 2009).

A realidade na clínica psicológica

Ter a oportunidade de trabalhar com a identificação de crianças e adolescentes que apresentam características tão singulares quanto às envolvidas nos quadros de AH/SD tem sido uma experiência enriquecedora tanto em termos pessoais quanto profissionais. A vivência prática de toda a teoria que engloba os indivíduos dessa população específica é um prazeroso desafio, o qual traz à tona, cotidianamente, a possibilidade de pensar, argumentar e, o principal, oferecer atendimento de qualidade e suporte às demandas que essas pessoas trazem para o consultório.

Durante a construção de um processo de avaliação psicológica para essa população, muitas questões podem emergir, as quais associam-se não só às demandas explícitas nos encaminhamentos, que podem vir da escola ou da necessidade percebida pela família, mas ainda da experiência e sensibilidade do profissional que recebe tais informações. Essas questões perpassam desde o acolhimento e a tentativa de compreender de maneira aprofundada os motivos que desencadearam a procura pela avaliação, a escolha das melhores técnicas e instrumentos para executar um processo eficaz e atento às características individuais, até a melhor forma de conectar as informações advindas das diferentes fontes e o fornecimento de uma devolutiva compreensível que atenda às reais necessidades daquela família/indivíduo.

Sendo assim, neste tópico irei descrever as etapas principais que tenho considerado na prática clínica com crianças e adolescentes para identificação de Altas Habilidades/Superdotação, as quais não possuem número limitado ou pré-determinado de sessões, para que seja possível adequar cada processo de acordo com as particularidades de cada caso. As etapas são as seguintes: entrevista inicial com pais e/ou responsáveis, estabelecimento de vínculo com a criança, coleta de informações de outras fontes (professores ou coordenadores escolares, médicos, cursos extracurriculares), aplicação dos testes psicológicos, observações clínicas, devolutiva aos pais e acompanhamento escolar e psicológico.

Entrevista inicial: Essa é a fase inicial de todo o processo e a qual possibilita que eu conheça todo o histórico familiar, as demandas que fazem parte da busca por avaliação psicológica e as expectativas da família. É nesse momento também que a confiança entre profissional e família se estabelece, para que se torne possível a parceria e continuidade para as próximas etapas.

Vínculo com a criança/adolescente: Tenho, cada vez mais, valorizado essa etapa no processo de avaliação psicológica, pois a experiência clínica tem demonstrado que quanto maior o vínculo, melhor as etapas subsequentes ocorrerão. O vínculo da criança ou adolescente com o profissional é a chave, o ponto de partida para que seu mundo interno seja acessado. A investigação de características associadas às AH/SD não se faz só por meio do desempenho em testes psicométricos (o qual, em minha visão, também fica prejudicado se o contexto não for acolhedor e adequado), mas ocorre também a partir das observações clínicas, dos jogos e brincadeiras lúdicas, ou seja, da construção de uma relação em que toda a variedade de características pertencentes aos indivíduos dessa população ficarão evidentes e se tornarão conhecidas.

Sessões (de maneira geral): As sessões com as crianças/adolescentes não necessariamente serão preenchidas pelos testes psicológicos, de maneira isolada. Inclusive, no início dos atendimentos, para que o vínculo se estabeleça, podem ser necessárias algumas sessões de observação, brincadeiras, jogos e trocas para que os testes possam ser inseridos em um segundo momento. Nessas sessões, a avaliação das AH/SD ainda está acontecendo, mas por meio dessas ferramentas de caráter mais qualitativo.

Coleta de dados de outras fontes: Intercalado ao seguimento das sessões com as crianças/adolescentes na clínica, realiza-se também a investigação quanto a forma como as AH/SD se apresentam nesse indivíduo em outros contextos. O mais frequentemente investigado é o escolar, visto que pode ser de onde surgiu o encaminhamento e a primeira observação e manifestação, bem como é o ambiente em que essa criança/adolescente está inserida grande parte do seu tempo diário. A partir de entrevistas com coordenadores e professores, os quais podem também responder a determinados instrumentos voltados a esse público ou mesmo elaborar relatórios de observação em sala de aula, é possível que a gama de informações torne-se enriquecida para compor o diagnóstico final. É importante mencionar, nesta etapa, que dependendo de cada caso, aqui podem ser incluídas também outras fontes de informação, tais como dados provenientes de médicos que também acompanham o indivíduo, ou ainda de outras atividades extracurriculares que sejam frequentadas.

Sessões de aplicação de testes psicométricos: Essas sessões acontecem somente após o vínculo entre profissional e criança/adolescente estar estabelecido. A escolha dos instrumentos que serão aplicados dependerá da faixa etária de cada indivíduo, das demandas específicas que as famílias ou professores podem ter trazido e das observações clínicas já realizadas nas sessões anteriores. Esses testes têm o objetivo de investigar as habilidades cognitivas (inteligência, atenção, memória, leitura e escrita), a criatividade, a motivação e a personalidade. A aplicação seguirá a padronização do manual de cada um deles e, portanto, o acolhimento e a empatia são características sempre presentes nesses momentos, a fim de que desmotivação, fadiga ou qualquer outro aspecto que possa interferir no desempenho sejam percebidos e o indivíduo possa demonstrar da maneira mais livre possível suas habilidades.

Elaboração do relatório psicológico: Após todo o processo realizado, diante da conexão das fontes citadas, chegamos a fase de unir os dados obtidos, mantendo em mente aquele indivíduo que estamos tentando compreender com suas particularidades, forças e fraquezas para elaborar as conclusões. Nesse momento, toda a teoria estudada e toda a literatura científica funciona como apoio para que as características levantadas façam sentido na realidade desses indivíduos que aguardam a devolutiva.

Sessão de devolutiva: As expectativas para essa sessão variam de acordo com o histórico de cada família, podendo oscilar entre muito altas, médias ou muito baixas. Existem famílias que receberão o diagnóstico das AH/SD sem grande surpresa, pois durante o desenvolvimento do(a) filho(a) características diferenciadas foram percebidas e acolhidas. Outras podem receber com surpresa, mas enxergando não só aspectos positivos atrelados ao diagnóstico, como também possibilidades de caminhos futuros para o contínuo desenvolvimento das potencialidades dos filhos. No entanto, existem algumas famílias que não conseguem enxergar tantas habilidades superiores nos(as) filhos(as) ou que possuem algumas defesas que impedem esse reconhecimento, casos em que o momento da devolutiva é de grande surpresa acompanhada de certa angústia por não saber como lidar com esse novo momento ou nova caracterização. Nesses casos, o acolhimento é sempre presente, assim como todo auxílio que a família possa necessitar. É nesta sessão, também, que os encaminhamentos necessários são explicados, uma vez que, como já mencionado neste capítulo, a diversidade de características é marcante nessa população específica, sendo importante que o pós-avaliação seja direcionado para as singularidades de cada caso.

Sessão de finalização com a criança/adolescente: Após o término do processo de avaliação, é importante que exista uma sessão voltada ao fechamento, para que a criança ou adolescente consiga compreender o que foi investigado e quais caminhos serão trilhados a partir de então. Essa sessão é sempre elaborada de acordo com a faixa etária de cada indivíduo, embasada pelas sessões anteriores e pelos interesses de cada um. Sendo assim, pretende-se explicar, sempre respeitando a capacidade de assimilação e com vocabulário adequado, tudo que foi feito e descoberto a partir das atividades, jogos ou brincadeiras realizadas. Esse é um momento que considero importante, pelo fato de que indivíduos dessa população específica possuem grande capacidade de se perceberem diferentes de seus pares desde muito cedo e, portanto, quando conseguem compreender o que os torna diferentes, muitas questões emocionais organizam-se internamente (ou pelo menos abre-se espaço para que isso aconteça). Obviamente, a depender do caso, pode ser necessário que o processo de acompanhamento psicológico continue e isso será decidido em conjunto entre profissional, família e criança/adolescente.

Acompanhamento escolar: A fim de dar continuidade à parceria estabelecida com a escola no momento inicial da avaliação psicológica, faz-se importante que as conclusões sejam informadas aos coordenadores e professores. Esse momento acontece sempre pensando nas possibilidades dos caminhos futuros que poderão ser seguidos por essa criança/adolescente dentro do contexto escolar, a partir do acolhimento fornecido pelas pessoas que estão inseridas nesse ambiente.

A partir da descrição da experiência clínica para condução do processo de avaliação psicológica para população de superdotados supracitada, foi possível perceber os apontamentos da literatura científica em cada etapa apresentada: a utilização de múltiplos critérios, a qualidade dos instrumentos selecionados e as decisões tomadas ao longo do processo alinhadas com os caminhos futuros a serem conduzidos (Zaia et al., 2019). O aspecto principal a ser destacado é a valorização da individualidade de cada pessoa, de cada história, bem como da gama de características ou habilidades que serão identificadas, podendo assim definir possíveis estratégias para que o indivíduo possa se desenvolver integralmente, tanto no âmbito cognitivo quanto socioemocional.

Experiência prática em uma associação para indivíduos com inteligência superior (Mensa)

Nesse tópico, o objetivo é descrever a experiência com a superdotação de maneira diferente que a do contexto clínico. Tenho atuado como Psicóloga Supervisora Nacional da Mensa Brasil há alguns anos e vivenciado a realidade de indivíduos com inteligência acima da média na fase adulta, como também a forma como uma associação mundial voltada a essa população realiza a identificação desse potencial superior.

Considero importante apresentar brevemente a associação aos leitores, a fim de facilitar o entendimento da prática descrita a seguir. A Mensa foi fundada na Inglaterra, após a II Guerra Mundial, visando a identificar e fomentar a inteligência em benefício da humanidade. Atualmente, é uma associação presente em cerca de 100 países e com mais de 150.000 membros. No Brasil, possui mais de 600 membros ativos, de diferentes partes do país, profissões e interesses e possui os seguintes programas: SIGs (grupos de debates e pesquisas sobre variados assuntos que acontecem com reuniões dos membros); SIGHT (troca cultural entre membros que estejam viajando pelo mundo); Revista Mensa Brasil (publicação trimestral com entrevistas, artigos, contos – disponível para os membros); Programa Jovens Brilhantes (iniciativa para a troca de experiências entre jovens com AH/SD); Mensa MasterClass (aulas online oferecidas por membros sobre suas especialidades). Também existe a Fundação Mensa que contribui com prêmios e bolsas que valorizam a aplicabilidade da inteligência em benefício da sociedade, reconhecendo ações específicas realizadas por seus membros nos mais variados contextos.

O processo de admissão de membros ocorre por meio da aplicação de testes psicológicos que avaliam a inteligência, isso porque, como dito anteriormente, a associação caracteriza-se como voltada às pessoas com níveis intelectuais superiores à média da população. Em cada país esse processo pode se diferenciar pelo fato de que os testes utilizados precisam ser validados para a população em termos culturais e aprovados pelos conselhos de psicologia. Dessa forma, no Brasil, prioriza-se o uso de testes aprovados pelo Sistema de Avaliação de Testes Psicológicos (SATEPSI), do Conselho Federal de Psicologia (CFP), bem como reconhecidos por suas propriedades psicométricas na avaliação da inteligência.

Os processos de admissão ocorrem coletiva ou individualmente, sendo realizados por psicólogos com cadastro ativo no CFP e sempre em ambientes adequados à prática de aplicação de testes psicológicos. As aplicações coletivas ocorrem a cada dois meses e as individuais podem acontecer semanalmente, ambas em diferentes lugares do país. É importante mencionar que a correção dos testes é centralizada no meu trabalho como NSP, para o qual recebo as folhas de respostas de cada candidato e faço a correção informando a aprovação ou não. Para ser aprovado, é necessário atingir percentil 98.

Ainda no que diz respeito a admissão, outra forma acontece pela análise dos laudos enviados para nós. Esses laudos são elaborados por outros profissionais da psicologia, mediante processos específicos de avaliação psicológica a que os candidatos foram submetidos em algum momento de suas vidas. Dessa forma, podem ter obtido pontuações elevadas que estejam dentro do percentil requerido para admissão, efetuando o envio do documento. A análise se faz necessária, basicamente, para a certificação de que os instrumentos utilizados seguem os requisitos da associação mencionados anteriormente.

De maneira geral, o ponto principal a ser destacado ao abordar a prática profissional na Mensa, refere-se à possibilidade de evidenciar a importância do encontro com pares que possuam habilidades ou interesses semelhantes, mencionados por aqueles que se associam. A maioria dos relatos apontam para certas dificuldades ou desafios enfrentados durante a infância ou adolescência em ter suas potencialidades reconhecidas ou em conseguir estabelecer relações de amizades. Quando começam a fazer parte da Mensa, sentem-se acolhidos e aceitos como realmente são.

Diante desses relatos mencionados, é de grande importância destacar que essas dificuldades não são inerentes aos indivíduos pertencentes à população de superdotados – como existe o mito disseminado no senso comum de que todos que possuam características associadas a esse quadro desenvolverão problemas de ordem socioemocional. Os desafios, na verdade, podem estar muito mais associados à falta de preparo dos contextos em que eles estavam inseridos, à falta de conhecimento e informação acerca do que são AH/SD ou de quais características esses indivíduos podem apresentar, assim como à dificuldade em conseguir receber apoio emocional e suporte curricular adequado para suas necessidades específicas e à lacuna de autoconhecimento acerca de suas potencialidades.

Nessa perspectiva, o que pode ser observado é que o tipo de reconhecimento e valorização que os indivíduos com AH/SD recebem ao longo da vida pode exercer importante papel no desenvolvimento ou não das habilidades superiores. Em muitos casos, as potencialidades podem ser mascaradas ou simplesmente não serem demonstradas até que o indivíduo consiga se inserir em um ambiente favorável e seguro para sua manifestação e expressão (Chagas-Ferreira, 2014).

Considerações finais

O objetivo principal deste capítulo foi apresentar a vivência clínica acerca da realidade abarcada pelos processos de avaliação psicológica no contexto das Altas Habilidades/Superdotação, bem como pelas experiências de vida encontradas na Mensa. As vivências apontadas nos tópicos anteriores permitem discussões a respeito de diferentes aspectos relacionados a população de superdotados, tais como a variedade de características que podem se manifestar e a necessidade de um processo de identificação que englobe os mais variados critérios.

Sendo assim, cabe a reflexão sobre o que, de fato, esses indivíduos precisam. A partir do reconhecimento de que possuem potencialidades, é necessário que recebam o suporte adequado para seu íntegro desenvolvimento. Será que o aumento na quantidade de conteúdos ou ainda tópicos mais aprofundados são suficientes? É comum percebermos que, a partir da necessidade de adequar estratégias, muitas iniciativas passam a ofertar conteúdos avançados, enriquecimento curricular e diferentes tipos de atividades, porém todos voltados a uma visão generalista, isto é, sob um olhar que se restringe ao diagnóstico, sem considerar as especificidades que podem ser encontradas a partir das diferenças individuais e sem perceber as necessidades específicas de cada caso (Brody, 2017).

A impressão que toma o espaço, muita das vezes, é de que embora a demanda cognitiva seja valorizada e reconhecida, os aspectos socioemocionais podem continuar no esquecimento. Diferentes características são apontadas na literatura científica como relacionadas ao "outro lado" da superdotação: grande sensibilidade emocional, capacidade de empatia, senso de humor, perfeccionismo e senso de justiça (Gross, 2014; Zaia et al., 2018). Todas essas características, as quais irão refletir nos comportamentos dos indivíduos, também precisam ser acolhidas e enxergadas, a fim de que se desenvolvam apropriadamente e tornem-se facilitadoras para o desenvolvimento dos aspectos cognitivos. Reconhecer sua importância pode preparar esses indivíduos não só para o ambiente escolar, mas para a vida e para as escolhas que poderão ser feitas, como casamento, amizades, paternidade/maternidade, relações de trabalho e quaisquer outros desafios que possam surgir (Peterson, 2014).

Desse modo, almeja-se que os relatos apresentados possam auxiliar na ampliação e disseminação de informações a respeito da variedade de características e habilidades que podem ser encontradas em indivíduos superdotados, assim como na desmistificação dos processos de identificação realizados por meio dos testes psicológicos.

Referências

Almeida, L. S., Araújo, A. M., Sainz-Gómez, M., & Prieto, M. D. (2016). Challenges in the identification of giftedness: Issues related to psychological assessment. *Anales de psicología*, *32*(3), 621-627. http://dx.doi.org/10.6018/analesps.32.3.259311

Bahia, S., & Trindade, J. S. (2014). A importância da cooperação na sobredotação. In F. H. R. Piske, J. M. Machado, S. Bahia, & T. Stoltz (Orgs.), *Altas Habilidades/Superdotação (AH/SD): Criatividade e Emoção* (pp. 115-126). Juruá Editora.

Brody, L. E. (2017). Meeting the Individual Educational Needs of Students by Applying Talent Searchs Principles to School Settings. In J. A. Plucker, A. N. Rinn, & M. C. Makel (Eds.), *From Giftedness to Gifted Education: Reflecting Theory in Practice* (pp. 43-63). Prufrock Press Inc.

Chagas-Ferreira, J. F. (2014). As características socioemocionais do indivíduo talentoso e a importância do desenvolvimento de habilidades sociais. In A.

M. R. Virgolim & E. C. Konkiewitz (Orgs.), *Altas Habilidades/Superdotação, Inteligência e Criatividade* (pp. 283-308). Papitus Editora.

Gross, M. U. M. (2014). Issues in the social-emotional development of intellectually gifted children. In F. H. R. Piske, J. M. Machado, S. Bahia, & T. Stoltz (Orgs.), *Altas Habilidades/Superdotação (AH/SD): Criatividade e Emoção* (pp. 85-96). Juruá Editora.

Jarosewich, T., Pfeiffer, S. I., & Morris, J. (2002). Identifying gifted students using teacher rating scales: a review of existing instruments. *Journal of Psychoeducational Assessment, 20*, 322-336. https://doi.org/10.1177/073428290202000401

Pérez, S. G. P. B. (2009). A identificação das altas habilidades sob uma perspectiva multidimensional. *Revista Educação Especial, 22*(35), 299-328. http://www.ufsm.br/revistaeducacaoespecial

Peterson, J. (2014). Paying attention to the whole gifted children: why, when, and how to focus on social and emotional development. In F. H. R. Piske, J. M. Machado, S. Bahia, & T. Stoltz (Orgs.), *Altas Habilidades/Superdotação (AH/SD): Criatividade e Emoção* (pp. 45-65). Juruá Editora.

Renzulli, J. S., & Reis, S. M. (2017). Schools are places for talent development. In J. A. Plucker, A. N. Rinn, & M. C. Makel (Eds.), *From Giftedness to Gifted Education: Reflecting Theory in Practice* (pp. 21-42). Prufrock Press Inc.

Renzulli, J. S., & Reis, S. M. (2018). The Three-Ring Conception of Giftedness: A Developmental Approach for Promoting Creative Productivity in Young People. In S. I. Pfeiffer (Ed.), *APA Handbook of Giftedness and Talent* (pp. 185-199). American Psychological Association. http://dx.doi.org/10.1037/0000038-012

Silverman, L. K. (2009). The Measurement of Giftedness. In L. V. Shavinina (Ed.), *International Handbook on Giftedness* (pp. 947-70). http://dx.doi.org/10.1007/978-1-4020-6162-2 48

Zaia, P., Nakano, T. C., & Peixoto, E. M. (2018). Scale for Identification of Characteristics of Giftedness: Internal structure analysis. *Estudos de Psicologia (Campinas), 35*(1), 39-51. https://doi.org/10.1590/1982-02752018000100005

Zaia, P., Nakano, T. C., Miller, J., & Plucker, J. A. (2019). Identifying talented students efficiently and equitably. *Sobredotação, 16*, 109-124. https://www.aneis.org/wp-content/uploads/2019/07/revista_sobred_v16.pdf

Capítulo III

AVALIAÇÃO PSICOLÓGICA DE IDOSOS – ESPECIFICIDADES PARA AVALIAR TRANSTORNOS NEUROPSIQUIÁRTRICOS EM CONTEXTO CLÍNICO

Sabrina Martins Barroso

Trabalhar com pessoas idosas tem especificidades em qualquer contexto. Quando o trabalho visa avaliação clínica, respeitar essas características pode ser a diferença entre conseguir as informações pertinentes para diagnosticar e intervir ou tornar-se mais causa de sofrimento para os envolvidos. O presente capítulo objetiva apresentar uma reflexão sobre a avaliação clínica de transtornos neuropsiquiátricos em idosos, utilizando para isso um exemplo de caso clínico real. Para garantir o anonimato do idoso, seus dados de identificação foram alterados, mas mantidas as informações clínicas pertinentes para compreensão do processo avaliativo.

Preparação para avaliação clínica de idosos

No período entre 1900 e 2018, a expectativa de vida dos brasileiros passou de 33,7 para 76,3 anos (Instituto Brasileiro de Geografia e Estatística [IBGE], 2019). O rápido ganho em anos de vida marcou uma mudança de perfil comportamental e de saúde. O mito da fragilidade, bastante difundido ao longo dos anos, não representa a variedade de perfis dos idosos do século 21. Assim, o ponto de partida para quem deseja avaliar idosos é entender que envelhecer e adoecer não são sinônimos e que algumas limitações podem ser mais bem explicadas pela história de vida do que por uma discapacidade.

Com essa premissa presente como base de todo trabalho, cabe destacar que algumas vezes questões físicas ou transtornos neuropsiquiátricos ainda podem surgir. O impacto negativo das patologias no envelhecimento será influenciado pelo tipo e gravidade da manifestação, reserva cognitiva do idoso, existência de suporte social e de comorbidades. A avaliação clínica do idoso precisa considerar todos esses aspectos para definir em que focar, que instrumentos podem ser úteis e qual a melhor forma de abordar os pontos de interesse.

No caso de idosos mais jovens (60 a 70 anos) e mais saudáveis, o controle da saúde física deve ser observado, mas uma preocupação maior recai sobre possíveis transtornos emocionais e neuropsiquiátricos. Como tais idosos tendem a ser mais independentes, a avaliação clínica foca em sua capacidade funcional e a entende como mais importante que a presença ou não de um diagnóstico, no que é conhecido como Classificação Internacional de Funcionalidade - CIF (Swanson, Carrothers, & Mulhorn, 2003; World Health Organization [WHO], 2002). Nesse sentido, a checagem para humor deprimido auxilia, inclusive, na diferenciação de quadros demenciais ou problemas familiares psicossociais.

Quando os idosos têm acima de 70 anos ou são mais comprometidos, juntamente a avaliação cognitiva e emocional, é importante que o profissional atente para outras condições de saúde física e para possíveis efeitos de medicação. A polifarmácia pode gerar diversos confundidores e emular sintomas, portanto sua influência precisa ser analisada com cuidado.

Buscar instrumentos adequados para a avaliação da população idosa, não apenas em suas tabelas de normas, mas quanto a aplicação e sensibilidade, representa outro item importante de preparação para a avaliação. O Brasil ainda é carente de material adequado para avaliação de idosos quando comparado a outros países. Além disso, alguns dos testes e escalas que podem ser aplicados nessa população demonstram menor sensibilidade ou perdem capacidade preditiva quando utilizados com idosos, devido a especificidades dessa população. A ilustração desse ponto pode ser feita ao pensar na Escala Beck de Depressão, atualmente em sua segunda versão tendo uso permitido no Brasil (BDI-II; Beck, Steer, & Brown, 2011). Os itens desse instrumento avaliam aspectos físicos, cognitivos e comportamentais para identificação de um possível quadro depressivo. Como nos idosos as manifestações depressivas são muito mais cognitivas do que de outra ordem, há diferenças na percepção dos instrumentos quando se avalia a sintomatologia depressiva em idosos com a BDI ou com a Escala de Depressão Geriátrica (Maia, 2017).

Destaca-se, ainda, que nas avaliações de idosos, tal como ocorre em muitas avaliações infantis, frequentemente é necessário contar com a colaboração de informantes secundários. Tais informantes tendem a ser familiares dos idosos avaliados ou cuidadores contratados pelas famílias e fornecem dados pertinentes sobre a rotina, alterações comportamentais, medicação, mudanças súbitas de hábitos ou de humor, entre outros itens que o psicólogo avaliador precisa conhecer. Contudo, se o profissional escolher o informante errado ou se não souber direcionar seus questionamentos, pode ouvir um relato deturpado ou incompleto sobre as condições e características do idoso.

Uma última informação pertinente sobre a participação de terceiros ao longo da avaliação de idosos: se possível, evite que haja acompanhantes junto do idoso durante a avaliação. Algumas vezes, os idosos pedem a presença de um familiar enquanto são avaliados ou ficam muito ansiosos caso não os tenham presentes, e manter um familiar pode ser necessário. Contudo, os familiares tendem a responder pelo idoso quando o profissional faz perguntas, ou podem mostrar reações negativas diante de erros cometidos, o que impacta a qualidade da avaliação. Sempre que possível é melhor que apenas avaliador e idoso permaneçam no local quando a avaliação é realizada.

Avaliação clínica de transtornos neuropsiquiátricos

Como o presente capítulo foca na avaliação de transtornos neuropsiquiátricos, chama-se a atenção inicialmente para o que são tais transtornos. Um transtorno neuropsiquiátrico é gerado por alterações biológicas, mas possui manifestação comportamental e emocional. Dentro dessa categoria podem ser alocadas as demências e sua principal expoente, o Mal de Alzheimer. Podem, ainda, ser compreendidos os diferentes graus do Comprometimento Cognitivo (Leve ou Moderado) e déficits específicos em habilidades cognitivas (*American Psychiatric Association* [APA], 2014).

Não há um exame ou teste único que permita identificar a presença de transtornos neuropsiquiátricos. A avaliação dessas patologias é clínica, envolvendo questões sobre histórico de vida e integração de resultados de testes e escalas clínicas. Pode demandar, ainda, trabalho complementar de diferentes profissionais para acesso e interpretações de exames de neuroimagem, avaliação de vitaminas, hábitos alimentares e de sono, entre outros.

O caso relatado a seguir foi avaliado por demanda da filha, que percebeu alterações no comportamento da mãe (como chamar pessoas por nomes errados, trocar de roupa sem tomar banho) e esquecimentos (almoçar duas vezes e negar ter comido). A família inicialmente procurou um neurologista, que informou diagnóstico de "Demência Senil", mas a filha contestou esse diagnóstico, afirmando: "Minha mãe tem 72 anos, não é gaga. Minha sogra é bem mais velha e está bem. Ele mal olhou para ela e decidiu que ela caducou, mesmo eu dizendo que mãe estava bem até alguns meses atrás, ele nem quis saber". A filha, então, buscou uma avaliação neuropsicológica.

Considerando a demanda da filha o planejamento da avaliação focou em quadros neuropsiquiátricos relacionados ao envelhecimento e investigação de outras possíveis causas para os sintomas percebidos. Os quadros iniciais considerados incluíam Comprometimento Cognitivo Leve ou Moderado, Mal de Alzheimer, Demência Fronto-temporal, Depressão e carência de vitaminas associada a baixa estimulação.

Com esse quadro inicial em mente, organizou-se a avaliação para ocorrer ao longo de cinco encontros, sendo o primeiro dedicado a conversar com dona Camélia, o segundo para entrevista complementar com a filha e avaliação domiciliar, dois encontros dedicados para avaliação objetiva de aspectos cognitivos e emocionais, e um encontro para devolução de resultados. A apresentação dos dados de caracterização de dona Camélia e de seus resultados na avaliação encontram-se descritos e após tais resultados alguns aspectos da escolha metodológica e interpretação dos achados foram discutidos. Os encontros tiveram duração média de uma hora e foram realizados ao longo de três semanas. Além disso, foi pedido a família que marcassem uma consulta para dona Camélia e solicitassem ao médico avaliação de vitaminas B e D, glicemia (por vezes a hiperglicemia pode acarretar episódios de desorientação), TSH (indicador usado para avaliação de hipotireoidite, patologia que pode emular os sintomas de depressão).

Foram utilizadas como fontes fundamentais de informação entrevistas (com a avaliada e com a filha), observação do comportamento da avaliada e de aspectos ambientais da residência, e testes psicológicos aprovados pelo Sistema de Avaliação dos Testes Psicológicos – SATEPSI. Foram aplicados os testes Mini-exame do Estado Mental (Brucki, Campacci, & Juliani, 1994; Lourenço & Veras, 2006; Gondim et al., 2017), Figuras Complexas de Rey (Oliveira & Rigoni, 2010) e subteste Arranjo de figuras da Escala de Inteligência Wechsler para adultos (Nascimento, 2004). Como fontes complementares de informação, foram usados o Teste do Relógio (Atalaia-Silva & Lourenço, 2008), a Bateria CERAD (Morris et al., 1989; Bertolucci et al., 2001), Escala Geriátrica de Depressão versão de 15 itens – GDS-15 (Almeida & Almeida, 1999), e provas clínicas de encadeamento de pensamento e memória, conforme resolução 009/2018 do Conselho Federal de Psicologia. As características dos instrumentos não serão apresentadas detalhadamente devido ao espaço, mas informações sobre eles podem ser obtidas em seus manuais e referências.

Resultados da avaliação

Cliente: Dona Camélia (nome fictício), 72 anos completos no momento da avaliação, viúva (há 3 anos), mãe de três filhos. Segundo grau completo (Normalista), nunca exerceu a função de professora, sendo dona de casa desde que se casou. A família tinha uma situação financeira confortável e dona Camélia tinha renda própria, advinda de pensão do falecido marido, que foi motorista da Companhia Energética de Minas Gerais (CEMIG).

Dona Camélia morava com a filha, o genro e um neto de 12 anos, na casa deles, desde que se tornou viúva. Dormia sozinha em um quarto próprio. Como comorbidades possuía diagnóstico de diabetes e hipertensão arterial, ambas controladas por meio de medicação (Captopril 25 mg; Glifage XL 500 mg).

Informações coletadas na anamnese

A avaliada era natural de Caratinga – MG, mas se mudou para Belo Horizonte quando se casou, aos 17 anos. Relata que teve uma vida feliz ao lado do marido e que sua maior realização foram seus filhos. Relatou seu sofrimento com a morte abrupta do marido, que morreu em decorrência de um ataque cardíaco e que foi morar com a filha porque tem medo de escuro e tem medo de ficar sozinha em casa. Disse que estava bem e que as preocupações da filha eram infundadas. Alegou ter esquecido "alguma coisinha, mas não era para fazer esse drama". Disse que gostava de viver com a filha e o genro, mas sentia falta de sua casa e que a filha tinha cachorro e deixava entrar em casa, coisa que ela não achava certo, mas que nunca reclamou disso. Em suas palavras: "Maria foi um amor, me deu um quarto bonito, mas tem escada na casa e velho já viu, né? Tenho medo de cair porque minhas pernas já não são mais firmes como antes e o cachorro fica passando quando vou subir. (...) Não falei para ela não, embaixo só tem o quarto deles e não é certo tirar os donos da casa do quarto para hospedar visita".

Dona Camélia fez menção a ficar pouco tempo na casa da filha e quando questionada sobre isso, indicou que voltaria para casa, mas logo se corrigiu e, em tom de brincadeira, fez parecer que seria por ser idosa e ter poucos anos de vida. Em suas palavras: "Estou no quarto que ficava quando vinha visitar, aí me confundi. Mas não vale a pena o transtorno de mudar de quarto, porque dessa vez eu vim para ficar, mas com idoso já viu, né? É sempre por pouco tempo de qualquer maneira [sorriu]".

Soube informar os remédios que tomava, alegou ter o sono leve e dormir pouco, mas acordar descansada. Sobre sua rotina disse acordar por volta das 6h30m, tomar banho, descer para tomar café, ver televisão até o horário do almoço, depois fazer crochê ou ajudar em algo na cozinha, brincar com o neto quando ele quer, assistir à missa na televisão, rezar, ver novela ou programa do Silvio Santos, e ir dormir entre nove ou dez horas. Indicou que essa é a rotina dos fins de semana também, pois não sai de casa sozinha. Quando a filha pode acompanhá-la, vão ao *shopping* ou na casa do outro filho que mora na mesma cidade.

Sobre seu humor, disse que sempre foi alguém alegre e temente a Deus, o que a ajudou a superar muitos problemas. Disse que gostava jogar carteado com as amigas e de dançar, mas que não tem como fazer mais isso, porque o marido morreu e era com ele que dançava. Quanto ao jogo de cartas, disse que também parou, pois as amigas não jogam mais.

Informações coletadas com a filha

Maria (filha de dona Camélia) relatou vários episódios de esquecimento da mãe que teriam ocorrido ao longo do último ano. Relatou também alguns episódios de confusão mental, que envolveram trocar nomes de pessoas e confundir os netos com crianças mais jovens. Informou que a mãe sempre foi muito ativa, é bastante independente e faz algumas atividades em casa, citando como exemplo que organiza a própria cama, lava louça, faz comida algumas vezes e cuida do quintal.

Relata também que a mãe tem boa saúde e, por isso, não faz acompanhamento médico frequente. Levou ao neurologista quando percebeu os esquecimentos, mas "a experiência foi horrível, ela ficou agitada por dias, falando que se estivesse mesmo esquecida, queria esquecer aquele médico mal-educado". Indicou não perceber tristeza ou outro tipo de humor negativo na mãe e apenas percebeu que ela tem ficado mais no quarto ao longo do dia. Indicou que desde que foi morar em sua casa a mãe não encontra mais as amigas, pois eram as vizinhas da antiga rua e não costumam sair sozinhas, pois também são idosas (os bairros são distantes, embora fiquem na mesma cidade).

Falou, ainda, que a mãe sempre foi de fácil convivência, raramente pede algo e costuma estar bem-humorada. A filha apresentou queixas sobre os irmãos visitarem pouco e não colaborarem com os cuidados com a mãe, dizendo que gostaria que eles a buscassem para passear ou passar o fim de semana ou que ficassem com ela quando a família precisa viajar.

Observação do ambiente

A casa em que dona Camélia vivia era ampla e confortável. Não havia barras de apoio em nenhum local (banheiros, quarto), a escada não tinha um corrimão e sim um guarda-corpo de vidro. O quintal tinha outra escada, sem qualquer tipo de apoio ou proteção. Sala e cozinha tinham tapetes sem antiderrapante. O quarto de dona Camélia ficava no segundo andar e havia um banheiro perto, era amplo e bem ventilado, paredes claras, piso vinílico imitando madeira clara. A cama era muito alta para a avaliada, o que dificultava para que se deitasse e levantasse. Havia uma esteira ergométrica estragada no dormitório, usada como um "cabide de roupas usadas". Não havia televisor no quarto, sendo indicado que a avaliada assistia a missa diariamente no aparelho da sala, o que causava conflitos frequentes com o neto.

Avaliação das Funções Cognitivas

Ao longo dos dois encontros, dona Camélia mostrou-se lúcida e colaborativa, mas desorientada quanto ao local em que se encontrava (consultório da avaliadora). Houve contradições em suas explicações sobre porque não jogava mais cartas, o relacionamento com o neto e as atividades que realizava em seu cotidiano, mas todas seguidas de respostas retificadoras, tais como: "Eu não consigo ir sozinha, tenho medo de perder, mas elas também jogam bem menos agora", "Isso eu confundi porque era assim que queria que fosse" ou "Eu fazia muito almoço, agora que a Maria prefere fazer, acho que meu genro gosta mais do tempero da comida dela".

Os resultados observados com os instrumentos utilizados encontram-se apresentados na Figura 1. Por meio desses resultados pode-se observar que as funções cognitivas básicas (avaliadas pelo Mini-exame do estado mental) estavam rebaixadas, com déficits de atenção, controle inibitório, memória verbal de longo prazo, memória visual de evocação, planejamento, encadeamento de ideias e presença de confabulação interferindo no processo de recuperação de informações. Embora tenha conseguido contar as histórias do teste de Arranjo de Figuras, em alguns momentos começava a apenas descrever as imagens, mas percebia o próprio comportamento de forma independente e voltava a descrever as imagens ordenadas como uma sequência de história, ainda que pobre em detalhes. Os exames clínicos solicitados mostraram valores alterados de TSH e valores dentro da normalidade para os demais itens solicitados.

A avaliação emocional foi feita por meio da entrevista, observação de comportamento e da GDS-15. A escala indicou triagem positiva para depressão, enquanto os momentos de interação com dona Camélia mostraram vários pontos de insatisfação que não eram relatados à filha por receio de incomodar. Os principais foram o receio de queda pelo tipo de proteção da escada, discussões com o neto para que cedesse o televisor nos horários da missa e a necessidade que ele sintonizasse a missa – pois a avaliada não sabia usar o controle remoto da televisão e tinha medo de estragar o aparelho –, o fato de dormirem com todas as luzes da casa apagadas e de não sair de casa para ir à missa ou visitar as amigas.

Figura 1 – Resumo dos resultados encontrados nos instrumentos para dona Camélia

Fontes fundamentais de informação*			Fontes complementares de informação					
Mini-exame do Estado Mental	Figura Complexa de Rey	Arranjo de Figuras	Teste do Relógio	Bateria CERAD	GDS-15	Prova clínica: inferência e controle inibitório	Prova clínica: encadeamento de pensamento	Exames médicos
- Orientação Temporo-Espacial: 06 pontos; - Registros: 02 pontos; - Atenção e cálculo: 05 pontos; - Memória de evocação: 01 pontos; - Linguagem: 08 pontos; - Total de pontos: 22 [Pontuação esperada pela escolaridade: 28 pontos]	Cópia: Tipo I; 29 pontos (percentil 30); 8 minutos (percentil 80) Evocação: 08 pontos (percentil 30); 12 minutos (percentil 90)	Total de pontos: 08 pontos [Esperado: 10 ou +]	Evocação: 04 pontos [Esperada: 06 ou +] - Cópia: 10 pontos [Pontuação esperada: 06 ou +]	- Fluência verbal – animais: 14 palavras [Esperada: 13 ou +] - Atenção: 08 pontos [Esperada: 13+] - Comportamento automático: 02 pontos [Esperada: 02] - Memória verbal imediata: 1ª lista 05 pontos; 2ª lista 07 pontos; 3ª lista 07 pontos Total = 19 pontos [Esperada pela escolaridade: 14+] - Memória verbal de longo prazo: 04 pontos [Esperada: 05 +] - Memória verbal reconhecimento: 18 pontos [Esperada: 08+] - Memória semântica de longo prazo: 05 pontos [Esperada 05+]	Total: 08 pontos [Esperada: ≤ 07]	Processamento de inferência: 02 pontos [Esperada: 02] Controle inibitório: 0 pontos [Esperada: 02]	- Lembrou uma história infantil e a recontou de forma ordenada; - Houve presença de confabulação (atribuiu intenção que não estava na história para a personagens); - Fala coerente, sem intrusões, longas pausas, hesitação ou ecolalia (repetição de palavras).	Vitamina B12: 230 [Referência: 211 A 911 pg/mL] Vitamina D: 30,0 [Referência: 30,0 A 60,0 ng/mL] Glicemia: 92 [Referência: 60 A 99 mg/dL] TSH: 9,15 [0,48 A 5,60 microUI/mL

Nota. *Os resultados das entrevistas e observação foram incluídos ao longo do texto

Interpretação dos resultados e análise crítica da avaliação

Ao unir as informações sobre dona Camélia, percebeu-se que a única hipótese inicial que poderia ser descartada era a de Demência Frontotemporal, pelo tipo de início dos sintomas, estabilidade do quadro ao longo de um ano e ausência de comprometimento de linguagem (Teixeira-Jr & Salgado, 2006). Os achados cognitivos tanto poderiam indicar um quadro de Comprometimento Cognitivo Leve, quanto um diagnóstico inicial de demência (Barroso, 2020), ou ainda a influência do aspecto emocional (início de quadro depressivo) sobre as capacidades cognitivas. Havia também a possibilidade que um diagnóstico neuropsiquiátrico estivesse presente com a depressão como comorbidade. Ao trabalhar com idosos, a definição de uma hipótese diagnóstica deve considerar a conjuntura total e, sempre que houver dúvidas, cabe ao profissional escolher as possibilidades que minimizam os impactos negativos como hipótese preferencial de trabalho.

Optou-se por explicar as possibilidades de desfecho clínico à família e a necessidade de uma reavaliação após controlar o fator emocional. A proposta de encaminhamento feita a avaliada e sua família foi inicialmente intervir nos aspectos ambientais e no quadro emocional de dona Camélia, além de agendar uma reavaliação posterior para seis meses após a avaliação inicial. Esse tipo de decisão precisa ser bem fundamentado, porque a família tanto pode sentir-se aliviada com a reversão do diagnóstico incialmente recebido quanto se sentir incomodada pela indefinição e com a solicitação de uma nova avaliação, que implica custos e incertezas. Nesse momento, a entrevista de devolutiva se torna uma importante ferramenta de intervenção.

A entrevista de devolução foi agendada para dois momentos sequenciais, o primeiro apenas com dona Camélia e o seguinte com a presença da idosa e de sua filha. Na interação com dona Camélia, a conversa envolveu formas de promoção de bem-estar, o que achava de procurar psicoterapia e a necessidade de visitar um endocrinologista para verificar a possibilidade de hipotireoidismo não diagnosticado (a família ainda não havia levado os resultados dos exames para avaliação médica). Conversou-se, ainda, sobre atividades cognitivas que poderiam ser feitas até a próxima avaliação e atividades prazerosas que a avaliada poderia incorporar em seu cotidiano.

Com a presença da filha, retomou-se os possíveis diagnósticos e a necessidade de esclarecer melhor o impacto emocional sobre as funções cognitivas. Além disso, algumas solicitações de alterações ambientais e na rotina familiar foram discutidas. Como a missa era uma atividade importante para dona Camélia, a avaliadora havia levantado igrejas próximas a residência da família, em que talvez fosse possível a participação presencial da idosa nas celebrações semanais, e negociou-se que a família tentaria operacionalizar isso. Como alternativa, definiu-se que dona Camélia compraria um aparelho televisor e que seria feito um treinamento para que aprendesse a colocar no canal da missa de forma independente. A avaliadora mostrou como cobrir os botões menos necessários, para aumentar a chance de sucesso de dona Camélia. Além disso, negociou-se que um abajur seria colocado no quarto da avaliada, para que não precisasse dormir no escuro ou com a luz acesa (que a incomodava para descansar).

A maior preocupação ambiental da avaliadora eram as escadas. A avaliadora propôs a possibilidade que dona Camélia passasse a suíte do térreo, mas como essa ideia não foi bem recebida, negociou-se a troca do guarda-corpo da escada da casa por um com maior segurança, a colocação de um corrimão na escada do quintal e de antiderrapante em ambas, além da retirada de tapetes da residência.

A filha aceitou pensar sobre a utilização de carros de aluguel para levar dona Camélia para visitar as amigas e talvez a missa. Combinou-se que tentariam negociar com um motorista que já fazia alguns serviços para a família e que Maria acompanharia a mãe nas primeiras vezes, para aumentar a confiança de ambas. O último ponto acertado foi a data da reavaliação e depois houve tempo para que a avaliada e sua filha indicassem suas dúvidas e preocupações, sendo feita a entrega do laudo escrito. A possibilidade do quadro demencial permaneceu como uma preocupação para ambas. Elas perguntaram se havia possibilidade do diagnóstico ser de Alzheimer, se a depressão era grave e precisaria de psiquiatra, e se em seis meses dona Camélia ia piorar muito caso o foco da intervenção permanecesse apenas no aspecto emocional. Tais dúvidas foram sanadas e feito o acordo de acompanhamento até a próxima avaliação. A escolha da família foi acompanhar o quadro de sintomas depressivos com a psicóloga e não buscar um psiquiatra nesse primeiro momento.

Considerações finais

Cabe ao psicólogo garantir as condições necessárias para que a avaliação psicológica possa acontecer (Conselho Federal de Psicologia [CFP], 2013; CFP, 2018). Nesse sentido, há alguns documentos que podem ajudar a pensar os cuidados a serem tomados (CFP, 2018; CFP, 2019) e, quando a pessoa avaliada é idosa, cuidados complementares precisam ser considerados (Ávila, 2011; Ferreira & Ferreira, 2014; Studart Neto & Nitrini, 2016; Zibetti, Rodrigues, & Wagner, 2016).

Algumas dificuldades extras surgem ao avaliar condições neuropsiquiátricas em idosos, como a necessidade de conhecimentos complementares, maior integração com profissionais ou saberes de outras áreas, a realidade socioambiental e a influência medicamentosa nos possíveis sintomas observados, a possibilidade de comorbidades e as potencialidades. Todos esses aspectos precisam ser preocupações constantes para os profissionais. A carência de instrumentos formais e de um repositório de técnicas complementares e provas clínicas representam outro dificultador para os profissionais que trabalham com avaliação de idosos, pois obrigam os profissionais a procurar em diversas fontes quais os instrumentos existentes e potencialmente úteis para o processo de avaliação.

Há uma lacuna de conhecimento sobre as condições de vida e saúde dos idosos brasileiros e sobre a avaliação psicológica de idosos, mas tal lacuna não impede que essa área esteja em franca expansão no país. Com os cuidados necessários e com o olhar múltiplo e despido de preconceitos que essa população exige, é possível fazer um processo de avaliação psicológica rico e humanizado, que foque no bem-estar do idoso. A identificação precoce de déficits ou de condições que demandem intervenção é uma forma de auxiliar para que os idosos tenham mais anos produtivos e uma boa qualidade de vida.

Referências

American Psychiatric Association. (2014). *DSM-5: Manual Diagnóstico e estatístico de transtornos mentais*. Artmed.

Ávila, R. (2011). Avaliação neuropsicológica de pacientes com doença de Alzheimer. In: Brucki et al. (2011). *Demências Enfoque Multidisciplinar*: das bases fisiopatológias ao diagnóstico e tratamento (pp. 171-180). Atheneu.

Barroso, S. M. (2020). Treinamento cognitivo para Idosos com Comprometimento Cognitivo Leve. In M. Mansur-Alves, & J. B. Lopes-Silva (Orgs.), *Intervenção cognitiva*: dos conceitos e métodos às práticas baseadas em evidências para diferentes aplicações. Editora t.ser.

Beck, A. T., Steer, R. A., & Brown, G. K. (2011). *Inventário de depressão de Beck – Versão II (BDI-II)*. Editora Casa do Psicólogo.

Conselho Federal de Psicologia. (2013). *Cartilha avaliação psicológica*. http://satepsi.cfp.org.br/docs/cartilha.pdf

Conselho Federal de Psicologia. (2018). *Resolução nº 09, de 25 de abril de 2018*. http://satepsi.cfp.org.br/docs/Resolu%C3% A7%C3%A3o-CFP-n%-C2%BA-09-2018-com-anexo.pdf

Conselho Federal de Psicologia. (2019). *Resolução nº 06, de 29 março de 2019*. https://site.cfp.org.br/wp-content/uploads/ 2019/09/Resolu%C3%A7%-C3%A3o-CFP-n-06-2019-comentada.pdf.

Ferreira, R. S., & Ferreira, S. B. (2014). Particularidades da avaliação neuropsicológica do idoso. In: Caixeta, L., & Teixeira, A. L. (Orgs.), *Neuropsicologia geriátrica* (pp. 67-74). Artmed.

Instituto Brasileiro de Geografia e Estatística. (2019). *Expectativa de vida do brasileiro*. https://agenciadenoticias.ibge.gov.br/agencia-noticias/2012-agencia- de-noticias/noticias/26103-expectativa-de- vida-dos-brasileiros--aumenta-para-76-3-anos-em-2018

Maia, A. Z. (2017). *Avaliação da escala de depressão geriátrica e do inventário de depressão de beck como instrumentos de caracterização da sintomatologia depressiva em longevos* [Dissertação de Mestrado, Pontifícia Universidade Católica do Rio Grande do Sul]. TEDE PUCRS. http://tede2.pucrs.br/tede2/handle/tede/7520

Studart Neto, A., & Nitrini, R. (2016). Subjective cognitive decline: The first clinical manifestation of Alzheimer's disease? *Dementia e Neuropsychologia, 10*(3), 170-177.

Swanson G., Carrothers, L., & Mulhorn, K. A. (2003). Comparing disability survey questions in five countries: a study using ICF to guide compariosons. *Informa Healthcare, Disability and rehabilitation, 11*, 665 - 675.

Teixeira-Jr, A. L., & Salgado, J. V. (2006). Demência fronto-temporal: aspectos clínicos e terapêuticos. *Revista de Psiquiatria do Rio Grande do Sul, 28*(1), 69-76.

World Health Organization. (2002). *Towards a Common Language for Functioning, Disability and Health - ICF*. [WHO/EIP/GPE/CAS/01.3].

Zibetti, M. R., Rodrigues, J. C., & Wagner, G. P. (2016). Psicodiagnóstico e intervenções neurocognitivas em idosos. In: C. S. Hutz, D. R. Bandeira, C. M. Trentini, & J. S. Krug (Orgs.), *Psicodiagnóstico* (pp. 382-395). Artmed.

Capítulo IV

AVALIAÇÃO PSICOLÓGICA INCLUSIVA DE PESSOAS SURDAS NO CONTEXTO DA ORIENTAÇÃO PROFISSIONAL E CARREIRA

Leonardo de Oliveira Barros

A deficiência auditiva

A deficiência é uma condição resultante da interação entre a pessoa com deficiência e barreiras ambientais ou comportamentais que impedem uma participação plena e igualitária na sociedade (Convenção das Nações Unidas sobre os Direitos das Pessoas com Deficiência, 2009). A partir dessa perspectiva, a definição de deficiência não é pautada apenas no modelo biomédico individualizado, mas busca agregar os determinantes históricos, culturais, grupais para assim estabelecer um modelo social. Na compreensão da temática, é importante considerar não só os aspectos de funcionalidade, incapacidade ou limitações oriundas da condição física em questão, mas também analisar o impacto dos fatores ambientais e contextuais na inclusão ou criação de barreiras (*Word Health Organization*, 2011). Logo, considerar as multideterminações da deficiência implica em reconhecer que também não há homogeneidade na sua vivência, dado que os indivíduos são diversos, com experiências diferentes e não passíveis de generalizações ou estereótipos comumente criados para este público.

De acordo com o Ministério da Saúde (2017), a deficiência auditiva é caracterizada pela redução ou perda da habilidade auditiva de um indivíduo e é dividida em cinco tipos: (1) Ligeira (gera dificuldade em ouvir uma conversa normal); (2) Média (dificuldade na aquisição de linguagem, necessidade de leitura labial para compreensão do que é dito); (3) Severa (perturbações na voz e na fonética das palavras); (4) Profunda (nenhuma sensação auditiva); (5) Cofose (surdez completa, ausência total de som). A deficiência auditiva pode ser do tipo congênita (existir desde o nascimento) ou adquirida (surgir ao longo da vida), sendo que as causas mais comuns são questões hereditárias, doenças da mãe ao longo da gestação (rubéola, meningite, entre outros), prematuridade ou nascimento tardio, lesão neurossensorial, rompimento do tímpano e envelhecimento natural.

As variações nos níveis de surdez e do momento em que ela ocorre resultam em formas diferentes de vivenciar a deficiência auditiva e de se comunicar com as demais pessoas. No senso comum, é frequente a ideia de que as pessoas com deficiência auditiva sejam "surdas-mudas", termo que além de estereotipado é equivocado. De tal modo, é possível que os surdos sejam oralizados, ou seja, que se comuniquem verbalmente pela Língua Portuguesa mesmo que não conheçam ou escutem os sons. No caso dos surdos não verbais, pode ser que esses sejam sinalizados e utilizem a Língua Brasileira de Sinais (Libras) como idioma primário. Em geral, havendo a preservação das cordas vocais, a forma de comunicação está associada ao momento evolutivo da deficiência que pode surgir antes do desenvolvimento da linguagem (pré-linguístico) ou após o desenvolvimento da linguagem (pós-linguístico). Fatores como forma de letramento e alfabetização empregada, contato precoce com a Libras ou início dos estímulos para oralização também influenciam em como a comunicação será estabelecida (Silva, Del-Masso & Lopes, 2018).

O estilo de comunicação por meio de Libras acaba por formar um grupo linguístico próprio, conhecido como comunidade surda. Assim, há uma vertente que defende que ser surdo é apresentar uma diferença linguística e não uma deficiência (Borges et al., 2020). Para esses, o termo deficiência auditiva estaria mais relacionado a denominações da área da saúde na qual há maior preocupação e interesse em compreender e identificar a insuficiência auditiva, bem como serve para identificar aqueles que apresentam perda auditiva, mas que não são considerados surdos. Logo, se do ponto de vista orgânico e das legislações os surdos e demais pessoas com deficiência auditiva não-surdas são considerados como integrantes da mesma categoria, do ponto de vista experiencial e cultural há diferenciações evocadas pelos próprios grupos e que devem ser respeitadas.

O campo laboral e educacional de surdos

Considerando os dados do Instituto Brasileiro de Geografia e Estatística (IBGE, 2018) referentes ao censo demográfico de 2010, o número de pessoas com deficiência no Brasil corresponde a 6,7% da população, sendo 1,1% dos brasileiros pessoas com deficiência auditiva. De tal modo, há um contingente significativo de pessoas acometidas em algum grau por esse tipo de deficiência, tornando fundamental o debate acerca da efetivação dos direitos e da acessibilidade dos espaços e serviços para o atendimento dessa população.

A discussão acerca da inserção laboral de pessoas surdas é importante visto que o trabalho possibilita o desenvolvimento pleno do indivíduo e a sua emancipação por meio da independência financeira. Além disso, o trabalho favorece o processo de inclusão social dos surdos pelo convívio com outras pessoas ao mesmo tempo em que pode proporcionar ganhos na autoestima (Freitas, Maranhão, & Félix, 2017). Todavia, conforme apontado por Leão e Albuquerque (2019), esse público encontra resistência por parte dos empregados para a contratação que, em geral, apenas ocorre para o cumprimento da lei de cotas. Ainda de acordo com os autores, para que haja a inclusão no trabalho é necessário que se realize um processo seletivo não discriminatório, que se construa um local de trabalho capaz de integrar o trabalhador ao cotidiano da organização e que se eliminem as barreiras existentes por meio de capacitação da equipe sobre as especificidades da deficiência.

Dentre as dificuldades comumente identificadas para a contratação de surdos, encontram-se as barreiras na comunicação, dado que pode ser necessária a presença constante de um intérprete de Libras, uma vez que sem ele a pessoa tende a ser segregada no ambiente de trabalho, ficando isolada dos demais trabalhadores ou deslocada em relação ao cotidiano da organização. Outro motivo frequentemente identificado refere-se a baixa formação do público, tal aspecto comum a todos os tipos de deficiência. A questão do acesso à formação deve ser pauta central nas discussões, haja vista que no Brasil a renda e oportunidades de avanços sociais estão fortemente associadas ao nível de escolaridade (IBGE, 2019). Assim, a garantia de condições plenas de inserção social começa pelo acesso aos ambientes educacionais em seus diversos níveis, cabendo ressaltar que a inclusão nesses espaços não deve ser entendida como uma mera alocação de um aluno surdo nas salas regulares, mas sim como o desenvolvimento de práticas pedagógicas que respeitem a diversidade e as especificidades.

De acordo com o Censo Escolar 2018, o número de matrículas de estudantes com necessidades especiais, do ensino fundamental ao médio, cresceu 33,2% no período de 2014 a 2018, sendo que 92,1% estavam inseridos em classes comuns (INEP, 2018). Ao considerar os dados referentes ao ensino superior, observa-se que também há um aumento cada vez maior do número de pessoas com deficiência auditiva matriculadas em instituições públicas e privadas (INEP, 2015). Na reflexão sobre o acesso ao ensino superior, é importante considerar as condições de manutenção do aluno surdo durante toda a formação e não apenas o seu ingresso. Conforme indicado por Sanches e Silva (2019) as maiores dificuldades encontradas nas universidades são relativas ao processo de ensino e aprendizagem definidos exclusivamente a partir da lógica dos ouvintes, nem sempre considerando o ensino bilíngue, a cultura surda e o uso de Libras.

Orientação Profissional e de Carreira com surdos: métodos avaliativos

A Orientação Profissional e de Carreira (OPC) é um processo de facilitação à escolha, construção e manutenção da carreira profissional (Savickas, 2011). Esse serviço pode ser necessário em fases distintas da vida e tem como foco o desenvolvimento dos papéis profissionais e a compreensão das variáveis que se relacionam ao processo de tomada de decisão. No que se refere ao atendimento de pessoas com deficiência, a OPC pode auxiliar na efetivação da inclusão, tendo em vista que contribui para a autonomia e delineamento de projetos de vida e laborais mais satisfatórios (Lopes, 2006). Assim, intervenções de carreira adequadas às especificidades da pessoa com deficiência, ao mesmo tempo em que contribuem para a eliminação de barreiras podem e devem colocar o sujeito como protagonista das suas decisões (Barros & Murgo, 2014).

No que se refere ao desenvolvimento de carreira de pessoas com deficiência, sabe-se que ele pode ser facilitado quando há o desenvolvimento da autoconfiança e o apoio por parte dos colegas e familiares, bem como a integração a um ambiente de trabalho acessível que permita o desempenho adequado das suas funções (Barros & Ambiel, 2019). Ainda, os processos em OPC junto a esses públicos devem contemplar temas para além dos tradicionalmente abordados, como ênfase nas ações de autoconhecimento, reflexão das potencialidades, resiliência e crenças positiva na superação de estigmas (Castilho, Gontijo, Alves, & Souza, 2011). É fundamental que as intervenções possibilitem um espaço adequado para que haja a confrontação entre os projetos de vida idealizados e a realidade imposta pela deficiência. Se por um lado a deficiência não deve funcionar como barreira para uma vida laboral satisfatória, tão pouco ela deve ser negada em relação aos desafios e limitações que surgirão na construção da carreira.

Há poucos relatos disponíveis na literatura sobre OPC com surdos, mas que podem servir de ponto de partida para a elaboração de intervenções, por meio das reflexões acerca da estruturação e temas já contemplados e testados. As publicações disponíveis sugerem que ao longo do processo sejam contempladas temáticas como legislações trabalhistas e direitos sociais, sendo a OPC um possível meio de acompanhamento do ingresso e permanência em cursos de formação ou no mercado de trabalho (Heinrichs, Lopes, & Lopes, 2018). Quando acontece em serviços de habilitação e reabilitação, pode contribuir para a colocação competitiva dos surdos no trabalho e auxiliar na conscientização de que o trabalho é um direito e uma possibilidade de crescimento pessoal e profissional (Santos & Teixeira, 2019). Em relação as variáveis de carreira, Michael, Cinamon e Most (2015) sugerem que a autoeficácia para decisões de carreira podem facilitar os níveis de projeção de futuro em populações surdas.

Nesse sentido, o orientador profissional precisa conhecer as especificidades e diferenças entre os tipos de deficiência auditiva para que consiga conduzir intervenções adequadas para cada cliente. Cabe ressaltar que não há uma fórmula pronta ou um protocolo rígido a ser seguido igualmente para todos os clientes e em todos os contextos, porém a flexibilidade na elaboração das intervenções não significa desconsiderar o que a área já produziu de evidências em relação a efetividade das práticas (Ambiel,

Barros, Cardoso, Tofoli, & Bacan, 2017). Assim, além da formação teórica e prática que resulte em competências adequadas para atuação em OPC (Barros, Ambiel, & Noronha, 2019), cabe ao orientador ter formação que permita avaliar a adequação do espaço físico no respeito às normas de acessibilidade, bem como ter criticidade na seleção de instrumentos e técnicas a serem utilizadas nos processos (Barros & Ambiel, 2019).

Nas intervenções de carreira é comum o uso de instrumentos de avaliação psicológica para a mensuração de diversos construtos, com predomínio da investigação dos interesses profissionais (Barros et al., 2019). Ao pensar o uso de instrumentos psicológicos com pessoas surdas – ou com outras deficiências – é fundamental que se utilize de instrumentos que sejam adequados e acessíveis, como também que tenham normas psicométricas específicas para o grupo (*American Psychological Association*, 2011). Ainda, na aplicação do instrumento é importante avaliar se o cliente possui fluência na língua portuguesa para realizar a leitura dos itens e responder ao instrumento ou se há sinais adequados e suficientes para a tradução em Libras durante a aplicação. Cabe ressaltar que a adaptação do formato do teste ou da aplicação (padronização) sem pesquisas que assegurem a manutenção das propriedades originais pode prejudicar os resultados gerados e sua interpretação, ao mesmo tempo que se constitui como uma infração ética (CFP, 2005).

Conforme destacado pela Resolução 09/2018 (CFP, 2018), a avaliação psicológica não se restringe ao uso dos testes psicológicos, podendo o profissional utilizar de uma ampla gama de ferramentas como entrevistas, protocolos de observação, documentos técnicos e técnicas e instrumentos não psicológicos que possuam respaldo na literatura científica. Dessa maneira, na ausência de testes psicológicos construídos ou validados para o uso junto à população surda, o uso de outras ferramentas pode trazer informações mais adequadas e com maiores contribuições ao processo (Barros, 2019). Cabe destacar que no campo da OPC o uso de ferramentas e técnicas não padronizadas ou não privativas já é prática consolidada entre os orientadores (Barros et al., 2019), de modo que sua aplicação pode ser facilmente conduzida com públicos específicos desde que haja conhecimento do orientador em relação ao manejo da técnica e das especificidades da população-alvo. Todavia, é fundamental que o orientador tenha criticidade na escolha das técnicas ou ferramentas, optando por aquelas que tenham respaldos científicos sobre sua validade e eficácia (Ambiel, Campos, & Campos, 2017) tal como a ferramenta apresentada no próximo tópico.

Minha História de Carreira (MHC): uma possibilidade avaliativa

A *Minha História de Carreira* foi desenvolvida por Savickas e Hartung (2012) e é pautada na Teoria de Construção de Carreira (Savickas, 2013). Seu objetivo é contribuir com o processo de aconselhamento de carreira por meio da autorreflexão e da reescrita da identidade narrativa. O instrumento pode ser utilizado individualmente ou em grupo, sem a intervenção de um orientador, bem como ser incluído como uma atividade ou constituir-se como o próprio programa de aconselhamento de carreira para indivíduos do ensino médio, superior ou de adultos. O MHC pode facilitar o processo de tomada de decisão, assim como os níveis de adaptabilidade de carreira, autoeficácia, sentido de vida, identidade profissional, entre outros (Souza, 2019). O instrumento contém três partes:

- *Parte I – "Contar a minha história"*: Parte inicial da ferramenta que tem como objetivo as respostas do cliente às questões de reflexões sobre si, problema de carreira e interesses. Inicialmente o orientando é convidado a contar sua história, a questão que enfrenta e suas expectativas em relação a ferramenta. Posteriormente, o cliente deve listar as atividades profissionais ou trabalhos de interesse, figuras que admirava na infância, revistas ou programas de televisão favoritos. Por fim, solicita-se que o cliente conte sua história favorita de livro ou filme e que identifique a frase ou lema da sua vida.
- *Parte II – "Ouvir a minha história"*: Nesta etapa o orientador assume a tarefa de facilitar a identificação de significados por parte do cliente. Com base nas respostas anteriores, o objetivo nesta etapa é que o cliente explore o seu problema central, necessidades e encontre as soluções. Assim, o cliente deve assumir o papel de personagem principal da sua história e da sua carreira, conhecer o contexto de trabalho e compreender o roteiro do seu percurso de vida laboral.

- *Parte III – "Realizar a minha história":* Objetiva elaborar um plano realista e detalhado para colocar a própria história em ação. Nesta etapa o cliente deve estabelecer objetivos alcançáveis, credíveis, concretos e mensuráveis para sua carreira.

A ferramenta MHC foi traduzida oficialmente para o Brasil por Claudia Sampaio Corrêa da Silva (UFRGS), Andrea Knaben (UFPR), Marucia Patta Bardagi (UFSC) e coordenação de Maria Eduarda Duarte (ULISBOA) e encontra-se disponível para acesso e *download* no site da Associação Brasileira de Orientação Profissional – ABOP (http://abopbrasil.org.br/). A versão original e demais ferramentas baseadas na Teoria de Construção de Carreira podem ser acessadas em http://www.vocopher.com/. Na próxima seção será apresentado um caso de aplicação da ferramenta em uma cliente surda.

Caso clínico

Fernanda é uma adolescente de 17 anos, surda congênita, estudante do terceiro ano do ensino médio de uma escola pública e falante de Libras. A adolescente procurou o serviço de OPC por se encontrar indecisa frente às opções profissionais após a conclusão do ano escolar. De acordo com ela, seu interesse era em cursar o nível superior, estando dividida entre os cursos de Psicologia, Pedagogia e Fotografia. Além da indecisão, relatou ter medo de não conseguir ter um desempenho satisfatório na faculdade, pois não sabe como as universidades lidam com os alunos surdos, se os professores conseguiriam ensiná-la e se os colegas seriam receptivos. A cliente estuda na mesma escola desde o início do ensino fundamental, praticamente com as mesmas pessoas, de modo que a escola e seus professores estavam bem adaptados às suas necessidades, assim como seus colegas se relacionavam de forma natural com ela.

Outra preocupação era sobre ter que mudar de cidade para fazer faculdade, já que seus pais não apoiariam uma possível mudança e ela não se sentiria muito segura também. Ela relatou que é filha única de pais ouvintes. Acerca das profissões, seu pai é motorista, a mãe enfermeira e, de acordo com a adolescente, nenhum dos dois a pressionava para que ela escolhesse uma profissão ou um curso. Dentre seus objetivos de vida profissional, busca conseguir uma boa qualificação por meio da faculdade para que consiga encontrar um emprego que lhe permita ter independência financeira e viajar bastante.

Ao considerar que a cliente apresentava um padrão de opções de cursos congruentes, não havendo a indicação de cursos contraditórios em relação ao perfil (por exemplo, estar em dúvida entre um curso de humanas e um curso de exatas), o orientador optou por utilizar a ferramenta Minha História de Carreira. O objetivo era de que a cliente refletisse sobre o seu desenvolvimento e identidade profissional, tendo em vista que as inseguranças pareciam ser mais inerentes às dúvidas sobre como a surdez seria recebida no contexto universitário do que sobre indecisões quanto a escolha de um curso. Originalmente, a ferramenta é respondida por escrito pelo cliente, mas no atendimento de Fernanda o orientador a utilizou como um roteiro de entrevista, de modo que as atividades das seções foram traduzidas em Libras e realizadas ao longo de três encontros.

No primeiro encontro, foi realizada a parte I da ferramenta. Nessa etapa, a cliente narrou que sua questão de carreira era sobre como lidar com a escolha de um curso universitário e como a surdez seria encarada nesse contexto. Em relação a utilidade das atividades do MHC, disse que esperava que contribuíssem para que ela ficasse mais tranquila em relação ao processo e fizesse uma boa escolha. Acerca das atividades profissionais, relatou estar pensando em Psicologia, Pedagogia e Fotografia. Ao ser questionada sobre quem admirava na infância (heróis ou heroínas), identificou os seguintes personagens e características: a) sua avó por ser uma pessoa cuidadosa, bondosa e paciente; b) o Pequeno Príncipe, porque ele viajou por muitos lugares, era amigo de todo mundo e confiava nas pessoas; c) Lindinha (As Meninas Superpoderosas), por ser boazinha e carinhosa.

Questionada sobre suas revistas ou programas de televisão favoritos, informou ter interesse em acompanhar novelas em geral, pois gosta de conhecer as histórias das pessoas, ver canais do *Youtube* sobre viagens, porque mostram lugares bonitos, e assistir à série *Grey's Anatomy*, porque sempre estão fazendo coisas diferentes para salvar pessoas. Sua história favorita atualmente ainda é o Pequeno Príncipe, sobre um garoto que conta sua história para um homem no deserto e sua passagem por vários planetas, conhecendo diferentes pessoas e apresentando seu amor pela rosa e pela raposa. Por fim, a cliente conta que sua expressão favorita é "sempre em frente".

No segundo encontro, buscou-se dar sequência à ferramenta por meio das discussões da Parte II. Nessa etapa, o objetivo é reunir todas as histórias contadas na etapa anterior e compor uma história maior na qual o cliente seja o protagonista principal, atue em um contexto de trabalho especificado e com um roteiro que explique o percurso da sua carreira. Assim, na análise de quem a cliente era ou estava se tornando a partir das suas respostas, discutiu-se a influência de seus heróis na construção dos seus valores e da sua identidade. Seus personagens admirados na infância apresentam características comuns referentes ao cuidado e afeto para com outras pessoas. Ao perceber essa semelhança, Fernanda diz que se preocupa mesmo com as outras pessoas, que busca ser atenciosa, carinhosa, mesmo quando não é bem compreendida.

Seus interesses expressos diante dos programas e filmes que gosta de assistir apresentam em comum o fato de também demonstrar o cuidado em relação aos outros e por conhecer a história de outras pessoas a partir de suas perspectivas. Nessa etapa da ferramenta, é possível avaliar os tipos de interesses profissionais, ambientes de trabalho e personalidade vocacional a partir dos seis tipos propostos por Holland (1997). De acordo com Savickas e Hartung (2012), essa questão retrata o contexto no qual o indivíduo gostaria de trabalhar. As respostas da cliente fornecem um padrão congruente, visto que dois dos seus programas preferidos são do tipo Social, caracterizados pela preferência em trabalhar ajudando, ensinando e auxiliando pessoas. O terceiro programa preferido (canal de viagens) refere-se ao tipo Artístico, marcado pela valorização do estético, da arte e da resolução de questões artísticas. Assim, seus interesses expressos (Psicologia, Pedagogia e Fotografia) são compatíveis aos seus interesses inventariados (social e artístico), reforçando que não há de fato dificuldade para a escolha em si.

Ao analisar o Enredo da carreira a partir da sua história favorita, a cliente percebe que tem vontade em ouvir a história de muitas pessoas de um modo respeitoso, como o piloto escuta a história do Pequeno Príncipe. Segundo ela, seu sucesso profissional seria ela ser capaz de ser afetuosa, em locais que envolvam outras pessoas para poder ajudar o máximo de pessoas possível. Frente a isso, a cliente foi convidada a recontar sua história a partir dos significados que ela atribuiu e de como eles poderiam auxiliar a resolver sua questão de carreira apresentada no início do processo. Em relação a exploração das atividades profissionais que estava considerando, utilizou-se o espaço da sessão para pesquisar faculdades na cidade que ofereciam os três cursos desejados, bem como para uma primeira pesquisa sobre a grade curricular e o campo de trabalho. Nessa fase, a cliente disse que o curso de Fotografia seria uma opção por gostar de viagens, mas que poderia não ser com o que gostaria de trabalhar.

No terceiro encontro, o objetivo foi abordar a Parte III da MHC, com foco no planejamento de como realizar a história da cliente. No estabelecimento dos objetivos (reflexão), Fernanda colocou como metas agendar visitas às universidades para observar como eram as questões de acessibilidade das aulas e do campus, conversar com profissionais da Pedagogia, Psicologia e Fotografia para coletar mais informações sobre os cursos e o campo trabalho, e pesquisar por grupos de universitários surdos nas redes sociais para saber como foram as experiência deles no ensino superior. Para que sua história se tornasse real, escolheu relatar e discuti-la com seus pais, que foram as figuras identificadas como aquelas de valor e que poderiam lhe dar um suporte em caso de dificuldades.

Após o encerramento do processo, foram realizados dois *follow-ups*, sendo o primeiro após seis meses e próximo ao período do vestibular. Nesse, a cliente informou que havia feito sua inscrição para o curso de Psicologia como primeira opção, pois gostaria de trabalhar ajudando outros surdos. Em relação a instituição de ensino, optou por uma da sua própria cidade e informou que nas visitas ao campus, juntamente aos seus pais, conheceram o núcleo específico de atendimento à acessibilidade e inclusão da universidade e que havia uma estrutura para lidar com alunos surdos. O segundo *follow-up* ocorreu quando ela já estava finalizando o primeiro semestre da graduação. Nesse, a cliente relatou que estava gostando do curso, que seus professores estavam se esforçando para ajudá-la nas suas dificuldades e que havia um intérprete durante as aulas.

Considerações finais

O objetivo do presente capítulo foi discutir sobre a prática da avaliação em psicológica no contexto da Orientação Profissional e de

Carreira com pessoas surdas. Nesse sentido, inicialmente foi realizada uma breve contextualização sobre a deficiência auditiva em seus aspectos biológicos, psicológicos e sociais. Ao analisar a temática da inclusão laboral e educacional dos surdos, foi possível observar que as maiores dificuldades ainda são relativas ao preconceito que o grupo recebe, uma vez que as organizações desconsideram as potencialidades e contribuições que o indivíduo poderia oferecer e foca-se na deficiência. Além disso, uma grande barreira decorre do nível comunicacional, visto que Libras não é uma língua ensinada para todos, dificultando o processo de inclusão e integração de uma parcela de surdos na sociedade.

No capítulo, reforçou-se a importância dos serviços de OPC enquanto instância promotora de justiça social e inclusão. Conforme destacado por Cardoso, Duarte e Sousa (2016), nos serviços de carreira é fundamental considerar o contexto no qual o indivíduo está inserido, já que é esse que produz discriminação e opressão. Assim, A OPC com surdos ou com pessoas com outras deficiências/condições específicas não devem reforçar estereótipos ou encontrar respostas com foco exclusivo no indivíduo, mas ter um olhar crítico para as demais instâncias que impactam no processo de construção de carreira desses grupos. A criticidade deve também se estender aos referenciais teóricos, metodológicos e instrumentais utilizados durante as intervenções.

Sob essa perspectiva, a escolha por instrumentos de avaliação psicológica deve respeitar as diretrizes éticas da profissão, constituindo-se como medidas adequadas ao público e ao contexto no qual a avaliação se insere. No caso da avaliação psicológica com surdos em OPC, cabe ao orientador/psicólogo selecionar as ferramentas com condições de uso, sendo que ao optar por testes psicológicos devem ser analisadas as evidências de validade, normas de aplicação e interpretação específicas ao grupo. Conforme a discussão apresentada neste capítulo, há outras opções de instrumentos para conduzir um processo de avaliação psicológica no contexto da OPC, tais como a técnica apresentada.

A ferramenta Minha História de Carreira apresenta-se como uma possibilidade avaliativa adequada ao atendimento de surdos em OPC. Cabe ressaltar que o caso apresentado neste capítulo tem como objetivo indicar caminhos para atuação, mas sem a intenção de ser um molde fixo. A cliente do caso pode não representar todas as pessoas surdas, de modo que cada intervenção deve ser pensada a partir do cliente que busca o serviço. Além disso, o orientador tinha competências para o manejo da ferramenta e era fluente em Libras. Assim, é fundamental que os orientadores aperfeiçoem suas competências para o uso de instrumentos e técnicas psicológicas (Barros et al., 2019), bem como busquem se especializar nas especificidades dos públicos ao quais pretende atender.

Por fim, sugere-se que os orientadores divulguem suas práticas com surdos em congressos ou revistas da área, dado que esse não é um tema facilmente abordado na literatura. A disseminação de práticas pode contribuir para que outros profissionais se interessem pela temática e desenvolvam práticas inclusivas, assim como pode possibilitar que sejam replicadas a fim de que se analisem as evidências de eficácia. De tal modo, haveria avanços para o campo da OPC e da avaliação psicológica, tornando mais eficiente os serviços ofertados e alcançando uma população mais diversa. Portanto, pensar na acessibilidade dos serviços e instrumentos de carreira é contribuir para o desenvolvimento de uma sociedade mais plural, equitativa e inclusiva.

Referências

American Psychological Association. (2011). Guidelines for assessment of and intervention with persons with disabilities. *The American Psychologist, 67*(1), p. 43. https://doi.org/10.1037/a0025892.

Ambiel, R. A. M., Barros, L. O., Pereira, E. C., Tofoli, L., & Bacan, A. (2017). Avaliação de processos de orientação profissional e de carreira: problemas e possibilidades. *Avaliação Psicológica, 16*(2), 128-136.

Ambiel, R. A. M., Campos, M. I., & Campos, P. P. T. V. Z. (2017). Análise da Produção Científica Brasileira em Orientação Profissional: Um Convite a Novos Rumos. *Psico-USF, 22*(1), 133-145.

Barros, L. O. (2019). Avaliação psicológica de pessoas com deficiência: reflexões para práticas inclusivas. In Conselho Federal de Psicologia (Org), *Prêmio profissional avaliação psicológica direcionada a pessoas com deficiência* (p. 34-48). Conselho Federal de Psicologia.

Barros, L. O., & Ambiel, R. A. M. (2019). Construção de carreira de pessoas com deficiência: possibilidades avaliativas. IN C. R., Campos & T. C. Nakano. (Org.), *Avaliação psicológica direcionada a populações específicas: técnicas, métodos e estratégias.* Vetor.

Barros, L. O., Ambiel, R. A. M., & Noronha, A. P. P. (2019). Indicadores de formação teórica e prática de orientadores profissionais e de carreira. *Revista Brasileira de Orientação Profissional, 20*(2), 107-118.

Barros, L. O., & Murgo, C. S. (2014). Orientação Profissional e deficiência na produção científica nacional. *Encontro: Revista de Psicologia, 17*(26), 126-138.

Borges, R. L., Almeida, J. R., Siqueira, T. S., & Sobrinho, M. F. (2020). Inserção e permanência de surdos no mundo do trabalho: estudo exploratório em empresas de um município do centro-oeste goiano. *Revista Educação, Artes e Inclusão, 16*(1), 193-215.

Cardoso, P., Duarte, M. E., & Sousa, A. (2016). Desenvolvimento vocacional e aconselhamento de carreira: contributos para a justiça social. *Revista Brasileira de Orientação Profissional, 17*(2), 257-266.

Castilho, C. N., Gontijo, D. T., Alves, H. C., & Souza, A. C. A. (2011). A gente tenta mostrar e o povo não vê": análise da participação de pessoas com cegueira congênita nos diferentes ciclos da vida. *Cadernos de Terapia Ocupacional da UFSCar, 19*(2), 189-201.

Conselho Federal de Psicologia. (2005). *Resolução CFP no. 010/2005. Aprova o Código de Ética Profissional do Psicólogo.*

Conselho Federal de Psicologia. (2018). *Resolução CFP no. 09/2018. Estabelece diretrizes para a realização de Avaliação Psicológica no exercício profissional da psicóloga e do psicólogo, regulamenta o Sistema de Avaliação de Testes Psicológicos - SATEPSI e revoga as Resoluções n° 002/2003, nº 006/2004 e n° 005/2012 e Notas Técnicas n° 01/2017 e 02/2017.*

Decreto nº 6.949 de 25 de agosto de 2009. (2009, 25 agosto). Promulga a Convenção Internacional sobre os Direitos das Pessoas com Deficiência e seu Protocolo Facultativo, assinados em Nova York, em 30 de março de 2007. Presidência da República.

Freitas, G. R. F., Maranhão, T. L. G., & Félix, W. M. (2017). A Deficiência Auditiva e a possibilidade de Inclusão no Mercado de Trabalho. *Id on Line Revista Multidisciplinar e de Psicologia, 11*(34), 185-218.

Heinrichs, A., Lopes, I. C., & Lopes, M. B. C. (2018). Programa de Orientação Profissional–Pop: Buscando Caminhos para a Autonomia. *Humanidades em Perspectivas, 3*(2) 504-510.

Holland, J. L. (1997). *Making vocational choices: A theory of vocational personalities and work environments.* Psychological Assessment Resources.

Instituto Brasileiro de Geografia e Estatística (2018). *Nota técnica 01/2018 - Releitura dos dados de pessoas com deficiência no Censo Demográfico 2010 à luz das recomendações do Grupo de Washington.*

Leão, R. J. B., & Albuquerque, M. F. (2019). Os desafios para o surdo no ambiente de trabalho. In B. C. Carneiro, R. J. B. Leão, & R. G. Miranda (Orgs.). *Língua de Sinais, Identidade e Cultura Surda no Tocantins*. Amazon Digital Services Inc.

Lopes, L. (2006). A orientação profissional para jovens com déficit cognitivo: um relato de experiências. *Boletim de Psicologia*, LVI (125), 189-203.

Michael, R., Cinamon, R. G., & Most, T. (2015). What shapes adolescents' future perceptions? The effects of hearing loss, social affiliation, and career self-efficacy. *Journal of deaf studies and deaf education*, *20*(4), 399-407.

Ministério da Saúde. (2017, 16 agosto). *Surdez*. https://bvsms.saude.gov.br/dicas-em-saude/2506-surdez

Sanches, I. R., & Silva, P. B. D. (2019). A inclusão de estudantes surdos no ensino superior brasileiro: O caso de um curso de Pedagogia. *Revista Portuguesa de Educação*, *32*(1), 155-172.

Santos, I. S. F., & Teixeira, L. E. F. (2019). *A atuação do serviço social para a inclusão do surdono mercado de trabalho: uma análise a partir do programa de orientação profissional e emprego da unidade de ensino especializada professor astério de campos*. Anais do 16° Congresso Brasileiro de Assistentes Sociais.

Savickas, M. L. (2013). Career construction theory and practice. In R. W. Lent, & S. D. Brown (Eds.), *Career development and counseling: Putting theory and research to work* (2nd ed, pp. 147-183). John Wiley & Sons.

Savickas, M. L. & Hartung, P. J. (2012). *My Career Story: An autobiographical workbook for life career success*. www.vocopher.com

Silva, D. G., Del-Masso, M. C. S., & Lopes, A. C. (2018). O processo de alfabetização de surdos a partir de uma abordagem bilíngue: desafios para aprendizagem da Língua Portuguesa. *InFor - Inovação e Formação - Revista do Núcleo de Educação a Distância da Unesp*, *4*(1), 113-142.

Souza, T. S. L. (2019). Minha História de Carreira: Avaliação dos efeitos de uma atividade de reflexão para a construção de carreira [Tese de Doutorado, Universidade Federal do Rio Grande do Sul]. LUME Repositório Digital. https://lume.ufrgs.br/handle/10183/194394

World Health Organization. (2011). *World report on disability 2011*. World Health Organization.

Capítulo V

AVALIAÇÃO PSICOLÓGICA DO ATLETA DEFICIENTE VISUAL: DESAFIOS E ESPECIFICIDADES

Carolina de Campos
Tatiana de Cássia Nakano

O presente capítulo tem como objetivo apresentar, ao leitor, os desafios e as estratégias utilizadas para a realização de avaliação psicológica de atletas deficientes visuais, membros de uma equipe de judô de alto rendimento. Para melhor compreensão, o capítulo foi dividido em duas partes. Na primeira delas, foram abordadas, de maneira geral, as características da avaliação psicológica realizada no contexto esportivo e, posteriormente, mais especificamente no contexto paralímpico. Já a segunda parte do capítulo descreveu um exemplo de como foram realizadas as avaliações psicológicas com os atletas deficientes visuais dessa equipe em específico, apresentando as estratégias e métodos de avaliação utilizados.

A avaliação psicológica no contexto esportivo

Cada vez mais, os psicólogos têm se envolvido com organizações esportivas profissionais, fornecendo uma ampla gama de serviços, tais como acompanhamentos visando aprimorar o desempenho, intervenções clínicas ou de aconselhamento e avaliações psicológicas (Gardner, 2001). Especialmente esta última área tem, como objetivos principais nesse contexto, a descrição, o diagnóstico, a intervenção, a predição a longo prazo e a seleção (Singer, 1988).

A avaliação psicológica de atletas e a construção de perfis é, provavelmente, a prática que fornece maior visibilidade ao psicólogo do esporte e responsável pela criação de expectativa em comissões técnicas e dirigentes acerca da atuação desse profissional (Rubio, 2018). Nesse contexto, a principal função da avaliação psicológica é servir de base para a elaboração de intervenções com foco na melhora do desempenho esportivo (Brown & Fletcher, 2017). Tais intervenções podem contribuir para a melhora no desempenho dos atletas, em mudanças de comportamento em relação ao exercício físico, bem como na diminuição das lesões (Zakrajsek & Blanton, 2017), buscando atender as necessidades psicológicas relacionadas a rotina de atividades e a capacidade do atleta em atender as configurações do esporte e do exercício escolhido (Miçoog̃ullari & Ekmekçi, 2017).

A literatura tem demonstrado que fatores psicológicos são essenciais nos resultados esportivos, visto que, por exemplo, a vitória ou derrota pode ser influenciada pela personalidade do atleta, pela capacidade de lidar com suas emoções e pelas suas relações com a equipe, treinador, adversários, jornalistas, amigos e família (D'Isanto, D'Elia, Raiola & Altavilla, 2019). Assim, avaliar adequadamente as habilidades psicológicas envolvidas no esporte pode ser extremamente útil para selecionar os melhores atletas, como também facilitar os jovens praticantes a desenvolverem habilidades importantes para o sucesso no esporte (Milavic et al., 2019). Segundo os autores, ao avaliar e identificar as potencialidades ou dificuldades específicas de cada atleta, é possível elaborar uma intervenção focada na melhora do seu bem-estar – que pode ser adaptada a diferentes tipos de atletas, incluindo aqueles com algum tipo de deficiência – e, consequentemente, dos resultados esportivos.

Para analisar como tais fatores podem determinar o desempenho esportivo, diferentes abordagens podem ser utilizadas para avaliar um aspecto, tanto isolado quanto de mais variáveis em conjunto e em interação (Nughes, Rago & Raiola, 2017). Nesse sentido, a avaliação psicológica no contexto do esporte pode ser realizada fazendo uso de diferentes métodos e ferramentas. Dentre eles, Taylor (2018) destaca, como principais construtos a serem investigados, a saúde mental (com a finalidade de identificar problemas clínicos) e a personalidade (para compreender diversos traços do atleta que podem influenciar seu desempenho, tais como autoestima, perfeccionismo, cooperação, medo de falhar, necessidade de controle, dentre outros). Weinberg e Gould (2017) complementam a lista ressaltando outros construtos, tais como motivação, estresse, ansiedade, coesão grupal, liderança, comunicação, autoconfiança, concentração, bem-estar, aderência ao esporte, *burnout*, *overtraining*, comportamentos relacionados a vícios e práticas não saudáveis.

A avaliação, nesse contexto, pode assumir diferentes objetivos: seleção de novos atletas para uma equipe, mudanças no processo de treinamento, individualização da preparação técnico-tática, escolha de estratégias e táticas a serem utilizadas em competições, otimização dos estados psíquicos favoráveis (Rubio, 2018), suporte ao atleta, ao treinador e aos pais, identificação de talentos, reabilitação de lesões e retorno ao treinamento, e auxílio na transição de carreira (Taylor, 2018). O autor também ressalta a importância da utilização conjunta de diversos métodos e técnicas, como o uso de inventários, entrevista, observação de treino e uso de *biofeedback* e *neurofeedback*, quando possível. Entretanto, convém reforçar que o uso de medidas de avaliação em atletas deve envolver cuidados relacionados a seleção de instrumentos que apresentem adequadas propriedades psicométricas, especialmente precisão, evidências de validade e generalização (Davis & Baillie, 2019), ainda que tal questão enfrente dificuldades relacionadas a falta de testes psicológicos específicos para uso no contexto esportivo que apresentem parecer favorável do Sistema de Avaliação dos Testes Psicológicos – SATEPSI do Conselho Federal de Psicologia (Garcia & Borsa, 2016).

Avaliação psicológica no contexto do esporte paralímpico

O esporte paralímpico tem conquistado importante espaço no cenário esportivo nacional e internacional. Nesse contexto, a avaliação psicológica tem sido destacada como uma importante ferramenta de auxílio ao atleta para a melhoria das condições de treinamento e como forma de suporte para que o atleta possa se dedicar às atividades esportivas (Samulski & Noce, 2002). Segundo os autores, tal avaliação se mostra bastante complexa dada a heterogeneidade do grupo e do perfil de cada atleta, e a influência de diversas outras variáveis, devendo, portanto, considerar as peculiaridades inerentes a cada caso, da mesma forma que as características da modalidade praticada.

A demanda por profissionais preparados para ajudar e apoiar os atletas que apresentam algum tipo de deficiência tem sido marcada pela necessidade de um trabalho multidisciplinar (Dieffenbach & Statler, 2012) e, no caso da Psicologia do Esporte, a necessidade de avaliação nessa população específica tem se mostrado essencial para acompanhar a evolução dos atletas e os aspectos relacionados à sua qualidade de vida (Esteves et al., 2015). Isso porque o sucesso no esporte paralímpico, assim como nos esportes convencionais (praticados por atletas sem deficiência), exige uma mistura de motivação, trabalho, treinamento, sacrifício, incentivo e oportunidades (Vital, Leitão, Mello & Tufik, 2002).

Aspectos relacionados a participação, motivação, objetivos, estresse, *coping*, traços de personalidade e atitudes em relação a outros grupos de atletas com deficiência podem ser alvo da avaliação (Jefferies, Gallagher & Dunne, 2012). A importância do desenvolvimento de intervenções voltadas a promoção de concentração, motivação, relaxamento, visualização, dinâmicas de grupo e controle emocional é colocada em evidência por Samulski e Noce (2002).

Além dessas áreas, diversos métodos psicológicos têm sido utilizados para desenvolver qualidades cognitivas, tais como planos de competição, diálogo interno positivo e estabelecimento de metas, com o objetivo tanto de aprimorar pensamentos positivos, como autoconfiança, quanto de reduzir o efeito dos negativos, como ansiedade (Martin, 2017). O autor também destaca que outro foco do trabalho psicológico deve envolver o conhecimento e avaliação dos fatores que facilitam e dificultam o desempenho paralímpico, citando, como exemplos, o fato de que muitos atletas nessa condição precisam gerenciar sua dor crônica e evitar treinamento excessivo e lesões, assim como as condições das instalações físicas que nem sempre são acessíveis ao treinamento.

Um exemplo de avaliação psicológica de atletas deficientes visuais

A prática de atividade física permite que a pessoa com deficiência desenvolva habilidades físicas (novos movimentos e percepções corpóreas), psicológicas e sociais (sociabilização, autonomia, autoeficácia, bem-estar, entre outros), proporcionando maior qualidade de vida para esses sujeitos

(Campos & Alves, 2019). Entretanto, é necessário também compreender que essa prática, quando realizada no esporte de alto rendimento, faz com que o atleta teste seus limites físicos e psicológicos durante toda a rotina de treinos e competições, expondo-o diariamente a situações estressantes e desafiadoras (Angelo, 2019). Engana-se quem imagina que o esporte paralímpico não traz consigo os mesmos desafios do alto rendimento convencional (Parsons & Winckler, 2012).

Por isso, assim como no esporte convencional, os psicólogos que atuam com atletas paralímpicos também precisam compreender seus aspectos psicoemocionais e como eles afetam o desempenho durante a prática da modalidade, para poderem auxiliá-los a manter o alto rendimento mesmo em situações adversas (Weinberg & Gould, 2017). É através da avaliação psicológica desses atletas que se torna possível, primeiramente, a compreensão do desenvolvimento de habilidades psicológicas e emocionais necessárias para a prática esportiva (Silva, Foch, Guimarães & Enumo, 2014) e, posteriormente, para a elaboração de um programa de intervenção que seja eficaz para esses atletas (Santo, 2017).

Para que haja essa eficácia na elaboração de estratégias de intervenção, é necessário que o psicólogo, no momento das escolhas das técnicas para avaliação, compreenda e leve em consideração as especificidades da modalidade e as características da equipe a ser trabalhada/avaliada (Pesca, Frischknecht & Peixoto, 2019). Assim, faz-se necessário informar as características da equipe trazida como exemplo neste capítulo. É uma equipe paralímpica de judô bem heterogênea, composta por atletas de 19 a 45 anos, dos sexos feminino e masculino, nascidos em diferentes regiões brasileiras. Todos os atletas já competiram em campeonatos de níveis internacionais, como Jogos Parapan-Americanos, Jogos Mundiais da IBSA[1] e/ou Jogos Paralímpicos, sendo a maior parte dos atletas medalhista nas últimas edições desses campeonatos.

Todos os atletas da equipe são deficientes visuais, porém o modelo de classificação no movimento paralímpico é baseado na funcionalidade do atleta (suas limitações e capacidades) e não apenas no tipo de deficiência

[1] Sigla referente a organização *International Blind Sports Federation*, que regulamenta e organiza os campeonatos realizados em modalidades do movimento paralímpico praticadas especificamente por atletas deficientes visuais (IBSA, 2020).

(Parsons & Winckler, 2012). Por essa razão, mesmo com todos os atletas da equipe sendo deficientes visuais, eles podem ser classificados como: B1 - cegos totais ou com percepção de luz, mas sem reconhecer o formato de uma mão a qualquer distância; B2 - atletas com percepção de vultos; B3 - atletas que conseguem definir imagens (Comitê Paralímpico Brasileiro – CPB, 2020). Nessa equipe, mais da metade dos atletas são classificados como B2 e B3, ou seja, com baixa visão em sua maioria. Apesar dessa classificação funcional, é importante ressaltar que, pelo menos até a realização dos Jogos Paralímpicos de Tokio 2020, para as lutas, os atletas eram divididos apenas em categorias por peso, não havendo distinção de acordo com a classificação funcional e podendo um atleta classificado como B1 lutar com um atleta B3, por exemplo (Confederação Brasileira de Desporto de Deficientes Visuais – CBDV, 2020).

A avaliação psicológica realizada com esses atletas levou em consideração todas essas características e diversos métodos para realizá-la foram adotados. Cada um será apresentado a seguir, justificando os dados que podem ser obtidos a partir de seu uso.

Observação

O primeiro deles é a observação de comportamentos. As psicólogas da equipe acompanharam os atletas em diferentes momentos do dia, como em treinos (táticos, técnicos e físicos), refeições, avaliações físicas e nutricionais, translado entre os locais de treino, momentos de lazer e momentos de competição. Esse acompanhamento permite que sejam realizadas observações de comportamentos e a maneira como atletas e comissão técnica se relacionam, sendo essa uma das principais práticas de avaliação no contexto do esporte, capaz de trazer importantes considerações e hipóteses de análises a serem feitas no momento da intervenção com a equipe (Garcia & Borsa, 2016). Segundo Pesca et al. (2019), a observação é um dos métodos essenciais para a avaliação no contexto esportivo, pois permite que o psicólogo tenha acesso a importantes fatores que podem exercer influência no bom desempenho, como relações interpessoais, habilidades de comunicação e de resolução de conflitos, reações emocionais, maneira como o atleta lida com erros e recebimento de críticas, e níveis de ativação psicológica nos momentos de treinos e competições.

Além dessas habilidades, por se tratar de uma equipe formada por atletas deficientes visuais, é notável a importância da observação das psicólogas para compreenderem melhor a maneira como os atletas percebem o ambiente e a si mesmos. Devido à ausência total ou parcial da visão, a percepção desses atletas é predominantemente formada por outros canais sensoriais, como tato, audição e olfato. (Lora, 2003). Contudo, cada um dos atletas estimula esses canais sensoriais de maneira diferente em sua história de vida e, portanto, necessitam receber estímulos distintos da comissão técnica para melhor compreensão e execução dos treinos propostos (Nunes & Lômonaco, 2008; Ormelezi, 2000). Através da observação dos momentos citados anteriormente, é possível perceber que, enquanto alguns atletas têm melhor compreensão de tarefas solicitadas a partir de instruções verbais dos treinadores, outros precisam de auxílio tátil para assimilar o que está sendo pedido nos treinos. Essas observações são essenciais no trabalho com esses atletas e devem ser consideradas no momento de intervenção da equipe de psicologia para obter um trabalho mais eficaz que atenda às necessidades de cada atleta.

Entrevista

Outro método utilizado pelas psicólogas da equipe para a avaliação dos atletas foi a entrevista. Normalmente, no contexto esportivo, são feitas entrevistas semiestruturadas e com objetivos previamente estipulados, que permitem ao psicólogo acesso à aspectos psicológicos particulares do atleta e a sua história pessoal, como informações familiares, atividades acadêmicas e profissionais, histórico de lesões, hábitos diários (alimentares, sonos e rotinas diversas) e histórico de aspectos esportivos (Pesca et al., 2019). Além desses tópicos de caráter mais padronizado a serem investigados em entrevistas psicológicas no contexto esportivo, com a presente equipe se fez necessária a investigação de questões também relacionadas a deficiência, como o motivo da deficiência do atleta, se era adquirida ou congênita[2] e, até mesmo, se a prática do judô aconteceu antes ou depois do atleta ser deficiente.

[2] É considerado deficiente visual congênito, pessoas que nasceram com a deficiência visual ou perderam a visão até os cinco anos de idade, já a perda da total ou parcial da

Essas perguntas permitiram investigar mais informações sobre as percepções e relações dos atletas deficientes visuais com o mundo em que estão e com sua prática esportiva. Saber se o atleta é deficiente visual congênito ou adquirido, por exemplo, possibilitou entender melhor suas referências e relações com o ambiente. Enquanto os atletas com deficiência visual adquirida têm uma experiência anterior com estímulos visuais e utilizam de conceitos formados durante esse período para se adaptarem à vida sem a visão, o deficiente visual congênito, mesmo não nascendo com a deficiência e conseguindo formar nuances cognitivas através da visão durante a primeira infância (como imitação de comportamentos de terceiros), não retêm imagens, formas e cores de suas experiências visuais, precisando perceber o mundo através dos outros sentidos (Campani, Krumel & Schinaider, 2010; Freitas, 2000).

Já a pergunta sobre a prática do judô ter sido iniciada antes ou após o atleta ser deficiente visual, junto a informações sobre seu histórico de estimulação para perceber o mundo através de outros sentidos (se a família lhe deu autonomia para explorar o ambiente durante a primeira infância ou se era uma família superprotetora), pode fornecer informações importantes sobre os processos de aprendizagem de técnicas e táticas utilizadas na prática da modalidade. Craft e Liberman (2004) afirmam que a visão tem um papel importante no aprendizado motor e, se o atleta não desenvolve outros canais sensoriais, isso pode ser prejudicial para a prática esportiva de alto rendimento. Além da defasagem motora, o atleta que não teve estímulos para explorar o ambiente através de outros sentidos após o acometimento da deficiência visual, também pode apresentar defasagens em outros aspectos da psicomotricidade (marcha, equilíbrio, postura, esquema corporal e cinestésico, expressões corporais e faciais, dificuldade de relaxamento, lateralidade, maneirismos e coordenação motora), cognitivos (formação e utilização de conceitos, linguagem, generalização e utilização de símbolos) e sociais e afetivos (isolamento, medo, insegurança, baixa motivação e falta de iniciativa) (Craft & Liberman, 2004; Gonzales, Benito & Veiga, 2014; Lima & Almeida, 2008; Ormelezi, 2000). Dessa forma, a entrevista detalhada sobre a história de

visão após esta idade classifica a deficiência com causa adquirida (Nunes & Lômonaco, 2008; Ormelezi, 2000).

vida do atleta, considerando os detalhes de sua deficiência visual, é de suma importância.

Dinâmicas de grupo

A partir de observações e informações acessadas pelas entrevistas, também foi possível realizar a avaliação psicológica desses atletas por meio de dinâmicas de grupos com a equipe. As dinâmicas foram elaboradas respeitando as características da equipe, suas potencialidades e limitações, e tiveram como objetivo observar os atletas em ambiente controlado pelas psicólogas que provocaram situações de pressão, estresse e necessidade de rápida tomada de decisão, por exemplo. Assim, foi possível perceber e avaliar os atletas em situações nesse contexto para, posteriormente, trabalhar questões emocionais e psicológicas que fossem necessárias para a manutenção de bom desempenho em momentos adversos. Para Pesca et al. (2019) as técnicas e dinâmicas grupais se mostram como métodos de avaliação bastante usados no contexto esportivo com objetivo de corroborar as informações obtidas através de outros métodos de avaliação.

Instrumentos psicológicos

Além das observações, entrevistas e dinâmicas de grupo, a avaliação psicológica dessa equipe também contou com o uso de instrumentos. Entretanto, é importante ressaltar que esse método de avaliação é, na opinião das autoras, o mais delicado de ser realizado com essa equipe e deve sempre ser utilizado conjuntamente a outros métodos de avaliação. Isso porque o contexto esportivo é carente de instrumentos que apresentem validades psicométricas específicas para essa população (Nakano, 2019; Peixoto & Nakano, 2014; Silva et al., 2014). Quando se trata do uso de instrumentos psicológicos para avaliar uma equipe paralímpica, a dificuldade e necessidade de cuidado para a escolha desses instrumentos são ainda maiores, uma vez que aqueles existentes não contemplam a avaliação de pessoas com deficiência em seu processo de validação psicométrica, podendo enviesar os resultados obtidos em avaliação de atletas deficientes (Campos & Nakano, 2014).

Considerando que a interpretação dos resultados não poderia ser feita segundo as tabelas normativas, devido ao fato de que os instrumentos não apresentam estudos conduzidos com amostras compostas por deficientes visuais, nem instruções ou material adaptado para essa população, todos os instrumentos utilizados na avaliação psicológica com essa equipe tiveram, como objetivo, o uso qualitativo dos resultados obtidos. Os resultados encontrados foram avaliados pelas psicólogas em conjunto com os outros métodos de avaliação adotados e interpretados junto aos atletas, questionando-lhes a percepção sobre tais resultados.

Todos os instrumentos utilizados eram escalas e/ou inventários lidos para os atletas, que faziam as escolhas de respostas. Apesar de saber que esse processo de aplicação pode influenciar nas respostas dos atletas, as psicólogas tinham o cuidado de não modificar a entonação na leitura dos itens e em não fornecerem maiores informações sobre eles, apenas repetindo a leitura quando os atletas demonstravam dúvidas sobre o que havia sido lido. As aplicações foram todas individuais e em um ambiente silencioso, que mantivesse o sigilo profissional e privasse o atleta de estímulos adicionais que pudessem atrapalhar seu foco de atenção na avaliação. Infelizmente, no momento da aplicação, apenas foi possível a utilização de informações auditivas sobre os itens, não havendo estimulações táteis e/ou sensoriais.

A escolha dos instrumentos foi feita considerando as necessidades da equipe em investigar habilidades psicológicas necessárias para a prática esportiva do judô e considerando a limitação de aplicação. Instrumentos que dependiam da avaliação através de estímulos visuais, por exemplo, foram descartados. Foram utilizados os seguintes instrumentos: Escala de Humor de Brunel – BRUMS (Rohlfs, 2006), para investigar os estados de humor dos atletas em diferentes momentos de treinamento e competição; Estudo das Experiências Esportivas – ACSI-28 (Coimbra, 2011), para investigar habilidades psicológicas necessárias para a prática do judô, como concentração, treinabilidade, desempenho sob pressão e liberdade de preocupação; Questionário de Estresse e Recuperação para Atletas (RESTQ-*Sport)* (Costa & Samulski, 2008), para investigar os níveis de estresse e as habilidades de recuperação do estresse desses atletas.

Além desses instrumentos, também foi realizada investigação de percepção de habilidades utilizando ferramentas não validadas, como a "Roda da vida esportiva", que permitia ao atleta avaliar suas habilidades esportivas no momento da investigação e criar estratégias para aprimorar as habilidades que não eram avaliadas por ele como satisfatórias.

Também foi usada uma lista de habilidades técnicas e táticas específicas do judô, elaborada pelos treinadores, para que o atleta pudesse avaliar o quanto se sentia capaz de cumprir com as habilidades ali presentes, percebendo a quais técnicas e táticas mais precisariam se dedicar durante os treinamentos.

Como dito anteriormente, o uso dos instrumentos foi feito com o objetivo de provocar a percepção dos atletas quanto as habilidades investigadas. Por esse motivo, logo após a aplicação, os atletas recebiam o *feedback* verbal das avaliações e estruturavam, junto às psicólogas, objetivos e metas a serem alcançados com a preparação psicológica. Posteriormente, foram elaborados relatórios entregues *online* para os atletas, de modo que fosse possível a leitura por *softwares* utilizados pelos atletas cegos. Ao mesmo tempo, era entregue uma versão impressa com letras aumentadas e colas coloridas passadas em cima dos gráficos para que os atletas de baixa visão pudessem acompanhar a leitura e que todos (tanto os atletas com baixa visão quanto cegos) tivessem um estímulo tátil (cola em alto relevo) sobre os resultados.

Considerações finais

Pode-se dizer que a avaliação descrita neste capítulo foi considerada eficaz. Isso porque através da combinação de todos os métodos aqui listados, foi possível conduzir uma avaliação psicológica dos atletas da equipe e estruturar planos de intervenções (coletivos e individuais) colocados em prática e que alcançaram resultados satisfatórios para as psicólogas, atletas e comissão técnica. Ressalta-se, também, que as psicólogas, por acompanharem a equipe há alguns anos, realizam esses métodos de avaliação periodicamente, sendo possível avaliar os avanços das demandas psicológicas e emocionais dos atletas e da equipe, sempre reestruturando as intervenções psicológicas de acordo com as demandas, haja vista que o acompanhamento periódico e longitudinal traz importantes vantagens no trabalho com a equipe.

O uso de diferentes métodos na avaliação psicológica no contexto esportivo se faz necessário, sendo essa prática frequente entre os profissionais da área. Entretanto, a escassez de instrumentos validados para o contexto esportivo paralímpico é notável e, por muitas vezes, restringe as avaliações realizadas, bem como os construtos alvo. Espera-se que, com este capítulo, seja possível trazer à tona a discussão sobre a avaliação psicológica realizada em esportes paralímpicos (especificamente com atletas com deficiências visuais) e provocar inquietação nos profissionais para que novos estudos sejam conduzidos junto a essa população, de modo a trazer avanços na área da avaliação psicológica para o esporte paralímpico.

Referências

Angelo, L. F. (2019). Esporte de alto rendimento como escolha profissional. In K. Rubio & J. A. O. Camilo (Orgs.), *Psicologia Social do Esporte* (pp.139-152). Laços.

Brown, D. J., & Fletcher, D. (2017). Effects of psychological and psychosocial interventions on sport performance: a meta-analysis. *Sports Medicine, 47*, 77-99. http://doi.org/10.1007/s40279-016-0552-7

Campani, D. B., Krumel, V. F., & Schneider, W. A. (2010). *Judô para portadores de deficiência visual.* 9° Congresso Nacional da Rede Unida - Porto Alegre. http://congressoanterior.redeunida.org.br/resumos/RE1199-1.pdf

Campos, C. R. & Alves, R. J. R. (2019). Importância do esporte para o desenvolvimento psicossocial do atleta com deficiência. In E. M. Peixoto & T. C. Nakano (Orgs.), *Psicologia do Esporte e desenvolvimento humano* (pp. 110-124). Viseu.

Campos, C. R., & Nakano, T. D. C. (2014). Avaliação da inteligência de crianças deficientes visuais: proposta de instrumento. *Psicologia: Ciência e profissão, 34*(2), 406-419. https://doi.org/10.1590/1982-3703000272013

Coimbra, D. R. (2011). *Processo de validação do questionário "Athletic Coping Skills Inventory – 28 (ACSI-28)" para a língua portuguesa do Brasil* [Dissertação de Mestrado, Universidade Federal de Juiz de Fora]. UFJF - Repositório Institucional. https://repositorio.ufjf.br/jspui/handle/ufjf/2171

Comitê Paralímpico Brasileiro. (2020). *Judô.* https://www.cpb.org.br/modalidades/48/judo

Confederação Brasileira de Desporto de Deficiente Visual. (2020). *Judô.* http://cbdv.org.br/judo

Costa, L. O. P., & Samulski, D. M. (2008). Processo de validação do questionário de estresse e recuperação para atletas (RESTQ-Sport) na língua portuguesa. *Revista brasileira de Ciência e Movimento, 13*(1), 79-86. http://bdtd.ucb.br

Craft, D. H., & Lieberman, L. (2004). Deficiência visual e surdez. In J. P. Winnick (Ed.), *Educação Física e esportes adaptados* (3ª ed., pp. 181-205). Manole.

Davis, H. (H.) IV, & Baillie, P. (2019). *Cognitive and personality assessment in applied sport psychology: Evidence-based test selection.* In M. H. Anshel, T. A. Petrie, & J. A. Steinfeldt (Eds.), *APA handbook of sport and exercise psychology, Vol. 1. Sport psychology* (p. 99-110). American Psychological Association. https://doi.org/10.1037/0000123-006

D'Isanto, T., D'Elia, F., Raiola, G., & Altavilla, G. (2019). Assessment of sport performance: theoretical and practical indications. *SportMont, 1*, 79-82. http://doi.org/10.26773/smj.190214

Dieffenbach, K. D., & Statler, T. A. (2012). More Similar than Different: The Psychological Environment of Paralympic Sport. *Journal of Sport Psychology in Action, 3*(2), 109-118. http://doi.org/10.1080/21520704.2012.683322

Esteves, A. M., Silva, A., Barreto, A., Cavagnolli, D. A., Ortega, L. S. A., Parsons, A., Tubiba, E. R., Barreto, M., Oliveira Filho, W., Tufik, S., & Mello, M. T. (2015). Avaliação da qualidade de vida e do sono de atletas paralímpicos brasileiros. *Revista Brasileira de Medicina do Esporte, 21*(1), 53-56. https://doi.org/10.1590/1517-86922015210101980

Freitas, N. M. O. (2000). *Objetivos de realização e crenças sobre a competência desportiva: um estudo com atletas com deficiências visuais* [Dissertação de Mestrado, Universidade do Porto]. U.Porto – Repositório Aberto.

Garcia, R. P., & Borsa, J. C. (2016). A prática da avaliação psicológica em contextos esportivos. *Temas em Psicologia, 24*(4), 1549-1560. http://dx.doi.org/10.9788/TP2016.4-20

Gardner, F. L. (2001). Applied sport psychology in professional sports: The team psychologist. *Professional Psychology: Research and Practice, 32*(1), 34-39. https://doi.org/10.1037/0735-7028.32.1.34

Gonzales, R. P., Benito, J. C., & Veiga, P. D. (2014). Deficiencia visual: Aspectos conceptuales y repercusiones funcionales. In J. C. Benito, P. D. Veiga & R. P. Gonzales (Coords.), *Psicología y ceguera: manual para la intervención psicológica en el ajuste a la discapacidad visual* (s. p.). Organización Nacional de Ciegos Españoles.

International Blind Sports Federation (2020). *IBSA*. https://www.ibsasport.org/ibsa/

Jefferies, P., Gallagher, P., & Dunne, S. (2012). The Paralympic athlete: a systematic review of the psychosocial literature. *Proesthetics and Ortotics International, 36*(3), 278.289. http://doi.org/10.1177/0309364612450184

Lima, S. R., & Almeida, M. A. (2008). Iniciação à aprendizagem da natação e a coordenação corporal de uma criança deficiente visual: algumas contribuições. *Revista brasileira de ciências do esporte, 29*(2), 57-78. http://oldarchive.rbceonline.org.br/index.php/RBCE/article/view/118/127

Lora, T. D. P. (2003). Descobrindo o real papel das outras percepções, além da visão, para a orientação e mobilidade. In. M. G. B. Mota (Coord.), *Orientação e mobilidade: conhecimentos básicos para a inclusão da pessoa com deficiência visual* (pp. 58-67). Ministério da Educação, EESP.

Martin, J. (2017). Psychological considerations for paralympic athletes. *Oxford Research Encyclopedias.* http:/doi.org/10.1093/acrefore/9780190236557.013.183

Miçoogullari, B. O., & Ekmekçi, R. (2017). Evaluation of a Psychological Skill Training Program on Mental Toughness and Psychological Wellbeing for Professional Soccer Players. *Journal of Educational Research, 5*(12), 2312-2319. https://doi.org/10.13189/ujer.2017.051222

Milavic, B., Padulo, J., Grgantov, Z., Milić, M., Mannarini, S., Manzoni, G. M., Ardigò, L. P., & Rossi, A. (2019). Development and factorial validity of the Psychological Skills Inventory for Sports, Youth Version – Short Form: Assessment of the psychometric properties. *PloS ONE, 14*(8), e0220930. https://doi.org/10.1371/journal. pone.0220930

Nakano, T. C. (2019). Psicologia do Esporte em diferentes fases do desenvolvimento: revisão de pesquisas brasileiras. In: E. M. Peixoto, & T. C. Nakano (Orgs.), *Psicologia do Esporte e desenvolvimento humano* (pp. 21-44). Viseu

Nughes, E., Rago, V., & Raiola, G. (2017). Pre-Seasonal aerobic tness in semi-professional Italian football players: Preliminary results. *Acta Kinesiologica, 11*(1), 67-69 http://actakinesiologica.com/wp-content/uploads/2017/11/AK1101.pdf#page=68

Nunes, S. D. S., & Lomônaco, J. F. B. (2008). Desenvolvimento de conceitos em cegos congênitos: caminhos de aquisição do conhecimento. *Psicologia escolar e educacional, 12*(1), 119-138. http://dx.doi.org/10.1590/S1413-85572008000100009

Ormelezi, E. M. (2000). *Os caminhos da aquisição do conhecimento e a cegueira: do universo do corpo ao universo simbólico.* Dissertação de Mestrado. Universidade de São Paulo.

Parsons, A., & Winckler, C. (2012). Esporte e a pessoa com deficiência - contexto histórico. In: M. T. Mello & C. W. Oliveira Filho (Orgs.), *Esporte paralímpico* (pp. 03-14). Atheneu.

Peixoto, E. M., & Nakano, T. C. (2014). Problemas e perspectivas na utilização dos testes psicológicos em Psicologia do Esporte. In C. R. Campos, & T. C. Nakano (Orgs.), *Avaliação psicológica direcionada a populações específicas* (pp. 201-232). Vetor.

Pesca, A. D., Frischknecht, G. & Peixoto, E. M. (2019). Avaliação psicológica no contexto do esporte. In M. N. Baptista, M. Muniz, C. T. Reppold, C. H. S. da S. Nunes, L. F. Carvalho, R. Primi, A. P. P. Noronha, A. G. Seabra, S. M. Wechsler, C. S. Hutz & L. Pasquali (Orgs.), *Compêndio de Avaliação Psicológica* (pp. 210-221). Vozes.

Rohlfs, I. C. P. M. (2006). *Validação do teste de BRUMS para avaliação de humor em atletas e não atletas brasileiros* [Dissertação de Mestrado, Universidade do Estado de Santa Catarina]. Repositório Institucional UFSCar.

Rubio, K. (2018). A psicologia do esporte que temos à psicologia do esporte que queremos. *Revista Brasileira de Psicologia do Esporte, 1*(1), 1-13. http://dx.doi.org/10.31501/rbpe.v1i1.9261

Samulski, D., & Noce, F. (2002). Perfil psicológico de atletas paralímpicos. *Revista Brasileira de Medicina do Esporte, 8*(4), 157-166. https://www.scielo.br/pdf/rbme/v8n4/v8n4a05

Santo, A. A. E (2017). Em busca de uma boa forma de fazer psicologia do esporte: contribuições da gestalt-terapia. *Revista da Abordagem Gestáltica: Phenomenological Studies, 23*(1), 45-54. https://dialnet.unirioja.es/servlet/articulo?codigo=5921966

Silva, A. M. B., Foch, G. F. L., Guimarães, C. A., & Enumo, S. R. F. (2014). Instrumentos aplicados em estudos brasileiros em psicologia do esporte. *Estudos Interdisciplinares em Psicologia, 5*(2), 77-95. http://dx.doi.org/10.5433/2236-6407.2014v5n2p77

Singer, R. N. (1988). Psychological testing: What value to coaches and athletes? *International Journal of Sport Psychology, 19*(2), 87-106. https://psycnet.apa.org/record/1989-24497-001

Taylor, J. (2018). *Assessment in applied sport psychology.* Human Kinetics.

Vital, R. Leitão, M. B., Mello, M. T., & Tufik, S. (2002). Avaliação clínica dos atletas Paralímpicos. *Revista Brasileira de Medicina do Esporte, 8*(3), 77-83. https://doi.org/10.1590/S1517-86922002000300003 Weinberg, R. S. & Gold, D. (2017). *Fundamentos da psicologia do esporte e do exercício* (6ª ed.). Artmed

Weinberg, R. S. & Gold, D. (2017). *Fundamentos da psicologia do esporte e do exercício. (6ª ed.).* Editora: Artmed

Zakrajsek, R. A. & Blanton, J. E. (2017). Evaluation of psychological interventions in sport and exercise settings. *Oxford Research Encyclopedias.* http://doi.org/10.1093/acrefore/9780190236557.013.223

Capítulo VI

AVALIAÇÃO PSICOLÓGICA CLÍNICA: ESTUDO DE CASO SOBRE DEFICIÊNCIA INTELECTUAL

Manuela Ramos Caldas Lins
Ana Carla Gameleira

Para o diagnóstico de deficiência intelectual, segundo o Manual Diagnóstico e Estatístico de Transtornos Mentais - 5ª edição, DSM-V (*American Psychiatric Association* [APA], 2013), é preciso que se atenda três critérios principais: (a) prejuízos para raciocinar, pensar abstratamente, planejar, resolver problemas e executar tarefas (confirmado por avaliação clínica e por testes de inteligência individualizados, padronizados e psicometricamente sólidos); (b) déficit no funcionamento adaptativo, relativo a idade e ao grupo cultural de uma pessoa, seja em habilidades conceituais, sociais e/ou práticas; e (c) os déficits devem ocorrer durante o período de desenvolvimento (antes dos 18 anos) sem que outra condição os explique melhor.

A deficiência intelectual se caracteriza como um transtorno heterogêneo quando se considera aspectos como etiologia, nível de severidade, curso e prognóstico (Mecca, Carreiro & Macedo, 2018). Desse modo, ao realizar a avaliação, o profissional precisa estar atento às vicissitudes do caso, à forma de apresentação da sintomatologia e do consequente funcionamento do sujeito, bem como ao curso provável e ao prognóstico que podem ser diferentes a depender da severidade do caso e dos encaminhamentos dados desde a identificação do transtorno.

A despeito dos níveis de severidade, de acordo com o DSM-V (APA, 2013), esses devem estar embasados em avaliações do funcionamento adaptativo, ou seja, baseados no nível de autonomia do sujeito para realizar atividades de vida diária. A severidade não pode, portanto, estar pautada somente no QI (Martins, Bulcão & Tisser, 2018), até mesmo porque testes de inteligência avaliam habilidades distintas, de modo tal que um mesmo índice de QI pode representar níveis de proficiência diferentes (Mecca & Macedo, 2018). Por isso, é importante que o diagnóstico também deve ocorrer a partir de observações, entrevistas, relatos de terceiros e informações de outros profissionais (Muniz & Lins, 2019).

Considerando a quantidade de casos de suspeita de deficiência intelectual que chegam aos consultórios psicológicos e a importância de um diagnóstico adequado, calcado em instrumental técnico de qualidade, o presente capítulo tem por objetivo apresentar um estudo de caso, o qual foi supervisionado pela primeira autora, em uma clínica escola. Importante salientar que os procedimentos adotados nesse caso específico estavam sujeitos a fatores como: instrumental disponível no momento da avaliação na instituição, idade e condições do paciente, dentre outros. Por essa razão, não pode ser tomado como modelo para todo e qualquer caso, cabendo ressaltar a importância de que as especificidades de cada sujeito sejam avaliadas com cuidado na construção de um processo avaliativo. Espera-se, contudo, que a condução auxilie no entendimento do raciocínio clínico que deve se fazer presente em casos como esse.

Dados Sociodemográficos

Nome: Henrique[1]
Sexo: Masculino
Idade: 8 anos
Data de nascimento: 10/02/2011
Escolaridade: Ensino Fundamental Incompleto (Escola Pública)
Naturalidade: Brasília
Responsáveis: Juliana (27 anos) e Gabriel (29 anos)
Classe econômica: C

[1] Todos os nomes adotados no capítulo são fictícios de modo a garantir o anonimato dos envolvidos.

Solicitação da avaliação

A mãe de Henrique (Juliana), buscou o Centro de Atendimento Comunitário mediante um encaminhamento feito pela escola em decorrência das dificuldades expressas pela criança no ambiente de ensino. No documento apresentado por Juliana, a professora de Henrique aponta que ele tem dificuldades para realizar as atividades propostas em sala de aula, pois parece não compreender os comandos. De acordo com seu relato, mesmo apresentando dificuldade acentuada de compreensão, ele possui algum grau de sucesso quando assessorado. Henrique, segundo a professora, necessita de atenção direta e de instruções claras e precisas para corresponder minimamente ao que é solicitado. Acrescenta que ele demonstra pouca capacidade de raciocínio, com dificuldades em realizar cálculos de maneira efetiva, como também para ler e compreender textos. Ademais, afirma que ele apresenta capacidade para abstrair, ordenar e compreender eventos abaixo do esperado para sua faixa etária. Tem ainda dificuldade para se localizar no tempo e espaço. Por fim, especifica que ele consegue desenvolver algumas atividades ligadas a vida diária, embora, por vezes, demande auxílio para suprir suas necessidades. Para ela, Henrique mostra-se imaturo e, por isso, apresenta dificuldade para se relacionar com os pares. Pelo exposto, solicitou uma avaliação para compreender melhor as dificuldades que a criança apresenta.

Dados da entrevista inicial e anamnese

A entrevista inicial aconteceu apenas com a mãe de Henrique. Sua queixa principal envolve o fato de que ele apresenta muita dificuldade na percepção de alguns fatores que para as outras crianças parecem simples e vão além da aprendizagem escolar, como: autogestão, compreensão de piadas e de sentido figurado, atenção aos cuidados pessoais e responsabilidades e poucas habilidades relacionais, que vão desde fazer amigos até perceber de forma empática as vivências dos outros.

No que concerne à escola, pontuou que a criança parece não acompanhar o aprendizado dos colegas de classe, uma vez que ainda não consegue ler e escrever de forma fluente, nem realizar as tarefas de casa de modo autônomo e com sucesso. Em sua fala, Juliana enfatiza que a criança sempre teve um ritmo de aprendizagem lentificado. Falas como: "Ele sempre foi lentinho", "Ele é meio lerdinho" demonstram sua percepção de como Henrique apreende as informações que obtém do mundo. Segundo ela, a criança tem dificuldade para compreender os comandos passados, precisando de diversas repetições até de fato captar o que está sendo transmitido.

Ainda em relação a vida de estudante, Juliana afirmou que a criança manifesta irritação excessiva ao ser cobrado em atividades do dia a dia escolar, especialmente se requerem mais concentração. Henrique não participa de nenhuma atividade de aprendizagem extra e também não possui uma rotina de estudos em casa.

Quando questionada se na família alguém possuía um funcionamento similar, Juliana afirmou que não do modo como percebe Henrique, mas que ela mesma e o genitor da criança já haviam sido reprovados na escola, tendo inclusive o pai evadido os estudos no ensino fundamental. Além disso, pontuou outros parentes de primeiro grau que já apresentaram dificuldades na leitura e escrita. A mãe comentou ainda que muitas vezes perde a paciência com as dificuldades de compreensão de Henrique e o agride física e verbalmente a fim de que ele realize logo a tarefa pretendida.

A despeito da história de vida, Juliana afirmou que Henrique nasceu em 2011 e é o segundo filho do casamento. Dessa união, há também a filha mais velha de 15 anos. A gravidez da criança desenvolveu-se sem intercorrências ou riscos físicos à mãe ou bebê, mas foi relatada como conturbada emocionalmente, marcada por desentendimentos entre o casal. Um fator marcante na história de Henrique é a separação dos pais em 2017. Após essa nova realidade, ele começou a demonstrar sinais de agressividade mais proeminentes e uma maior dependência física e emocional. A mãe percebeu uma regressão, pois ele passou a exigir mais cuidados e atenção, além de demonstrar pouca iniciativa para maturação.

Segundo ela, a relação do infante com o pai hoje é limitada, sem acordos preexistentes de contato, ficando a visitação inconstante, imprecisa e, por vezes, ausente. Após a separação, Henrique passou a ter muito medo de ser abandonado e sua insegurança aumentou. Começou a não dormir mais sozinho e a temer que algo pudesse ferir seu bem-estar e sua integridade. Juliana, por não saber como reagir às situações postas, acabou abdicando de seus projetos pessoais para satisfazer todas as necessidades do filho que, no momento da avaliação, demandava sua dedicação exclusiva.

Em relação aos marcos desenvolvimentais psicomotores, Henrique não apresentou desvio da média, de acordo com a genitora. Andou com 1 ano e 2 meses e falou aos 2 anos, aproximadamente. A mãe o descreveu como um bebê irritado e inquieto, porém não percebeu características atípicas acentuadas que o diferenciasse de outros bebês em termos de desenvolvimento ou características emocionais. Aos 4 anos, a criança apresentava agitação motora, irritabilidade e "crises nervosas" diante de situações que a desagradavam, marcadas por comportamentos hostis contra os outros e contra si, como gritar, quebrar brinquedos, empurrar pessoas e movimentar repetitivamente os braços com punhos fechados.

A responsável pontuou que percebia sinais ansiosos em Henrique, como por exemplo uma hipercompensação em relação aos alimentos: ao sentir-se ansioso acaba ingerindo uma maior quantidade de comida, resultando inclusive em um aumento de peso em pouco tempo. A mãe afirmou também que a criança possui pouca autonomia e dificuldade em realizar o autocuidado. A mesma afirmou não ter tempo de estimular a autonomia da criança e que, por conta da rotina atribulada, realiza as atividades por ele para ganhar tempo, como: dar banho, cortar a comida, arrumar a mochila, entre outras. Acrescentou que Henrique tem uma baixa tolerância à frustração, mostrando-se irritadiço quando contrariado, emitindo comportamentos agressivos verbais e, por vezes, físicos.

Ainda de acordo com Juliana, Henrique sempre demonstrou dificuldade nas interações sociais, especialmente com os pares, apresentando maior conforto nas relações com os adultos. Essa dificuldade relacional o faz passar muito tempo sozinho, ter poucos amigos e pouco espaço para explorar a ludicidade com outras crianças.

Planejamento da avaliação

A avaliação psicológica focou na investigação de aspectos cognitivos. A principal hipótese que norteou a investigação foi a existência de Deficiência Intelectual (DI), tendo em vista os déficits nos domínios conceitual, social e prático. Outra hipótese considerada foi a existência de Transtorno Específico de Aprendizagem, mediante identificação de um funcionamento intelectual adequado.

Procedimentos

A avaliação psicológica foi realizada em um total de 10 atendimentos, abrangendo entrevistas com a criança e com a mãe. Além das entrevistas, durante as sessões foram feitas observações da criança e utilizadas estratégias lúdicas diversas. Foram aplicados os seguintes testes psicológicos[2]:

- Escala de Maturidade Mental Colúmbia 3 – CMMS-3 (Burgemeister et al., 2018);
- Teste Não-Verbal de Raciocínio Infantil – TNVRI (Pasquali, 2005);
- Escala Wechsler de Inteligência para Crianças – WISC-IV (Wechsler, 2013);
- Bateria Psicológica para Avaliação da Atenção – BPA (Rueda, 2013);
- Teste de Aprendizagem Auditivo-Verbal de Rey – RAVLT (Paula & Malloy-Diniz, 2018);
- Avaliação de Leitura de Palavras e Pseudopalavras Isoladas – Coleção ANELE, Volume 1 – LPI (Salles, Miná & Piccolo, 2017);
- Avaliação da Compreensão de Leitura Textual - Coleção ANELE, Volume 2 – COMTEXT (Carso, Piccolo, Miná & Salles, 2017);
- Avaliação da Fluência de Leitura Textual - Coleção ANELE, Volume 5 – AFLeT (Basso, Miná, Piccolo & Salles, 2018);
- Inventário de Habilidades Sociais, Problemas de Comportamento e Competência Acadêmica para Crianças – SSRS (Gresham & Elliott, 2016).

[2] Todos os testes utilizados estavam aprovados para uso no momento da avaliação.

Análise

Dados de observação

Inicialmente, buscou-se avaliar os aspectos cognitivos, tendo sido identificados alguns entraves para raciocinar de forma abstrata, planejar ações e solucionar problemas. O pensamento de Henrique mostrou-se empobrecido, apresentando dificuldades para imaginar, fantasiar e simbolizar. No que concerne aos aspectos atencionais, percebeu-se uma capacidade abaixo do esperado para a faixa etária. De forma geral, demonstrou barreiras para se manter concentrado durante longos períodos, distraindo-se com facilidade, o que inclusive dificultava o entendimento e seguimento de instruções simples e concretas. Em decorrência, apresentou falhas no armazenamento e recuperação de informações.

Nas atividades relacionadas a leitura e a escrita, suas reações eram de pouco interesse, desviando o olhar e tentando mudar o foco para outros estímulos. Mediante insistência, ele reiniciava a atividade e conseguia alguns avanços, mas se mostravam pouco condizentes com o esperado para a sua idade cronológica, apresentando leitura imprecisa e caligrafia irregular. Henrique conseguia identificar todas as vogais e consoantes, porém omitia, adicionava ou trocava algumas letras. Ficou evidente a dificuldade na decodificação e reconhecimento de sílabas, inclusive com antecipação e/ou invenção de palavras, bem como dificuldade na precisão e fluência da leitura.

A criança também demonstrou repertório pobre em conhecimento numérico, visto que não conseguiu efetuar operações matemáticas básicas como, por exemplo, adição e subtração com números simples. Ele identificava os números, mas fracassava ao tentar entender o significado das operações aritméticas, apresentando confusão quando exposto a situações que exigiam raciocínio numérico. Henrique também não conseguiu contar rapidamente um conjunto de pontos (contando um por um), nem reconhecer rapidamente qual o maior conjunto de pontos sem os contar, apenas olhando para os grupos, quando nitidamente era possível perceber qual possuía tal característica.

As dificuldades no âmbito social também ficaram evidentes. Henrique expôs dificuldades para se comunicar, fazer e manter amizades, para posicionar-se de forma assertiva e agir com civilidade. Houve pouca iniciativa de aproximação espontânea, com dificuldade para iniciar e manter conversação, fazer e responder perguntas, tudo isso atrelado ao desvio do olhar e evitação do contato visual. Henrique mostrou-se capaz de demonstrar reciprocidade afetiva, no entanto, apenas quando lhe convinha.

O menino também demonstrou-se solícito ao realizar atividades que lhe agradavam, porém se retraiu e irritou-se diante daquelas que lhe desagradavam. É interessante ressaltar que mesmo nas situações de desconforto durante as sessões, a criança não externou reações emocionais agressivas ou intensas, como choros ou gritos; observando-se um esforço para conter a irritação. Isso demonstra que ele expressa algum controle sobre suas reações emocionais, mesmo que ainda não seja satisfatoriamente adaptativo em outros contextos. A criança ainda se mostrou competitiva, algumas vezes tentando beneficiar-se indevidamente.

Dados de Testes Psicológicos

Escala de Maturidade Mental Colúmbia 3 – CMMS-3

Como resultado do teste, Henrique obteve um percentil 21 (escore de capacidade 112; escore-padrão 88; estanino 3), o qual indica um desempenho igual ou superior a 21% das crianças testadas com a mesma faixa etária. Tal resultado o coloca em nível **médio inferior** e denota certo atraso no desenvolvimento cognitivo global, envolvendo especialmente a manipulação e compreensão de conceitos simbólicos e abstratos.

Teste Não Verbal de Raciocínio para Crianças – TNVRI

Em relação ao TNVRI, o resultado da criança, comparado ao da amostra normativa, indica um percentil 30 no Fator Geral e classificação **médio inferior**. Especificamente no Fator 1, obteve percentil 30 (**médio inferior**), indicando marcada dificuldade para raciocinar abstratamente. Com relação ao Fator 2, o qual representa o construto de raciocínio analógico concreto, nos quais estão envolvidas as habilidades simples como capacidade de perceber identidade, similaridade e contiguidade de elementos, o cliente enquadrou-se no percentil 45, com classificação **média**.

Considerando os 10 subtestes que compõem a WISC, identificou-se um QI Total de 60 (com intervalo de confiança 95% = 56-66), indicando um funcionamento intelectual muito abaixo do esperado, **com classificação descritiva sugerindo deficiência cognitiva.**

As habilidades de raciocínio verbal de Henrique, mensuradas pelo Índice de Compreensão Verbal, estão acima de aproximadamente 1% das crianças com a mesma idade (ICV = 65; intervalo de confiança 95% = 60-75). Isso indica um funcionamento **muito abaixo da média (classificação descritiva = deficiência cognitiva)**, sugerindo extrema dificuldade no que se refere a capacidade de raciocínio verbal e formação de conceitos.

As habilidades de raciocínio não verbal de Henrique, mensuradas pelo Índice de Organização Perceptual são superiores a aproximadamente 0,5% das crianças com a mesma idade (IOP = 61; intervalo de confiança 95% = 56-71), o que aponta para um funcionamento **muito abaixo da média (classificação descritiva = deficiência cognitiva).** O Índice de Organização Perceptual avalia formação de conceitos não verbais, percepção e organização visual, processamento simultâneo, coordenação visuomotora, aprendizagem e habilidade de separar figura e fundo de um estímulo visual. Em outras palavras, a forma como se organiza tudo o que é aprendido.

As habilidades de memória operacional de Henrique, mensuradas pelo Índice de Memória Operacional, estão acima de aproximadamente 0,1% das crianças com a mesma idade (IMO = 49; intervalo de confiança 95% = 45-60). Esse resultado indica um funcionamento **muito abaixo da média (classificação descritiva = deficiência cognitiva).** O Índice de Memória Operacional avalia as habilidades do examinando de sustentar atenção, concentração e exercer controle mental.

As habilidades de velocidade de processamento de Henrique, mensuradas pelo Índice de Velocidade de Processamento, são superiores a aproximadamente 37% das crianças com a mesma idade (IVP = 80; intervalo de confiança 95% = 73-91), o que assinala funcionamento **médio (classificação descritiva = média inferior).** O Índice de Velocidade de Processamento é um indicador da velocidade com a qual a criança pode processar mentalmente uma informação, simples ou rotineira, sem errar.

Desempenhos em tarefas dessa natureza podem ser influenciados pela discriminação visual e pela coordenação visuomotora.

Bateria Psicológica para Avaliação de Atenção – BPA

Em relação aos resultados do BPA, Henrique apresentou no quesito de Atenção Concentrada um resultado **inferior** (percentil 10), o que significa uma habilidade abaixo do esperado em relação a sua idade. Sendo assim, ele demonstra dificuldade em selecionar no ambiente uma única fonte de informação mediante vários estímulos distratores existentes. Na Atenção Dividida também alcançou um resultado **inferior** (percentil 10) em relação a sujeitos de sua faixa etária, ou seja, possui uma baixa capacidade na habilidade de selecionar dois ou mais estímulos específicos simultaneamente, em um ambiente repleto de variáveis distratoras. Na Atenção Alternada, alcançou nível **inferior** (percentil 1) em relação a crianças de sua mesma idade, indicando que possui pouca habilidade de focar sua atenção, ora em um estímulo, ora em outro em um ambiente com muitos distratores.

Teste de Aprendizagem Auditivo-Verbal de Rey – RAVLT

Henrique apresentou dificuldade de evocação imediata e reconhecimento (ambos com classificação **inferior**). Isso aponta para uma dificuldade na memória de curto prazo episódica verbal, isto é, na capacidade de se lembrar de um evento ocorrido anteriormente, sucedido à exposição de um novo conteúdo. Além disso, demonstra dificuldade na memória episódica verbal relacionada a identificação das palavras aprendidas anteriormente, mostrando ainda uma dificuldade de organização da resposta verbal.

Avaliação de Leitura de Palavras e Pseudopalavras – LPI

Em uma análise quantitativa de acertos, apresentou percentil 2,5, que expressa estar **abaixo da média** em relação a leitura de palavras e pseudopalavras. Apresentou percentil 2,5 (abaixo da média) em relação a todos os subtestes aplicados: palavras reais regulares, palavras reais irregulares e pseudopalavras. Já em uma análise qualitativa, avaliando os erros cometidos, Henrique expôs muitos neologismos (quando a palavra é lida de forma diferente em função da adição, omissão, substituição e/ou transposição de sons); desconhecimento da regra contextual; e regularização (trocar a grafia por algo mais regular). Desse modo, compreende-se que Henrique apresenta capacidade rebaixada na leitura.

Compreensão da leitura textual - COMTEXT

Mesmo solicitado a ler em voz baixa, Henrique não conseguiu ler em silêncio, lia sílabas em voz alta, demonstrando clara dificuldade e apresentando a necessidade de um tempo grande para ler. Em uma análise qualitativa do reconto da história pedido à criança, apenas 4 das 34 cláusulas da história foram percebidas. Isso fornece a dimensão de sua pequena capacidade compreensiva, uma vez que não conseguiu compreender os principais pontos da história, reconto classificado na categoria I (sendo I a categoria mais inferior e V a categoria que indica maior compreensão). O reconto de Henrique não atende ao critério de coerência e é desorganizado. Em análise quantitativa, os resultados dos questionários inferenciais correspondem a uma faixa de percentil de 2,5, com um sugestivo de déficit. Tanto nas questões literais/de memória quanto nas questões inferenciais o percentil atingido foi 2,5.

Avaliação da Fluência de Leitura Textual - AFLet

Henrique apresentou muita dificuldade em ler; leu sílaba por sílaba e parecia nitidamente não compreender o que estava lendo, por vezes perguntando como se fazia o som de algumas letras juntas. Comparando os resultados de Henrique com os dados da normatização do teste, observa-se que apresenta comprometimento em todos os domínios testados de fluência de leitura. O domínio em que o desempenho em termos de percentil melhor se estabeleceu foi o de compreensão, que envolve múltipla escolha (possibilidade de selecionar a melhor alternativa dentre as opções, isto é, reconhecimento, e não evocação de informações). A precisão estava prejudicada, apontando para dificuldades de decodificação e reconhecimento automático de palavras. Os parâmetros de velocidade se encontram reduzidos, em comparação com a média escolar. Com uma leitura lentificada, Henrique necessitou de um tempo maior que o esperado para cumprir a tarefa, demandando tempo de acurácia (palavras lidas corretamente por minuto) abaixo dos padrões indicados pelo teste e das referências da literatura. Em outras palavras, a leitura da criança apresenta uma ineficiência de precisão e velocidade, prejudicando de forma integrada tais domínios. Henrique demonstrou dificuldades nos aspectos prosódicos da leitura, manifestando mais erros do que a média de desempenho de escolares no mesmo ano escolar, com muitos erros de pausa, de entonação e de fluidez.

Inventário de Habilidades Sociais, Problemas de Comportamento e Competência Acadêmica para Crianças – SSRS

Henrique apresentou percentil 10 no formulário para crianças, percentil 20 no formulário para pais e percentil 30 no formulário para professores. Os três resultados apontam repertório **abaixo da Média Inferior** de habilidades sociais, indicativo da necessidade de treinamento, especialmente no que diz respeito ao ajustamento social e acadêmico. Na escala de Problemas de Comportamento, a criança obteve percentil 55 no formulário para pais e percentil na 60 de acordo com o formulário para professores, representando um repertório **Médio Superior** nesse quesito, indicativo de necessidade de treinamento de habilidades sociais. Em relação a Competência Acadêmica, Henrique apresentou percentil 25, que indica competência acadêmica **abaixo da Média Inferior**, cabendo necessidade de intervenção sobre o desempenho acadêmico e aspectos que o favorecem.

Considerações finais

Henrique foi encaminhado para avaliação em decorrência de dificuldades no âmbito escolar. Segundo relato escrito da professora, posteriormente confirmado pela genitora, apresentava tanto problemas acadêmicos quanto relacionais. Buscou-se compreender seu modo de funcionamento cognitivo e, para isso, foram utilizadas estratégias lúdicas e instrumentos padronizados, uma vez que são um critério importante para a classificação nosológica.

Já nos primeiros encontros com a criança foi possível perceber uma dificuldade de compreensão, pois mostrava problemas para seguir as instruções que outras crianças de sua faixa etária conseguiriam. Durante a administração dos instrumentos, foi preciso retomar as instruções e voltar a atenção da criança para a atividade, visando a conclusão da tarefa. Henrique se mostrava mais retraído, o que dificultava a coleta de dados verbais. Sua fala se apresentava de forma contida e com vocabulário limitado, precisando de mais estímulo que a média da sua idade.

Mediante os dados obtidos nos instrumentos psicológicos padronizados, observou-se que Henrique, em relação ao Nível Cognitivo e Intelectual se encontrava abaixo da média esperada para sua faixa etária (com índices de QI abaixo 70), apresentando dificuldade significativa para pensar de forma abstrata, analisar e sintetizar. Em relação a Atenção, mostrou déficit nos tipos avaliados, assim como no que concerne à Memória. Em relação a Leitura, os resultados da Avaliação Psicológica demonstraram prejuízo significativo na compreensão leitora e na fluência verbal.

No que se refere as questões adaptativas, identificou-se déficits no domínio conceitual, haja vista que Henrique apresenta habilidades atrasadas em relação aos colegas de turma no aprendizado acadêmico, com linguagem e desempenho pré-acadêmicos desenvolvendo-se lentamente. Verificou-se também déficits no domínio social, uma vez que ele se mostrou imaturo nas relações sociais, com uma comunicação e linguagem mais concretas e menos complexas. Henrique apresentou um repertório pobre de habilidades sociais, revelando dificuldades ao se deparar com demandas interpessoais no contexto clínico, tanto com a terapeuta quanto com outras crianças que se encontravam na sala de espera. Suas dificuldades denotam problemas em mais de uma classe de habilidades sociais, como comunicação, civilidade, capacidade de fazer e manter amizade, empatia e assertividade. Seu comportamento era imaturo, com um viés introvertido. Também foram percebidas dificuldades no domínio prático, que diz respeito a aptidão com atividades de vida diária, incluindo necessidades pessoais, de forma independente e autônoma. Apresentou baixa tolerância em lidar com as adversidades e dificuldade em se adaptar às situações devido a uma grande dependência parental.

Considerando os dados acima referenciados e os critérios diagnósticos estabelecidos pelo Manual de Transtornos Mentais (DSM-V), aventou-se a hipótese de uma Deficiência Intelectual. Tomando a quantidade de apoio necessário e severidade dos sintomas, pensou-se em uma sintomatologia de grau leve.

Apesar da existência de um transtorno, algumas questões que podem influenciar os comportamentos inadequados foram identificadas. Mesmo sendo esperado certo grau de imaturidade e dependência em pessoas com Deficiência Intelectual, observou-se que Henrique se encontra muito atrasado quando se considera o senso de competência e independência por não ser estimulado pelos responsáveis. A genitora relatou que, por vezes, fazia as atividades por Henrique não o ensinando como realizá-las de forma mais eficiente e autônima. Desse modo, ele tinha poucas oportunidades para desenvolver habilidades de vida diária e autocuidado.

Identificou-se também que a genitora apresenta um estilo parental mais permissivo, comportando-se de maneira não punitiva, com dificuldades para impor limites claros. Pode-se perceber que educa de acordo com seu humor (exemplo: se feliz, permite; se estressada, recrimina) e não de forma contingente ao comportamento do filho. Ela determina regras e acaba por desrespeitá-las ou esquecê-las. Além disso, não se mostra um modelo adequado de como regular as emoções, reagindo de forma agressiva, utilizando, inclusive, de práticas corporais lesivas frente a ativação de emoções desagradáveis. Percebe-se, então, que lhe faltam estratégias funcionais e adaptativas para lidar com o filho, o que acaba por reforçar os comportamentos inadequados dele, dos quais se queixa.

Apesar de aventada a hipótese de uma Deficiência Intelectual, nota-se que o ambiente em que Henrique vive é pouco receptivo a suas dificuldades, visto que os próprios responsáveis apresentam problemas no âmbito cognitivo e relacional. Outra questão que merece ser considerada é que Henrique já apresentava 8 anos no momento da avaliação, indicando que suas dificuldades não foram observadas e tratadas com o devido cuidado. Isso pode ter se dado por desconhecimento acerca do que é tido como típico para cada idade, mas também em decorrência do pouco envolvimento e reconhecimento das necessidades da criança. Dessa forma, o diagnóstico chegará tardiamente, dificultando as intervenções e o consequente sucesso delas. Ademais, como a família conta com poucas oportunidades, o acesso a outros profissionais e à intervenções de qualidade também ficará prejudicado. Caso receba auxílio adequado, o prognóstico do caso não é ruim, tornando possível que Henrique adquira habilidade de leitura, que se comunique de forma mais fluída, que realize atividades de vida diária e que cuide de si mesmo.

Referências

American Psychiatric Association. (2013). *Diagnostic and statistical manual of mental disorders – DSM-5.* American Psychiatric Association.

Martins, D. S., Bulcão, V. S., & Tisser, L. (2018). Deficiência intelectual. In L. Tisser (Org.), *Transtornos psicopatológicos na infância e na adolescência* (pp. 35-56). Sinopsys.

Mecca, T. P., & Macedo, E. C. (2018). Avaliação na deficiência intelectual. In C. S. Hutz, D. R. Bandeira, & C. M. Trentini (Orgs.), *Avaliação psicológica da inteligência e da personalidade* (pp. 143-154). Artmed.

Mecca, T. P., Carreiro, L. R. R., & Macedo, E. C. (2018). Avaliação Neuropsicológica de Crianças com Transtornos do Neurodesenvolvimento. Em: M. R. C. Lins, M. Muniz, & L. M. Cardoso (Orgs.), *Avaliação Psicológica Infantil* (pp. 283-310). Hogrefe.

Muniz, M. & Lins, M. R. C. L. (2019). Avaliação clínica da inteligência. Em R. Gorayeb, M. C. Miyazaki & M. Teodoro (Orgs.), *PROPSICO: Programa de Atualização em Psicologia Clínica e da Saúde: Ciclo 3* (pp. 9-47). Artmed Panamericana.

Capítulo VII

AVALIAÇÃO PSICOPEDAGÓGICA NA SUPERDOTAÇÃO: PROCESSOS E DESAFIOS NA IDENTIFICAÇÃO DE TALENTOS NO CONTEXTO CLÍNICO

Karina Nalevaiko Rocha
Karina Paludo
Solange Muglia Wechsler

As altas habilidades/superdotação (AH/S) versam sobre a condição humana na qual o sujeito apresenta um potencial/desempenho acima do que espera para sua faixa etária (Alencar & Fleith, 2001). Para efeitos legais, é considerada pessoa com altas habilidades ou superdotação "aquela que apresenta habilidade significativamente superior à média da população em alguma área do conhecimento ou desenvolvimento humano, [...] podendo se destacar em uma ou algumas das seguintes áreas: saberes acadêmicos; interação social; artes e psicomotricidade." (Brasil, 2008).

Na perspectiva de Joseph Renzulli (2004), compreende-se o comportamento de superdotação como o resultado da intersecção entre três anéis, a saber: habilidade acima da média, criatividade e envolvimento com a tarefa. A habilidade acima da média abarca tanto a habilidade geral quanto a habilidade específica. A primeira, habilidade geral, refere-se a capacidade de utilizar o pensamento abstrato ao processar informação e de integrar experiências que resultem em respostas apropriadas e adaptáveis a novas situações. Já a habilidade específica relaciona-se à aptidão para várias combinações das habilidades gerais a uma ou mais áreas especializadas do conhecimento ou do desempenho humano. Por fim, o envolvimento com a tarefa pode ser entendido como motivação, vinculação e empenho dedicados em uma área de interesse, evidenciado por autoconfiança, perseverança e dedicação (Virgolim, 2007).

Diante dessa concepção, compreende-se a relação direta entre superdotação e inteligência. Durante muito tempo, o conceito de inteligência atrelava-se a interpretação unidimensional, reduzindo-se a altos escores nos testes padronizados. A superdotação, sendo assim definida e caracterizada nesse molde. Entretanto, o avanço da ciência ampliou o entendimento sobre o constructo de inteligência para uma visão multidimensional, levando em consideração, inclusive, as diferentes influências na constituição do sujeito, acarretando mudanças na maneira se compreender a superdotação (Alencar & Fleith, 2001; Panzeri, 2012; Paludo, 2014; Renzulli & Reis, 2018).

A Teoria das Inteligências Múltiplas proposta por Gardner questiona a visão unitária de inteligência que predominou até primeira metade do século XX. Ele propõe que a todas as pessoas são capazes de resolver problemas ou criar produtos em pelo menos oito diferentes e, até certo ponto, independentes áreas intelectuais, são elas: inteligência linguística, lógico-matemática, corporal–sinestésica, espacial, musical, naturalista, interpessoal e intrapessoal (Gardner, 2000; Veiga, 2014; Gama, 2014). Nesse sentido, pode-se admitir que inteligente não é mais exclusivamente a pessoa que apresenta altos escores nos testes de coeficiente intelectual (QI), aceitando que um mesmo sujeito pode ter uma habilidade superior em uma área do conhecimento, posicionar-se na média em outras, ou ainda, apresentar dificuldades em quaisquer campos do saber. Dessa forma, o entendimento reformulado de inteligência traz um impacto significativo no modo de se entender, conceituar, avaliar e identificar a superdotação.

O processo de identificação é complexo e muitas vezes, negligenciado durante toda a trajetória escolar e acadêmica (Brody, 2017). A ausência de avaliação e intervenção precoce pode não oferecer propostas e um atendimento diferenciado que possam atender as necessidades específicas de desenvolvimento das AH/S, acarretando na inibição de seu potencial. Ali e Rafi (2016) denominam os superdotados que não foram identificados de sub-realizadores: tratam-se de superdotados que têm uma grande diferença entre potencial e desempenho, isto é, suas habilidades não se desenvolveram em talentos efetivamente. Deve-se considerar que além dos prejuízos em aspectos cognitivos, relacionados a um desempenho inferior em relação as capacidades de raciocínio, processamento de informação e criatividade, há também prejuízos emocionais, podendo o superdotado revelar sentimentos de baixa autoestima, inferioridade, desmotivação e propósito para realizar determinadas atividades. Logo, é de suma importância a identificação das AH/S, pois permite encaminhamentos e intervenções adequadas.

Há muitos desafios para a identificação de AH/S. No entanto, é possível estabelecer alguns domínios. Bassinello (2014), após revisão de literatura nacional e internacional, também estabelece algumas características comumente presentes em superdotados como pensamento moral, capacidade de questionar, bom autoconceito/autoconfiança, perfeccionismo, interesses amplos, liderança, persistência, senso de humor, observação aguçada, curiosidade, capacidade de oferecer ajuda, criatividade/ imaginação, capacidade de envolver-se com a tarefa/motivação, fluência verbal, capacidade para leitura, intensidade emocional/sensibilidade com o outro, pensamento abstrato/complexo/lógico/perspicaz, capacidade para aprendizagem precoce e rápida, raciocínio superior/resolução de problemas, sucesso em atividades extracurriculares, capacidade de extrapolar conhecimentos para situações novas/ ir além do que é ensinado e boa memória (Zaia & Nakano, 2020).

Assim, considerando AH/S um tema amplo, heterogêneo, com muitos domínios e diferentes formas de manifestação em todas as fases de desenvolvimento humano, torna-se de fundamental importância estudos científicos que direcionem o processo de identificação das AH/S e indiquem encaminhamentos e intervenções adequados. Entretanto, ainda é minoritário nas pesquisas sobre AH/S estudos que considerem o tema identificação. Estudo realizado por Martins et al. (2016) aponta que o número de pesquisas e publicações no Brasil sobre identificação das altas habilidades/superdotação representa apenas 20% o número total de pesquisas sobre o assunto e que há um decréscimo nas produções após 2012, indicando assim, a importância de novos estudos que fomentem esta temática.

A multidimensionalidade e a compreensão ampliada sobre o processo de identificação considera aspectos que vão além de medidas de desempenho, como por exemplo a análise quantitativa do QI, aferido pelos tradicionais testes de inteligência (Campos et al., 2019), considerando aspectos do seu funcionamento emocional e social, habilidades sociais, inteligência emocional e potenciais, chamados de forças e virtudes (Pfeiffer, 2018). Supera-se, portanto, uma visão unitária e somente baseada em testes, já que avaliações atuais tendem a considerar diferentes instrumentos e construtos, possibilitando melhor entendimento do potencial e do funcionamento do indivíduo (Costa & Lubart, 2016). Para uma avaliação baseada em critérios científicos, a adoção de medidas de mensuração objetivas se faz necessária, sendo a avaliação psicológica um recurso importante para identificar e promover o desenvolvimento de superdotados.

A avaliação psicológica, nos seus diferentes contextos, é um processo sistemático de conhecimento a respeito do funcionamento psicológico do sujeito, de tal forma a gerar hipóteses e orientar ações, bem como tomar decisões futuras (Primi, 2010). Portanto, para uma atuação adequada, as intervenções devem ser precedidas de avaliações (Noronha, 2002). O diagnóstico para o terapeuta, deve ter a mesma função que o bastão para um equilibrista, pois é ele a base que dará suporte ao psicólogo para uma intervenção adequada (Fernández, 1991).

Os instrumentos psicológicos que irão compor a avaliação devem atender a critérios científicos e, nesse sentido, consideram-se dois aspectos fundamentais: o conceito de validade e o de fidedignidade. Por validade, entende-se o alcance em que o teste mensura o que se propõe a medir, isto é, o conhecimento do que o teste mede e de quão bem faz isso (Anastaci & Urbina, 2000). Se um instrumento não possui evidências de validade, não há segurança de que as interpretações sobre as características psicológicas das pessoas sugeridas por suas respostas na testagem são legítimas (Primi, 2010). Quanto ao conceito de fidedignidade, busca-se sua precisão, ou seja, a estabilidade com que os escores dos testandos conservam-se em aplicações alternativas de um mesmo teste ou em formas equivalentes de testes distintos. Assim, o teste deve ser capaz de produzir escores que diferenciam testandos com diferentes graus de habilidade (Primi, 2010).

Isso posto, o processo de identificação de AH/S deve considerar instrumentos psicológicos válidos e fidedignos, assim como estar fundamentado em uma concepção teórica de inteligência e de altas habilidades/superdotação, abarcando informações quanti e qualitativas, de modo a possibilitar a identificação da pessoa superdotada. Tal avaliação reúne um conjunto de traços e características individuais que, à luz da teoria, permite o reconhecimento do sujeito superdotado.

Diante disso, o presente trabalho tem como objetivo apresentar um estudo de caso de uma criança superdotada. Procurou-se enfatizar a importância da condução desse processo considerando diferentes constructos e disciplinas da Psicologia e Pedagogia, obtendo uma avaliação completa e integral sobre o perfil da avaliada. Buscou-se também demonstrar a importância dessa avaliação, visando garantir encaminhamentos e direcionamentos adequados. Para preservar o sigilo da identidade da avaliada, será utilizado um nome fictício. Tal estudo utiliza um modelo teórico com base nos pressupostos de Howard Gardner (2000) acerca do constructo de inteligência e, de Joseph Renzulli acerca do comportamento de superdotação (2004; 2014).

Descrição, apresentação do caso e motivo da avaliação

Juliana tem 10 anos e no momento da avaliação estava no 5º ano de uma escola particular. A aluna em questão foi selecionada após a identificação dos professores, que percebiam um desempenho superior. Os pais, então, solicitaram avaliação psicopedagógica no intuito de averiguar a referida hipótese e propiciar melhores condições de desenvolvimento da filha.

A avaliação de Juliana foi multidisciplinar, considerando as áreas da psicologia e pedagogia, com duas profissionais com *expertise* em superdotação. Ao fim, foram elencados os aspectos mais importantes dos resultados psicológicos e pedagógicos para o presente trabalho. O processo ocorreu entre agosto e novembro de 2019, compreendendo 12 sessões de 1 hora realizadas semanalmente, reunião presencial na escola e anamnese com os pais.

Apresentação dos dados

Inicialmente, serão apresentados os resultados alcançados e, tendo em vista os objetivos deste trabalho e a inviabilidade de apresentar o relatório da avaliação na íntegra, os dados se apresentarão de forma resumida. Serão considerados os achados mais relevantes e pertinentes às discussões que se propõem neste capítulo.

Comportamento durante a avaliação

A avaliada mostrou-se educada e de fácil trato. Mais reservada, apresentou tendência introvertida, mas manteve uma postura colaborativa e participativa durante toda a avaliação. Mostrou facilidade de concentração e persistência para encontrar a resposta certa. Também revelou preocupação com seu desempenho e inclinação para um comportamento perfeccionista, com a intenção de alcançar o melhor resultado, buscando se superar.

Considerações da escola e da família

A escola relatou perceber Juliana como uma aluna muito comunicativa, com destaque acadêmico e muita facilidade com as diferentes atividades escolares, sobretudo na leitura e escrita. A professora regente descreveu a aluna como alguém com dificuldade quando em situações de competição, que demonstra reações de medo ao não atingir as metas esperadas. Em relação a interação social, a escola percebe bom relacionamento com os professores, funcionários da escola e colegas, sempre muito respeitosa. Percebe-se nela um perfil de liderança e tendência de organizar o grupo, no entanto, com alguma dificuldade de socialização quando os colegas estão muito abaixo do seu rendimento, que é visto como acima do esperado para sua etapa de escolaridade. A menina mostra-se comprometida, atenta e participativa, e seu ritmo em sala de aula além em comparação com os colegas. Ela termina a tarefa antes dos outros alunos, com qualidade e respostas objetivas.

A família relatou que a gestação e a evolução psicomotora de Juliana deram-se dentro do esperado. Começou a falar com 1 ano, com algumas trocas de letras. Desde pequena apresenta quadros de alergia (rinite e dermatite). Quanto a aspectos comportamentais, a família percebe Juliana agitada, ansiosa, aspecto que também se apresenta no sono agitado com a presença de pesadelos e enurese noturna. A criança já está em acompanhamento psicológico. Os pais descrevem uma convivência positiva na família e consideram que ela possui um relacionamento superficial com os colegas. A família destaca a espontaneidade como principal qualidade de Juliana, ao passo que percebe comportamentos interpretados como "preguiça".

Resultados da Avaliação Psicológica, Pedagógica e da Superdotação

Para melhor compreensão, os dados referentes a avaliação serão descritos nas Tabela 1, Tabela 2 e Tabela 3. A Tabela 1 apresenta os resultados da avaliação da inteligência através do teste WISC-IV (Wechsler, 2013). A Tabela 2 apresenta os resultados dos demais testes quantitativos da avaliação psicológica e os instrumentos utilizados e a Tabela 3 sintetiza as principais informações e instrumentos da avaliação pedagógica. Ainda na sequência, serão apresentados os dados qualitativos, referentes aos aspectos emocionais avaliados através do teste projetivo HTP - *House, Tree and Personal* (Alves & Tardivo, 2003) e as informações dos questionários e informações referentes a Superdotação. A análise dos dados e a discussão será apresentada no tópico seguinte. Importante ressaltar que nesse trabalho o laudo não será reproduzido na íntegra, mas agrupará informações mais relevantes de forma dinâmica. Assim o documento original segue todas as orientações do Conselho Federal do Psicologia para elaboração de laudos.

Tabela 1 – Índices de interpretação da pontuação atingida em WISC-IV

	Ponto Composto/ QI	Percentil	Intervalo de confiabilidade 95%	Classificação
Compreensão Verbal	128	97	119-133	*Superior*
Organização Perceptual	140	99	130-144	*Muito Superior*
Memória Operacional	129	97	120-134	*Superior*
Velocidade de Processamento	131	99	118-136	*Muito Superior*
QI Total	141	99	149-159	*Muito Superior*

Tabela 2 – Resultados da área psicológica

Domínio	Instrumento	Resultado em Percentil	Classificação
Atenção	Bateria Psicológica para Avaliação da Atenção - BPA (Rueda, 2013)	Atenção Geral: 97 Atenção Concentrada: 95 Atenção Dividida: 95 Atenção Alternada: 95	Superior Superior Superior Superior
Memória	Figuras Complexas de Rey – Teste de cópia e reprodução de memória de figuras geométricas complexas (Oliveira & Rigoni, 2014)	Análise de cópia: 60 Análise de memória: 60	Médio Superior Médio Superior
Criatividade	Teste de Criatividade Figural Infantil (Nakano et al, 2011)	Enriquecimento de ideias: 42 Emotividade: 84 Preparação Criativa: 78 Aspectos cognitivos: 93 Escore geral: 80	Médio Superior Acima da Média Superior Acima da Média

Domínio	Instrumento	Resultado em Percentil	Classificação
Emocional	Escala Baptista de Depressão Infanto-Juvenil – EBADEJ-I (Baptista, 2018);	Percentil: 26	Ausência de sintomatologia depressiva.
	Inventário de Habilidades Sociais, problemas de comportamento e competência acadêmica para crianças – SRSS (Gresham & Elliot, 2016)	Percepção da criança: Escore geral: 55 Empatia/ Afetividade: 30 Responsabilidade: 100 Autocontrole/ civilidade: 55 Assertividade: 56 Percepção dos pais: Escore geral: 35 Responsabilidade: 70 Autocontrole: 50 Afetividade/Cooperação: 30 Desenvoltura Social: 35 Civilidade: 40 Problemas de comportamento: 55	Percepção da criança: Bom Repertório Repertório Médio Inferior Repertório Altamente Elaborado Bom Repertório Bom Repertório Percepção dos pais: Repertório Médio Inferior Repertório Elaborado Bom Repertório Repertório Médio Inferior Repertório Médio Inferior Bom Repertório Repertório Mediano
	Escala de Autoestima de Rosenberg (Hutz, Zanon, & Vazquez, 2014)*	Percentil: 75	Indicador de um autoconceito positivo

*Instrumento não é validado pelo Satepsi, mas apresenta estudos de validade e normatização publicados.

Tabela 3 – Resultados da área pedagógica

Domínio	Instrumento	Resultado em Percentil	Classificação
Linguagem	Teste de Desempenho Escolar - TDE II (Milnitsky et al, 2019)	Leitura: 99 Escrita: 99	Acima do Esperado Acima do Esperado
Pensamento Aritmético	Teste de Desempenho Escolar - TDE II (Milnitsky et al, 2019)	Aritmética: 90	Acima do Esperado
Motivação Escolar	Escala para Avaliação da Motivação Escolar Infantojuvenil - EAME-AJ (Martinelli & Sisto, 2011)	Não se aplica	Motivação Intrínseca – Mediano Motivação Extrínseca – Baixo
Estratégias e Estilos de Aprendizagem	Escala de Avaliação das Estratégias de Aprendizagem para o Ensino Fundamental - EAVAP-EF (Oliveira et al, 2010)	Estratégias de Aprendizagem: 45 Estratégias Cognitivas: 25 Estratégias Disfuncionais: 65 Estratégias Metacognitivas: 50	Abaixo do esperado Abaixo do esperado Ausente Dentro do esperado Estilo de Aprendizagem – Auditivo

Síntese dos aspectos emocionais e da superdotação

Para avaliação dos aspectos emocionais, o instrumento qualitativo utilizado foi o *House, Tree and Personal* (Alves & Tardivo, 2003). Os dados qualitativos sugerem forte energia e vitalidade, postura mais defensiva e reservada e uso da fantasia como forma de expressão. Revela se perceber em um ambiente mais restritivo e tenso, seja por questões externas, próprias do ambiente, ou mesmo de uma autopercepção, motivada por questões intrínsecas como auto cobrança. Demonstra sentimentos de ansiedade.

Quanto a superdotação, os instrumentos utilizados foram Questionário de Identificação de Indicadores de AH/S em Áreas Artísticas e Esportivas – Pr (QCCAE) (Pérez & Freitas, 2015); Questionário de Identificação de Indicadores de AH/S – Professor – QIIAHSD – Pr (Pérez & Freitas, 2015); Questionário de Identificação de Indicadores de AH/S – Professor – QIIAHSD – R (Pérez & Freitas, 2015); Lista de

Verificação de Identificação de Indicadores de AH/S – LIVIAHSD (Pérez & Freitas, 2015). Os questionários foram enviados e preenchidos pelos professores durante a avaliação. Os dados coletados através dos questionários, comportamentos observados durante a avaliação e demais aspectos qualitativos sugerem capacidade mnemônica, informações sobre temas de seu interesse, conhecimento de palavras difíceis e complexas, rapidez de aprendizagem, desempenho superior em matemática, qualidade da escrita, leitura desenvolvida, velocidade de processamento e pensamento abstrato (capacidades acima da média e presença de desempenho superior). Revela curiosidade aguçada, facilidade em resolver problemas, soluções diferenciadas para as diferentes demandas e grande capacidade para gerar novas ideias (presença da criatividade). Denota persistência, obstinação e foco na execução das tarefas- presença do envolvimento com a tarefa. Quanto as inteligências múltiplas, Inventário de Inteligências Múltiplas (Gardner, 1999), os dados sugerem inteligência linguística e lógico-matemática acima da média.

Análise dos dados e discussões

Compreensão Verbal e Linguagem

A compreensão verbal e a organização perceptual relacionam-se com o raciocínio fluido, fundamentais para avaliação cognitiva e relacionadas as habilidades de manipulação de abstrações, regras, generalizações e relacionamentos lógicos (Carroll, 1993). A avaliação da compreensão verbal é realizada por meio de 5 subtestes: Semelhanças, Vocabulário, Compreensão, Informação e Raciocínio com Palavras. Essa dimensão associa-se a capacidade de estabelecer elementos comuns entre pares de palavras, habilidade de leitura e interpretação (Wechsler, 2013; Pessotto & Bastholomeu, 2019). A avaliada mostra grande facilidade em estabelecer semelhanças entre diferentes objetos e estímulos, e demonstra um nível superior de abstração nas respostas e utilização de um conceito amplo e geral, categorizando de maneira adequada tanto itens mais concretos (ex.:maçã e banana) quanto abstratos (ex.: rir e chorar).

Esse é um dado corroborativo com a avaliação pedagógica em linguagem, que se refere ao sistema utilizado pelo sujeito para se comunicar, composto pela oralidade, escrita e leitura, perfazendo-se como fundamental para propiciar o desenvolvimento acadêmico (Milnitsky, et.al, 2019). Quanto aos aspectos quantitativos da avaliação pedagógica, a avaliada alcança classificação superior, demonstrando desempenho superior quando comparada à população da sua faixa etária.

Em relação aos dados qualitativos, apresenta estrutura de pensamento coerente, coesa, conclusiva, imaginativa, com fluência nas respostas, vocabulário rico e condições de argumentação, apontado para um desempenho de qualidade na comunicação oral.

Atenção e Organização Perceptual

A atenção trata-se da capacidade da pessoa selecionar e manter o controle da entrada de informações externas e do processamento de informações internas necessárias em um determinado momento e está estritamente relacionada ao processo de aprendizagem. Ela é uma das funções cognitivas e pode ser classificada em diferentes tipos, a saber: alternada, dividida e concentrada. A atenção alternada trata da capacidade de focar a seletividade da atenção ora em um estímulo, ora em outro, por um determinado período de tempo. A atenção dividida, por sua vez, versa sobre a capacidade de procurar dois ou mais estímulos simultaneamente, enquanto a atenção concentrada traduz a capacidade da pessoa de selecionar apenas uma fonte de informação diante de vários estímulos distratores presentes (Rueda, 2013).

A avaliada alcança percentil 95, sendo esse um dado que se relaciona e corrobora com a capacidade em perceber estímulos à sua volta, evidenciado através da organização perceptual. Sua avaliação é obtida a partir dos seguintes subtestes: Cubos, Conceitos Figurativos, Raciocínio Matricial, e Completar Figuras. Associam-se a capacidade de analisar, sintetizar e reproduzir um estímulo visual abstrato tridimensional, formar grupos com características comuns e identificar detalhes omitidos em figuras sociais (Wechsler, 2013; Pessotto & Bastholomeu, 2019). A avaliada apresenta percentil 99 e demonstra um desempenho muito superior para sua faixa etária em todos os subtestes citados, o que indica grande facilidade tanto na percepção de estímulos quanto na organização destas informações para sua compreensão.

Ainda, informações da família, da escola e do seu comportamento durante a avaliação e nas atividades lúdicas, descritas como foco e capacidade de concentração relacionam-se com os dados alcançados nas medidas quantitativas. Assim, os dados indicam uma capacidade superior em atenção e organização perceptual, contribuindo e facilitando o processo de aprendizagem.

Memória e Memória Operacional

A memória é entendida como a capacidade de guardar informações aprendidas para serem utilizadas posteriormente. O conceito ainda se subdivide em memória imediata (diretamente ligada ao foco de atenção, limitada e que ocupa o pensamento presente), memória de trabalho (limitada a conservação temporária da informação recebida e estimulada por repetição) e memória de longo prazo (maior capacidade de armazenamento, mantém a informação mais estável e possui processo de esquecimento mais lento) (Oliveira & Rigoni, 2014). A avaliada alcança percentil 60 e classificação médio superior na avaliação quantitativa das diferentes classificações descritas. Este é um dado que se relaciona com o resultado alcançado em memória operacional.

A memória operacional é avaliada a partir dos seguintes subtestes: dígitos, sequência de números, letras e aritmética. Estudos atuais demonstram que a memória operacional é um componente essencial aos processos cognitivos e está diretamente relacionada ao aprendizado e realizações (Perlow, Jattudo & Moore, 1997). Refere-se a habilidade de manter-se consciente da informação recebida, desenvolver uma atividade, manipulá-la e, a partir dela, produzir resultados (Wechsler, 2015). A avaliada apresenta percentil 97 e índice superior para sua idade. Mostra facilidade relacionada a memória auditiva de curto prazo, sequenciamento, atenção e concentração. Esse dado indica que há facilidade para atividades que demandem compreensão e memória remota. Ainda, informações da família e escola, quanto a capacidade de acumular conhecimentos e informações em diferentes áreas atesta para a relação entre o comportamento manifestado e os resultados no teste.

Velocidade Perceptual

A velocidade perceptual é avaliada através dos subtestes Códigos, Procurar Símbolos e Cancelamento. Pesquisas indicam que a velocidade de processamento das informações está diretamente relacionada a capacidade mental, ao desenvolvimento, desempenho em leitura e raciocínio (Kail, 2000). Juliana apresenta percentil 99, índice muito superior ao esperado para sua idade, com habilidades relacionadas a memória de curto prazo, aprendizado, percepção visual, atenção e motivação. Esse é um dado que se associa aos achados supracitados e corrobora com o desempenho acadêmico da avaliada.

Aspectos sociais e emocionais

Os aspectos emocionais do superdotado cada vez mais são discutidas no meio acadêmico. Entende-se que as características durante o desenvolvimento emocional nas AH/SD são heterogêneas (Fleith, 2007). É nesse sentido que as pessoas com AH/SD podem sentir e perceber seu ambiente como se estivessem numa caixa amplificadora em que as situações tomam uma proporção maior devido à sensibilidade afetiva diferenciada. Essa capacidade afetiva os faz perceber coisas que os outros não sentem, sentir emoções conflitantes, embasadas em uma profunda compreensão das implicações morais de cada situação (Sabatella, 2005).

Os dados coletados a partir do teste projetivo HTP sugere a presença de ansiedade e auto cobrança, relacionando-se aos achados da literatura. Ainda, ela é avaliada com um repertório acima da média em responsabilidade no instrumento SRSS, possivelmente auto atribuindo-se expectativas de um desempenho superior à suas tarefas e valendo-se de altos padrões internalizados, o que pode acarretar em sentimentos de angustia e ansiedade. A família também a percebe com um repertório elaborado neste quesito.

Quanto aos aspectos interpessoais, por meio do instrumento SRSS a criança percebe-se com repertório inferior em empatia e afetividade, o que se relaciona ao discurso da família ao percebê-la mais distante e com relações superficiais com seus amigos, também evidente nos dados quantitativos da avaliação. A família a percebe com um repertório médio inferior em desenvoltura social e afetividade/ cooperação. Sua autopercepção em assertividade pode estar relacionada ao discurso da escola quanto a sua capacidade de liderar e conduzir grupos.

Aspectos da criatividade

A criatividade tem sido estudada e definida de diversas maneiras, sugerindo a existência de um fenômeno complexo, com múltiplas facetas (Wechsler, 2008). A avaliada demonstra um potencial criativo considerado acima da média para sua idade e nível de escolaridade. Destaca-se sua capacidade de expressar emoções em desenhos, facilitador à criatividade, já que as emoções auxiliam no processo de iluminação e inspiração, permitindo soluções criativas aos problemas. Ela mostra habilidade cognitiva criativa acima da média, o que indica boa capacidade e abertura psicológica para novas soluções.

Esses dados corroboram com o discurso da escola, família e também com o observado durante a avaliação. São apresentadas características como facilidade em gerar um grande número de ideias aos problemas apresentados, capacidade em pensar propostas de categorias diferentes, capacidade em melhorar ideias apresentadas, abertura a novas experiências, persistência e facilidade na resolução de problemas, apresentação de ideias inovadoras e originais, facilidade em identificar os problemas através de perguntas exploratórias, curiosidade entre outras.

Motivação Escolar, Estratégias e Estilos de Aprendizagem

A motivação escolar do aluno superdotado é estudada na literatura e, por vezes, evidencia-se como uma queixa escolar. Ao contrário do que se possa imaginar, tais estudantes não estão isentos de apresentar dificuldades no ambiente escolar, e, por sua vez, não ter suas habilidades superiores atendidas (Pérez, 2002; Rech & Freitas, 2005). A desmotivação e desinteresse pelas atividades escolares, muitas vezes estão associadas a falta de estímulos, poucos desafios e aulas extremamente repetitivas (Cunha, et.al, 2020)

Na presente avaliação, a baixa motivação escolar foi um aspecto que se evidenciou através dos dados quantitativos, mesmo que não tenha sido algo apontado pela escola. Isso significa que embora a avaliada desempenha as propostas escolares, ela poderia ter um melhor desempenho se fossem lhe disponibilizadas propostas mais desafiadoras. Além disso, o baixo desempenho também relacionado a estratégias de aprendizado corroboram com a desmotivação.

Considerações finais e encaminhamentos

De acordo com Joseph Renzulli (2004), a superdotação contempla, necessariamente, três aspectos ou anéis, são eles: capacidade acima da média, comprometimento com a tarefa e criatividade. Com base na avaliação realizada, é possível constatar que a avaliada demonstra alta capacidade mnemônica, tem muitas informações sobre temas de seu interesse, conhece mais palavras difíceis e complexas que o esperado para sua idade, aprende mais rápido que os colegas de turma, evidencia desempenho superior em matemática, escreve texto com qualidade superior ao esperado para sua etapa escolar, tem capacidade de leitura desenvolvida, além de rapidez de processamento e pensamento abstrato desenvolvido. Tais atributos circunscrevem *capacidade acima da média*.

A avaliada apresenta criatividade acima da média em teste padronizado, bem como curiosidade aguçada, facilidade em resolver problemas, soluções diferenciadas para as diferentes demandas e grande capacidade para gerar novas ideias, evidenciando o anel da *criatividade*. Juliana é persistente, obstinada e focada na execução das tarefas, especialmente quando do seu interesse, evidenciando *envolvimento com a tarefa*.

Das oito áreas de inteligência investigadas (corporal-cinestésica, naturalista, lógico-matemática, linguística, musical, espacial, interpessoal e intrapessoal), afirma-se que Juliana encontra-se **acima da média** na inteligência **linguística** e **lógico-matemática**. Tendo em vista o objetivo do presente processo de avaliação psicopedagógica, constata-se que a avaliada possui a condição superdotação. Apresenta potencial/ desempenho acima do que se espera para sua faixa etária nas áreas linguística e lógico-matemática. Ela pode ser caracterizada com o perfil de superdotação do tipo acadêmica.

A avaliação permite alguns encaminhamentos, como a continuidade do acompanhamento psicoterapêutico para auxiliar no manejo da ansiedade e com orientação aos pais em relação ao trato com a filha. Do ponto de vista pedagógico, sugere-se o enriquecimento intracurricular (Brasil, 2008), sob cuidado da instituição escolar, que viabiliza a adaptação da proposta curricular prevista para o ano no qual a aluna está matriculada, com exclusão dos conteúdos que a estudante domina e aprofundamento de seu ensino. O pressuposto dessa intervenção é oportunizar desafios para que a avaliada se sinta motivada, encorajada e desenvolva seu potencial. Também, propõe-se o enriquecimento extracurricular (Brasil, 2008), sob cuidado da instituição escolar, traduzido pela oferta de atendimento pedagógico no contraturno do período das aulas, com destaque para a sala de recursos, na qual Juliana deve ter oportunidade de desenvolver temáticas de seu interesse, além do contato com indivíduos com pares de potencial.

Assim, o presente estudo contribui com a temática identificação de AH/S e ressalta a importância de uma avaliação multidimensional e multidisciplinar, considerando a área da Psicologia e da Pedagogia, as contribuições da escola, os pais e as observações gerias, tomando como base não apenas dados quantitativos, mas relacionando-os com aspectos qualitativos. A proposta de avaliação ora defendida e compartilhada objetiva promover encaminhamentos necessários para a promoção do potencial do indivíduo. Nesse caso, foi requerida a continuidade de acompanhamento psicológico, orientação familiar e enriquecimento curricular. Cabe salientar que esse estudo apresenta limitações, restringindo-se a avaliação de apenas um caso em específico e, sendo assim, novos estudos poderiam vir a considerar amostras maiores e com mais dados para relacionar as dimensões avaliadas. Dessa forma, o conteúdo aqui proposto fomenta novos estudos e contribui para a expansão desta temática de grande importância para a educação e para o campo da psicologia.

Referências

Alencar, E. S. & Fleith, D. (2001). *Superdotados: determinantes, educação e ajustamento.* EPU.

Alencar, E. M. S. (2007). Características sócio-emocionais do superdotado: questões atuais. *Psicologia em Estudo, 12*-(2), 371-378.

Ali, S. & Rafi, M. M. (2016). New Strategies to identifying and empowering gifted underachievers. *International Journal of Humanities Social Sciences and Education- IJHSSE, 3*-(4), 84-89.

Anastasi, A. & Urbina, S. (2000). *Testagem psicológica* (7ª ed.). Artmed.

Baptista, M.N. (2018). *Escala Baptista de Depressão Infanto-Juvenil – EBA-DEP-IJ.* Manual Técnico. Hogrefe.

Bassinello, P. Z. (2014). *Construção de Escala de Autorrelato para Identificação de características associadas à Superdotação* [Dissertação de Mestrado, Pontifícia Universidade Católica de Campinas] TEDE PUC-Campinas.

Brody, L. (2017). Meeting the individual educational needs of students by applying talent search principles to school settings. In: J.A. Plucker, A.N. Rinn, & M.C. Makel (Eds.), *From Giftedness to gifted education: reflecting theory in practice* (pp. 43-63).

Buck, J. N. (1948). *Coleção HTP - técnica projetiva de desenho: manual e guia de interpretação.* Vetor.

Campos, C.R., Zaia, P., Oliveira, K.S. & Nakano, T.C. (2019). Avaliação Psicológica e intervenção: um estudo de caso sobre altas habilidades/ superdotação. *Revista Educação Especial, 32*, 2-12. https://doi.org//doi.org/10.5902/1984686X39550

Carrol, J. B. (1993). *Human Cognitive Abilities.* Cambridge University Press.

Carvalho da Veiga, E. (2014). Altas Habilidades/Superdotação e a psicopedagogia modular: avaliando potencialidades. *Revista Educação Especial, 27* (50),641-647.

Costa, M.P. & Lubart, T. (2016). Gifted and talented children: heterogeneity and individual differences. *Anales de psicologia, 32* (3), 662-671.

Cunha, V. A. B. & Rondini, C. A. (2020). Queixas Escolares Apresentadas por Estudantes com Altas Habilidades/ Superdotação: Relato Materno. *Psicologia Escolar e Educacional, 24.* https://dx.doi.org/10.1590/2175-35392020216840

Fernandez, A. (1991). *A Inteligência aprisionada: abordagem psicopedagógica clínica da criança e sua família.* Artmed.

Gama, M. C. S. (2006). *Educação de Superdotados: teoria e prática.* EPU.

Gardner, H. (2000). *Inteligência: um conceito reformulado.* Objetiva.

Gresham, F. M., & Elliott, S. N. (2016). *SSRS - Inventário de Habilidades Sociais, Problemas de Comportamento e Competência Acadêmica para Crianças.* Pearson.

Hutz, C. S., Zanon, C., & Vazquez, A. (2014). Escala de Autoestima de Rosenberg. In C. S. Hutz (Eds.), *Avaliação em psicologia positiva* (pp. 85-94). Artmed

Kail, R. (2000). Speed of information processing: Developmental change and links to intelligence. *Journal of School Psychology, 38* (1), 51– 61.

Martins, B., Amaral, P., Ketilin M. & Ogeda, C. M. M. (2016). Altas habilidades/superdotação: o que dizem as pesquisas sobre estas crianças invisíveis?

Psicologia Escolar e Educacional, 20 (3), 561-568. https://doi.org/10.1590/2175-3539201502031046

Nakano, T.C., Wechsler, S. M. & Primi, R. (2011). *Teste de Criatividade Figural Infantil.* Editora Vetor.

Noronha, A. P.P (2002). Os problemas mais graves e mais frequentes no uso dos testes psicológicos. *Psicologia: Reflexão e Crítica.* 15 (1), 135-142.

Oliveira, M.S. & Rigoni, M. S. (2014). *Figuras complexas de Rey: Teste de cópia e de reprodução de memória de figuras geométricas complexas.* Casa do Psicólogo.

Paludo, K.I. (2013). Altas habilidades/superdotação sob a ótica do Sistema Teórico da Afetividade Ampliada: relações entre identidade e resiliência [Tese de Doutorado Universidade Federal do Paraná]. DSPACE – Acervo digital da UFPR. http://acervodigital.ufpr.br/handle/1884/32046

Panzeri, M. V. (2012). *Detección e identificación de altas capacidades intelectuales y creativas:* una abordaje para el profesorado y los prefesionales de la educación y la salud. Nueva Librería.

Pérez, S. G. P. B.& Freitas, S. N. (2011). Encaminhamentos pedagógicos com alunos com altas habilidades/superdotação na educação básica: o cenário brasileiro. *Educar em Revista, 41,* 109-124.

Pérez, S. G P. B. (2008). *Ser ou não ser, eis a questão: o processo de construção da identidade na pessoa com altas habilidades/superdotação adulta.* [Tese de Doutorado Pontifícia Universidade Católica do Rio Grande do Sul] Repositório Institucional PUCRS. https://repositorio.pucrs.br/dspace/handle/10923/2662

Pérez, S. G P. B & Freitas, S. N. (2016). *Manual de Identificação de altas habilidades/superdotação.* Apprehendere.

Perlow, R., Jatusso, M. & Moore, D. D. W. (1997). *Human Performance, 10*(3), 283–302. https://doi.org/10.1207/s15327043hup1003_4

Pessotto, F. & Bartholomeu, D. (2019). Guia prático das escalas Wechsler. Pearson.

Pfeiffer, S. (2018). Understanding success and psychological well-being of gifted kids and adolescents: Focusing on strengths of the heart. Estudos de Psicologia (Campinas), 35(3), 259-263. https://doi.org/10.1590/1982-02752018000300004.

Primi, R. (2010). Avaliação psicológica no Brasil: fundamentos, situação atual e direções para o futuro. *Psicologia: teoria e prática,* 35(n. esp), 25-35.

Rech, A. J. D. O.; Freitas, S. N. (2005). O Papel do Professor junto ao aluno com Altas Habilidades. *Revista Educação Especial, 25,* 1-7.

Renzulli, J. O. (2004). O que é esta coisa chamada Superdotação e como a desenvolvemos? Uma retrospectiva de vinte e cinco anos. *Revista Educação, 52*(1), 75-81.

Rueda, F.J.M. (2013). *Bateria Psicológica para Avaliação da Atenção – BPA*. São Paulo: Vetor.

Virgolim, A. M. R. (2007). *Altas habilidades/superdotação*: encorajando potenciais. Ministério da Educação, Secretaria de Educação Especial.

Wechsler, D. (2013). *Escala de Inteligência Wechsler para Crianças: WISC-IV - Manual de instruções para aplicação e avaliação*. Casa do Psicólogo.

Winner, E. (1998). *Crianças superdotadas: mitos e realidades*. Artmed.

Zaia, P., & Nakano, T. C. (2020). Escala de Identificação das Altas Habilidades/Superdotação: Evidências de Validade de Critério. *Revista Iberoamericana de Diagnóstico y Evaluación e Avaliação Psicológica – RIDEP, 55*(2). https://doi.org/10.21865/RIDEP55.2.03

Capítulo VIII

AVALIAÇÃO PSICOLÓGICA E TDAH: ESTUDO DE CASO

Manuela Ramos Caldas Lins
Ariadny Suci de Campos Abbud

Tem sido crescente o número de crianças encaminhadas para avaliações psicológicas com a suspeita de Transtorno de Déficit de Atenção e Hiperatividade (TDAH). Tendo isso em vista, é fundamental que psicólogos conheçam o transtorno e saibam como realizar uma avaliação acurada, de modo a fugir de erros de diagnósticos e de medicalizações desnecessárias.

No Manual Diagnóstico e Estatístico de Transtornos Mentais – 5ª edição, DSM -V (*American Psychiatric Association* [APA], 2013) o TDAH está descrito no capítulo "Transtornos do Neurodesenvolvimento". Segundo os critérios listados nesse manual, para que o diagnóstico seja confirmado, é preciso que o sujeito apresente: (a) um padrão persistente de desatenção e/ou hiperatividade que interfira no seu funcionamento, em que devem ser identificados seis ou mais sintomas de desatenção (ex: dificuldade para permanecer em uma tarefa ou brincadeira, para organizar tarefas e atividades, dentre outras) e/ou hiperatividade-impulsividade (ex: atividade excessiva, inquietação, dificuldade de permanecer sentado e aguardar sua vez, dentre outras), por pelo menos seis meses; (b) os sintomas devem se fazer presentes antes dos 12 anos de idade; (c) os sintomas devem ser identificados em dois ou mais ambientes; (d) os sintomas devem necessariamente interferir no modo de funcionamento do sujeito; e (e) os sintomas não podem ser melhor explicados por outros transtornos.

O TDAH pode se apresentar de três formas, de acordo com o DSM-V: (1) predominantemente desatento; (2) predominantemente hiperativo-impulsivo; e (3) combinado (APA, 2013). Para que seja identificado corretamente o subtipo, é preciso que se observe a sintomatologia apresentada pela criança nos mais variados contextos, e sob a supervisão de diferentes agentes. É fundamental ainda que se avalie a quantidade e intensidade dos sintomas, bem como o prejuízo causado aos sujeitos, pois sintomas de desatenção e hiperatividade podem ser encontrados em indivíduos sem o transtorno (Silva & Wagner, 2017). Além disso, tais informações auxiliam na identificação da gravidade – leve, moderada ou grave – do transtorno (APA, 2013).

O diagnóstico de TDAH é eminentemente clínico, pois não existem marcadores biológicos que expliquem a variabilidade sintomática presente em todos os casos. Tal diagnóstico deve ser baseado em sistemas classificatórios como o DSM e a investigação acerca dos sinais e sintomas deve englobar o ambiente escolar, familiar e social (Rotta, 2016; Silva & Wagner, 2017; Tisser, Ribeiro & Bombassaro, 2018). Por essa razão, para que o quadro completo seja compreendido, é fundamental realizar entrevistas com múltiplos informantes e utilizar uma gama variada de instrumentos e técnicas psicológicas. Quanto mais informação o profissional tiver, mais segurança terá de que sua hipótese diagnóstica está correta.

Para Silva e Wagner (2017) avaliar crianças e adolescentes demanda cuidado especial, pois estão em plena maturação cerebral. Carreiro, Marino e Ribeiro (2018) salientam que é preciso ainda mais cautela quando se avalia crianças pré-escolares, pois alguns comportamentos tidos como problema são considerados típicos para a idade, especialmente no que concerne à hiperatividade/impulsividade. Em decorrência disso, segundo estes últimos autores, quanto mais nova a criança, maior a probabilidade de erro diagnóstico.

Considerando a importância de se conduzir avaliações psicológicas com qualidade técnica e ética, e que possibilitem o levantamento de hipóteses diagnósticas ajustadas e a proposição de intervenções adequadas, o presente capítulo tem por objetivo apresentar um estudo de caso sob a suspeita de TDAH, o qual foi supervisionado pela primeira autora, em uma clínica escola. Não será possível esgotar, com esse único caso, todas as possibilidades em termos de instrumentos e ferramentas técnicas, mas poderá auxiliar na construção do raciocínio clínico utilizado para a condução do processo avaliativo.

Dados Sociodemográficos

Nome: Marcelo[1]
Sexo: Masculino
Idade: 10 anos
Data de Nascimento: 18/11/2009
Escolaridade: Ensino Fundamental Incompleto (Escola Pública)
Naturalidade: Brasília
Responsáveis: Maria (30 anos - do lar) e José (40 anos - Motoboy)
Classe socioeconômica: C2 (corresponde a uma renda familiar bruta de cerca de dois salários mínimos)
Região de moradia: bairro de classe socioeconômica baixa

Solicitação da avaliação

Marcelo foi encaminhado para Avaliação Psicológica pela equipe escolar, em função de sua dificuldade em manter a atenção durante as aulas. Em decorrência disso, apresenta dificuldades em algumas disciplinas e seu nível de leitura e escrita encontra-se abaixo do esperado para sua idade e escolaridade, de acordo com o relato da professora. Ademais, a referida profissional informou que Marcelo levanta-se com frequência e chama a atenção dos demais para si, o que acarreta na dispersão dos pares. Quando advertido, apresenta comportamentos agressivos verbais, e não atende as normas/regras propostas pelos adultos.

Dados da entrevista inicial e anamnese

A entrevista inicial foi realizada com os genitores de Marcelo, Maria e José. Eles relataram que o filho sempre foi desatento, apresentando dificuldades para se concentrar, mesmo em atividades consideradas prazerosas

[1] Todos os nomes utilizados são fictícios, de modo a garantir o anonimato dos envolvidos.

(ex.: assistir televisão). Segundo a mãe, Marcelo "vive no mundo da lua" e não atende suas ordens, mesmo quando grita (o que acontece com uma frequência alta). Maria relatou que ele se distrai com facilidade e levanta da cadeira por qualquer motivo (ex.: beber água e/ou pegar um objeto que esqueceu) sempre que está fazendo as tarefas escolares. Além disso, a mãe descreve que, em geral, ele esconde ou destrói as advertências enviadas pela professora, por medo de ser repreendido.

Ainda de acordo com os familiares, Marcelo apresenta dificuldade para interagir espontaneamente com outras pessoas (tanto crianças quanto adultos). Mantém-se tímido e introvertido, especialmente frente a situações novas. Segundo eles, apesar de frequentarem ambientes sociais como, por exemplo, a igreja, o círculo social familiar é restrito e o convívio gira em torno de familiares próximos (pais e avós maternos). Afirmam que Marcelo, muitas vezes, prefere brincar sozinho, não possuindo um grande número de amigos.

Apesar dessas dificuldades, ambos descreveram Marcelo como tendo uma inteligência acima do esperado para sua idade, com vocabulário amplo e bem estruturado. Segundo eles, Marcelo se interessa por jogos, especialmente os eletrônicos, mas muda constantemente seu foco de interesse. Para eles, as dificuldades de Marcelo decorrem da sua falta de atenção e não se associa a um rebaixamento intelectual.

Em relação aos comportamentos considerados problemáticos pela família, relatam que "já tentaram de tudo", desde o diálogo até a punição, sendo esta a estratégia mais frequentemente utilizada. Tentam conversar sobre as razões de serem comportamentos inadequados, mas em algumas circunstâncias "perdem a cabeça" e gritam e/ou batem, além de retirar objetos que gosta (ex.: celular) e deixar sem atividades prazerosas (ex.: passeio com a família). Informaram que o pai é mais rigoroso com a criança, exigindo comportamentos "mais maduros". José disse ter pouca paciência "para os dramas" do filho, ficando a mãe responsável por lidar com as questões da educação.

A respeito da história de vida, relataram que a gestação foi planejada e comemorada por toda a família. Durante o período gestacional, foram feitos os exames de rotina (pré-natal completo) e apenas a medicação controlada da mãe foi mantida. Marcelo nasceu de parto cesáreo, com 39 semanas e 6 dias, sem quaisquer complicações. O desenvolvimento motor, cognitivo e da linguagem, segundo o relato dos responsáveis, deu-se dentro do esperado.

Marcelo teve dificuldades para se adaptar quando iniciou a escolarização. De acordo com os pais, ele "estranhou os colegas" e manifestou dificuldades para se manter em sala de aula. Após um período (não souberam precisar o tempo decorrido), passou a se relacionar melhor com os colegas, mas a dificuldade de se manter sentado em sala de aula não foi superada. Atualmente, Maria é a responsável por ajudá-lo nas tarefas escolares, pois tem mais tempo livre. Segundo ela "Marcelo é muito custoso", fazendo com que frequentemente perca a paciência e termine por gritar e/ou bater nele para que finalize suas tarefas. Em relação ao histórico acadêmico familiar, ambos os genitores concluíram o Ensino Médio. O pai tem, ao longo da vida acadêmica, diversas reprovações. Marcelo, apesar de suas dificuldades, não reprovou nenhuma série escolar.

Maria e José residem juntos há mais de 10 anos, e optaram por não ter mais filhos além de Marcelo. Referem ter um bom relacionamento, embora discutam com frequência. A respeito da família, informaram que os avós paternos e maternos de Marcelo estão vivos, mas ele convive apenas com os maternos, pois moram na mesma cidade. Os avós paternos, assim como os demais parentes por parte de pai, moram em outra região do país e não são visitados com frequência. A mãe tem um irmão e três sobrinhos residindo próximos, mas não convivem.

Ainda, o histórico médico familiar inclui diagnóstico de Transtorno de Personalidade Borderline e Transtorno Depressivo por parte da mãe, que faz uso de medicamento controlado (Quetiapina). Maria relatou que em virtude do seu quadro psicopatológico, foi internada vinte e três vezes antes da gravidez. Contou que durante a gestação discutiu com o médico sobre os prós e contras da retirada do remédio e os riscos para a gravidez, e optaram por continuar com a medicação. Hoje toma uma dosagem menor, mas já chegou a tomar 600mg.

Além disso, os responsáveis informaram que a família materna e paterna de Marcelo possui um histórico de doenças de cunho psicológico/psiquiátrico. Como já relatado, sua mãe é diagnosticada com Transtorno Borderline e Depressão, assim como sua avó materna. Por sua vez, seu avô materno tem Transtorno Obsessivo Compulsivo (TOC). Seu pai na infância apresentava mitomania e um de seus tios paternos apresenta características antissociais e inteligência superior, principalmente voltada para áreas de tecnologia. Já seu tio paterno mais novo (7 anos) foi diagnosticado e faz uso de medicamentos para TDAH.

Planejamento da avaliação

A avaliação psicológica focou na investigação de aspectos cognitivos e emocionais, dada a queixa apresentada (desatenção e dificuldade de aprendizagem). A principal hipótese que norteou a investigação foi a existência de TDAH, subtipo desatento.

Procedimentos

Foram realizados 10 encontros com duração de 50 minutos cada. Em um primeiro momento, foram entrevistados os responsáveis para compreensão da queixa e levantamento dos dados relevantes da história de vida do paciente. Em seguida, foram realizadas sessões com Marcelo a fim de avaliar as queixas apresentadas. Nessas, além das estratégias lúdicas comumente utilizadas em avaliação infantil, utilizou-se testes psicológicos[2]:

- Teste Gestáltico Visomotor de Bender - Sistema de Pontuação Gradual – B-SPG (Sisto, Noronha & Santos, 2006);
- Teste Não Verbal de Raciocínio para Crianças – TNVRI (Pasquali, 2005);
- Escala Wechsler de Inteligência para Crianças – WISC-IV (Wechsler, 2013)
- Bateria Psicológica para Avaliação de Atenção – BPA (Rueda, 2013);
- Escala para Avaliação da Motivação Escolar Infanto-Juvenil – EAME-IJ (Martinelli & Sisto, 2011);
- Escala de Avaliação das Estratégias de Aprendizagem para o Ensino Fundamental – EAVAP-EF (Oliveira, Boruchovitch, & Santos, 2010);
- Escala de Autoconceito Infanto-Juvenil – EAC-IJ (Sisto & Martinelli, 2004);
- Escala de Transtorno de Déficit de Atenção/Hiperatividade (Benczik, 2000).

[2] Todos os testes utilizados estavam aprovados para uso no momento da avaliação.

Análise

Dados de observação

Durante as sessões, observou-se que Marcelo possui vocabulário rico, narrativa lógica e capacidade criativa. Manteve uma postura interessada e participativa. Ouvia atentamente as regras e instruções passadas e as executava sem maiores problemas, demonstrando boa capacidade de compreensão, argumentação e conformidade. Não se opôs a nenhuma atividade proposta e seguiu as normas impostas. Participou intensamente das intervenções, principalmente aquelas que mais gostava, com boa disposição e demonstração de afeto positivo. Por vezes, perdia o foco e tentava desviar o atendimento para as atividades que mais gostava, mas retornava com facilidade sempre que era informado a importância do que havia sido proposto. Não se mostrou impulsivo ou agitado, embora tenha sido ativo na escolha das atividades, quando essa oportunidade lhe foi ofertada. Marcelo não expressou nenhuma agressividade nas atividades que envolviam competição, mesmo que ficasse visivelmente frustrado. Também não emitiu comportamento agressivo quando teve pedidos negados durante as sessões.

Em relação a socialização, Marcelo mostrou-se uma criança extrovertida, com bom repertório de habilidades sociais. Demonstrou saber se comunicar com eficiência, soube fazer e manter amizades, apresentou civilidade e alguns comportamentos empáticos. Já na recepção, brincava e interagia com outras crianças, aparentando perfeita integração. Esses dados refutam o que havia sido verbalizado pela mãe anteriormente a respeito da dificuldade para estabelecer relações sociais profícuas.

Foi observado comportamento de esquiva mediante diálogos a respeito da escola e da família, especificamente do pai. Marcelo não comentava sobre os acontecimentos e seus comportamentos na escola, mostrando-se retraído e inseguro. Em relação ao pai, percebeu-se que ele desviava o olhar, havendo momentos de resistência a manutenção da comunicação verbal. Apesar do desconforto experienciado em algumas situações, também não expressou nenhum comportamento agressivo.

Sempre que o diálogo envolvia os outros membros da família, Marcelo experimentava diferentes emoções, as mais predominantes foram alegria e raiva. Especificamente no que se refere a raiva, observou-se no discurso de Marcelo que, por vezes, ele reage com agressividade física e verbal em decorrência da falta de estratégias funcionais que permitam a expressão adequada da emoção.

Do ponto de vista cognitivo, Marcelo não apresentou qualquer indício de que possa ter comprometimento. Clinicamente, mostrou-se uma criança perspicaz, com bom raciocínio abstrato, compreendendo com rapidez as informações e instruções repassadas, executando-as de imediato, sem contratempos. Mostrou habilidoso ao se planejar de modo a alcançar objetivos de forma rápida e acurada, sendo capaz de modificar seu comportamento mediante a ineficácia de suas ações anteriormente planejadas e executadas.

Em relação a sua leitura e escrita, foi capaz de identificar e representar fonemas em palavras, separá-los em sílabas e atribuir a elas sentido. Apesar disso, sua escrita é marcada por erros recorrentes. Em alguns momentos trocou consoantes e repetidamente aplicou uso incorreto do plural, de acentos e de alguns dígrafos. Além disso, sua leitura se mostrou vagarosa e silábica e, apesar de conseguir compreender e dar sentido às palavras, demosntrou dificuldade em interpretar o conteúdo de texto.

Dados de Testes Psicológicos

Teste Gestáltico Visomotor de Bender - Sistema de Pontuação Gradual – B-SPG

Marcelo fez 2 pontos no B-SPG. Tal resultado o coloca no percentil 5, indicando que apenas 5% da amostra normativa teve um desempenho melhor que o dele. Quando se analisa seu escore em relação aos de outras crianças de sua faixa etária, verifica-se que está no quartil superior (0-25) e indica uma excelente maturidade percepto-motora.

Teste Não Verbal de Raciocínio para Crianças – TNVRI

O TNVRI tem como objetivo avaliar o raciocínio analógico concreto e abstrato, ou seja, a capacidade de raciocinar por analogias e também a capacidade de dedução, sendo dividido em dois fatores. O fator 1 exige da criança capacidade de percepção e habilidade visoespacial, enquanto o fator 2 exige da criança a capacidade de abstração e dedução. Como resultados, no Fator 1, relacionado ao raciocínio analógico abstrato, Marcelo obteve percentil 80, classificação **Superior**. No Fator 2, relacionado ao raciocínio analógico concreto, obteve percentil 100, classificação **Definitivamente Superior**. No fator geral, obteve média **Superior**. Pode-se concluir que Marcelo apresenta o seu potencial intelectual normal em relação a pessoas com a mesma idade e escolaridade.

Escala Wechsler de Inteligência para Crianças - WISC-IV

Marcelo foi submetido(a) a aplicação dos subtestes da WISC-IV e seu QI Total (QIT) indica que a habilidade cognitiva geral supera aproximadamente 77% das crianças da sua idade (QIT= 111; intervalo de confiança 95% = 106-116).

As habilidades de raciocínio verbal de Marcelo, mensuradas pelo Índice de Compreensão Verbal, estão acima de aproximadamente 87% das crianças com a mesma idade (ICV = 117; intervalo de confiança 95% = 109-123). O Índice de Compreensão Verbal avalia raciocínio verbal e formação de conceitos.

As habilidades de raciocínio não verbal de Marcelo, mensuradas pelo Índice de Organização Perceptual, são superiores a aproximadamente 55% das crianças com a mesma idade (IOP = 102; intervalo de confiança 95% = 95-109). O Índice de Organização Perceptual avalia formação de conceitos não verbais, percepção e organização visual, processamento simultâneo, coordenação visuomotora, aprendizagem e habilidade de separar figura e fundo de um estímulo visual.

As habilidades de memória operacional de Marcelo, mensuradas pelo Índice de Memória Operacional, estão acima de aproximadamente 58% das crianças com a mesma idade (IMO = 103; intervalo de confiança 95% = 96-110). O Índice de Memória Operacional avalia as habilidades do examinando de sustentar atenção, concentração e exercer controle mental.

As habilidades de velocidade de processamento de Marcelo, mensuradas pelo Índice de Velocidade de Processamento, são superiores a aproximadamente 70% das crianças com a mesma idade (IVP = 108; intervalo de confiança 95% = 98-116). O Índice de Velocidade de Processamento é um indicador da velocidade com a qual a criança pode processar mentalmente uma informação, simples ou rotineira, sem errar. Desempenhos em tarefas dessa natureza podem ser influenciados pela discriminação visual e coordenação visuomotora.

Bateria Psicológica para Avaliação de Atenção – BPA

De acordo com o teste BPA, Marcelo obteve percentil 70 na atenção concentrada, classificação **Médio Superior**, indicando que ele não demonstra dificuldades em selecionar no ambiente uma única fonte de informação mediante vários estímulos distratores existentes. Na atenção dividida o cliente obteve percentil 75, classificação **Médio Superior**, apontando que possui uma boa capacidade de selecionar dois ou mais estímulos específicos simultaneamente, em um ambiente repleto de variáveis distratoras. Na atenção alternada, obteve percentil 50, classificação **Média**, o que significa possuir uma habilidade de focar sua atenção, ora em um estímulo, ora em outro, em um ambiente com muitos distratores. Na atenção geral, uma média desses três tipos de atenção, Marcelo obteve classificação **Médio Superior** (percentil 70). Sendo assim, a criança não apresenta dificuldades de se concentrar em uma tarefa e nem em realizar múltiplas tarefas ao mesmo tempo. Contudo, apesar de ainda obter resultados satisfatórios na atenção alternada, Marcelo demonstra uma diminuição nesse tipo de atenção quando comparada às demais. Apesar disso, os dados não apontam para alterações significativas em sua atenção.

Escala para Avaliação da Motivação Escolar Infanto-Juvenil – EAME-IJ

Com relação a Motivação Intrínseca, quando comparado à indivíduos com a mesma escolaridade, Marcelo obteve classificação **Média**. Isso significa que, com relação a atividades escolares, esforça-se para realização de tarefas escolares ou de estudo, com alguma vontade de aprender coisas novas. Com relação a Motivação Extrínseca, Marcelo obteve classificação **Média** em comparação aos indivíduos com a mesma escolaridade. Em outras palavras, para atividades escolares ele apresenta interesse por receber vantagens materiais ou prestígio social decorrente de atividades propostas. A Motivação Geral de Marcelo se encontra na **Média** em relação a indivíduos com a mesma escolaridade, isto é, em relação as atividades escolares, Marcelo esforça-se de forma mediana para realização de tarefas ou de estudo.

Escala de Avaliação das Estratégias de Aprendizagem para o Ensino Fundamental – EAVAP-EF

Os resultados de Marcelo revelam um desempenho pouco desejável na frequência do uso de estratégias de aprendizagem. Ao explorar o emprego de Estratégias Cognitivas no momento do estudo, observou--se uma limitação de uso. Marcelo apresentou percentil 10 na referida subescala, o que indica necessidade de orientação para que tais estratégias sejam aprendidas e empregadas no seu repertório. Na subescala de Estratégias Metacognitivas, obteve percentil 60, sendo esse um resultado positivo quando comparado às demais escalas, pois sugere que o cliente persiste em tentar compreender a matéria e realizar as atividades da escola, estando atento às suas dificuldades. Ademais, o percentil 50 na escala de Ausência de Estratégias Metacognitivas disfuncionais indica que o aluno faz uso de poucas estratégias disfuncionais. Esses dados apontam que, para obter um aprendizado completo, as estratégias Cognitivas e Metacognitivas precisam ser desenvolvidas. O fato de o cliente ter obtido percentil baixo nas Estratégias Cognitivas diminui as possibilidades de obter um aprendizado completo, mesmo tendo obtido um percentil mais alto nas Estratégias Metacognitivas.

Escala de Autoconceito Infanto-Juvenil – EAC-IJ

Nessa escala, Marcelo obteve média de 50% na subescala de autoconceito pessoal, o que indica não apresentar preocupações, medos ou ansiedade significativos. Na subescala de autoconceito social o cliente obteve média de 75%, demonstrando que se considera bem intelectualmente comparando-se com os demais, tem vontade de ajudar os outros e busca ajuda quando precisa. Na subescala de autoconceito escolar, o cliente obteve média inferior a 25%, avaliando-se como alguém não muito esperto para os estudos e que acredita não ser visto como uma pessoa boa ou divertida na escola. Por fim, na subescala de autoconceito familiar, o cliente obteve média de 50%, demonstrando que se adapta relativamente bem às exigências do lar e que busca manter um relacionamento de confiança e lealdade com seus pais.

Escala de Transtorno de Déficit de Atenção/Hiperatividade

A escala foi aplicada nos professores e os resultados no subitem Déficit de Atenção apontaram um percentil 90, que indica, conforme a tabela de classificação, como tendo mais problemas que a maioria das crianças. O mesmo ocorre para o subitem Hiperatividade, com resultado de 85.

Considerações finais

A avaliação cognitiva foi solicitada pela escola, com principal queixa de problemas de aprendizagem, dificuldade em manter a atenção e comportamento agressivo quando advertido. Os resultados apontaram que os aspectos cognitivos (raciocínio, atenção e memória) encontram-se preservados e dentro do esperado para sua idade. Diante desse quadro, imagina-se que Marcelo não mantenha o foco em algumas atividades no contexto acadêmico por não reconhecer a importância dessas e/ou por sentir-se desmotivado frente ao processo de ensino-aprendizagem.

Suas dificuldades também podem estar relacionadas ao emprego incorreto de estratégias cognitivas. Prates, Lima e Ciasca (2016) afirmam que há uma correlação entre desempenho acadêmico e uso de estratégias de aprendizagem. Marcelo não possui em seu repertório estratégias suficientes para estudar de forma eficaz, o que prejudica seu aprendizado. Além disso, as condições familiares não favorecem o interesse pelos estudos; os pais não se envolvem com as atividades escolares de forma profícua e também não criam possibilidades atrativas no ambiente doméstico que favoreçam a realização de tarefas. Marcelo não tem uma rotina de estudos, nem conta com um ambiente propício, livre de distratores.

Foi identificado, também, que ele se percebe como pouco capaz de dominar as demandas da escola, com autoconceito baixo. Isso pode estar relacionado tanto com as estratégias adotadas pelos pais no momento da tarefa com aplicação de punição, quanto ao comportamento dos professores em sala e sua autopercepção a respeito das dificuldades que sente ao realizar alguns exercícios.

Percebe-se ainda que os familiares, e consequentemente Marcelo, tem dificuldades para regulação emocional, o que pode interferir no aprendizado. A família parece não ter estratégias funcionais adequadas para lidar com situações consideradas desafiadoras e de forte carga emocional. Frente a esse tipo de situação, reagem de forma disfuncional, geralmente com comportamentos agressivos verbais e físicos. Os pais não figuram como modelos adequados para a criança. A mãe de Marcelo, por exemplo, é responsável por estudar e ajudar com as atividades escolares, mas relata não ter paciência e reagir de forma desproporcional a situação, chegando, inclusive, a arremessar objetos contra o filho.

Outro ponto que precisa ser considerado é que, conforme dados da entrevista com os pais, a família possui histórico médico familiar de transtornos mentais. O diagnóstico de transtorno de personalidade e depressão da mãe afetam significativamente seu estado de humor e a fazem perceber o mundo de forma mais negativa, o que gera conflitos entre ela e o companheiro. Entende-se que um ambiente familiar calcado em estresse, com conflitos parentais, pode influenciar negativamente o estado emocional da criança e seu desempenho acadêmico.

Ainda no que concerne aos pais, identificou-se que aplicam consequências aos comportamentos inadequados de Marcelo de acordo com seu estado de humor. Ademais, não se mostram consistentes na apresentação de regras, deixando a criança confusa na discriminação dos seus comportamentos. Tais questões mostram-se relevantes, pois o modo como os pais educam influencia diretamente no comportamento dos filhos. O estilo parental autoritário é o que mais se aproxima das práticas adotadas pelos genitores de Marcelo. Esse estilo é definido por pais que apresentam valores reduzidos de afetividade e elevados níveis de controle e restritividade. Exercem um controle de rigidez, desencorajam a independência e individualidade da criança e as trocas verbais entre eles. Tentam influenciar, controlar e avaliar o comportamento e atitudes dos filhos de acordo com um padrão absoluto, dão valor à obediência e favorecem a punição, tentando incutir à criança valores tradicionais como o respeito pela autoridade, o trabalho, tradição e preservação da ordem (Baumrind, 1971).

Os pais disseram que frequentemente utilizam estratégias punitivas para controlar Marcelo. Baumrind (1971) acredita que crianças expostas a esse estilo autoritário tendem a ter valores mais reduzidos no autoconceito, a serem mais apreensivas, receosas, inseguras, agressivas, dependentes, socialmente inibidas, com dificuldades na regulação das emoções e insatisfação. Tendem também a ter mais comportamentos de externalização e podem apresentar dificuldades nas competências acadêmicas e a adaptação escolar.

Foi observado que Marcelo sente emoções ambivalentes de alegria e raiva em relação aos pais. Durante os atendimentos, experimentava certo incômodo ao verbalizar sobre assuntos familiares, especialmente em relação ao pai. Isso pode acontecer devido a relação de pouca intimidade e cumplicidade que tem com o genitor e a visão de que é ele o detentor do poder. Marcelo aparenta ter medo do pai e das sanções por ele aplicadas frente a comportamentos que julga inadequados.

Outra fonte de queixa dos professores e da família se refere aos comportamentos opositores e agressivos de Marcelo. Esses comportamentos não foram observados durante a avaliação. A criança foi exposta a atividades competitivas e, por vezes, se sentiu frustrada. No entanto, não manifestou nenhum comportamento agressivo, apenas tentou desviar o foco para outras atividades prazerosas.

Considerando todos os resultados, a hipótese inicialmente pensada sobre TDAH não se confirmou, pois Marcelo não preenche os critérios diagnósticos necessários. Sua dificuldade na aprendizagem aparenta ter cunho emocional dado o histórico familiar, a dificuldade em expressar suas emoções e a falta de estratégias de aprendizagem adequadas, somadas a baixa motivação para os estudos.

Dessa forma, fez-se necessário acompanhamento psicológico para Marcelo, de modo a aprender estratégias de regulação emocional, e também para sua família, uma vez que as estratégias disfuncionais utilizadas pelos pais parecem estar relacionadas a falta de aparatos alternativos de ação para lidar com as situações. Além disso, recomendou-se acompanhamento psicopedagógico para desenvolver estratégias educacionais que o ajude com as dificuldades de aprendizagem, visto que seu sistema cognitivo se encontra preservado.

Referências

American Psychiatric Association. (2013). *Diagnostic and statistical manual of mental disorders – DSM-5*. American Psychiatric Association.

Baumrind, D. (1971). Current patterns of parental authority. *Developmental Psychology*, *4*(1, pt. 2), 1-103.

Carreiro, L. R. R., Marino, R. L. F., & Ribeiro, A. F. (2018). Indicadores de transtorno de déficit de atenção e hiperatividade em pré-escolares: avaliação e intervenção precoces. In N. M. Dias, & A. G. Seabra (Orgs.), *Neuropsicologia com pré-escolares: avaliação e intervenção* (pp. 221-236). Pearson.

Prates, K. C. R., Lima, R. F., & Ciasca, S. M. (2016). Estratégias de aprendizagem e sua relação com o desempenho escolar em crianças do Ensino Fundamental I. *Revista Psicopedagogia*, *33*(100), 19-27.

Rotta, N. T. (2016). Transtorno de Déficit de Atenção/Hiperatividade: aspectos clínicos. Em: N. T. Rotta, L. Ohlweiler, R. S. Riesgo (Orgs.), *Transtornos da aprendizagem: abordagem neurobiológica e multidisciplinar* (pp. 274-286). Artmed.

Silva, K. L. & Wagner, F. (2017). Avaliação neuropsicológica do Transtorno de Déficit de Atenção/Hiperatividade em crianças e adolescentes. Em L. Tisser (Org.), *Avaliação Neuropsicológica Infantil* (pp. 155-170). Sinopsys.

Tisser, L., Ribeiro, N. C., & Bombassaro, P. (2018). Transtorno de Déficit de Atenção/Hiperatividade. In L. Tisser (Org.), *Transtornos psicopatológicos na infância e adolescência* (pp. 57-73). Sinopsys.

OS AUTORES

Ana Carla Gameleira

Psicóloga clínica, Psicoterapeuta Cognitivo Comportamental (Beck Institute – EUA), Terapeuta do Esquema (Insere), Especialista em Terapia Cognitivo Comportamental na Infância e Adolescência (Intcc - RS), Especialista em Transtornos Alimentares (Uniara - SP), Formação em Terapia Cognitivo Comportamental (UNCISAL), Formação em Ludoterapia (Instituto Cantinho do Psicólogo), Formação em Terapia Sexual (Espaço Hermes Cavalcante), Educadora Parental em Disciplina Positiva (PDA).

Ana Paula Porto Noronha

Psicóloga, mestre e doutora em Psicologia pela Pontifícia Universidade Católica de Campinas. Docente do Programa de Pós-graduação *Stricto Sensu* em Psicologia da Universidade São Francisco. Coordena o Laboratório de Avaliação de Características Positivas (LabC+). Bolsista Produtividade em Pesquisa 1A do CNPq. E-mail: ana.noronha8@gmail.com

Ariádny Suci de Campos Abbud

Psicóloga, formada pela Universidade do Vale do Itajaí (UNIVALI). Especialista em Terapia Cognitiva Comportamental Infantil (IPTC). Pós-Graduanda em Avaliação Psicológica (IPOG) e em Terapia Analítica Comportamental Infantil (IBAC). Autora de livros e jogos para psicólogos.

Carolina de Campos

Psicóloga doutoranda em Psicologia pela Pontifícia Universidade Católica de Campinas, mestre em Educação Física pela Universidade São Judas Tadeu. Especialista em Psicologia do Esporte. Possui aprimoramento em Terapia Cognitiva pela Universidade São Judas Tadeu e certificação em Psicologia do Esporte pela International Society of Sport Psychology (ISSP). Trabalha na área aplicada da psicologia esportiva com atletas do judô paralímpico e atletas de diversas modalidades esportivas convencionais, como futebol de campo, basquete, motocross, tênis e natação.

Carolina Rosa Campos

Professora adjunta da Universidade Federal do Triângulo Mineiro (UFTM). Coordena o Laboratório de Avaliação Psicológica (LAP/UFTM) da universidade. É psicóloga, Mestre e Doutora em Psicologia pela PUC-Campinas com pós-doutorado pela Universidade São Francisco (USF) na área de medidas psicométricas. Atua sobre os principais temas: avaliação psicológica, habilidades cognitivas, pessoas com deficiência, inclusão escolar.

Caroline Tozzi Reppold

Psicóloga mestre e doutora em Psicologia pela UFRGS, com pós-doutorado em Psicologia pela UFRGS, Avaliação Psicológica pela Universidade São Francisco e em Ciências da Educação pela Universidade do Minho/Portugal. Professora Associada da Universidade Federal de Ciências da Saúde de Porto Alegre (UFCSPA). Coordenadora do Laboratório de Pesquisa em Avaliação Psicológica/UFCSPA. Bolsista Produtividade em Pesquisa 1 D do CNPq. E-mail: reppold@ufcspa.edu.br

Karina da Silva Oliveira

Professora do departamento de psicologia e do programa de pós-graduação em psicologia: cognição e comportamento da Universidade Federal de Minas Gerais. Tem pós-doutorado pela Universidade São Francisco. É psicóloga, mestre e doutora pela PUC-Campinas, e especialista em neuropsicologia pela Universidade Estadual de Campinas (Unicamp). Atua sobre temas como: avaliação psicológica, psicologia positiva, ressaltando aspectos relacionados à resiliência, criatividade, competências socioemocionais e infância.

Karina Nalevaiko Rocha

Doutoranda e Mestre em Psicologia pela PUC Campinas, Especialista no Desenvolvimento de Potenciais nas Organizações pela PUC Campinas e graduada em Psicologia pela PUCPR. Atua na linha de pesquisa identificação e desenvolvimento de potenciais. Docente universitária e Psicóloga clínica. Pesquisadora nas áreas relacionadas a criatividade, inteligência, identificação de potenciais, avaliação psicológica, altas habilidades /superdotação e psicologia positiva. Membro do Conselho Brasileiro para Superdotação (ConBrasd) e da Associação Brasileira de Criatividade e Inovação (Criabrasilis). E-mail: kanalevaiko@gmail.com

Karina Paludo

Doutora e Mestre em Educação pelo Programa de Pós-Graduação em Educação, da Universidade Federal do Paraná (UFPR). Especialista em Educação Especial e Inclusiva pelo Centro Universitário Internacional e em Educação: técnicas e métodos de ensino pela Universidade Tecnológica Federal do Paraná (UTFPR). Teóloga pela Faculdade de Teologia Integrada. Pedagoga pela Universidade Estadual do Oeste do Paraná (Unioeste). Possui experiência da área de Educação, com particular interesse nos seguintes temas: Educação Especial, Altas Habilidades/Superdotação, Identidade, Resiliência, Alteridade, Afetividade. Atua na docência em cursos de pós-graduação, na extensão universitária, na orientação familiar, na formação de professores e no contexto clínico (por meio da identificação e do enriquecimento de crianças, adolescentes e adultos superdotados). Membro do Conselho Brasileiro para Superdotação (ConBrasd) e da Associação Brasileira de Criatividade e Inovação (Criabrasilis).

Kayline Macêdo Melo

Possui graduação em Psicologia pela Universidade Estadual do Ceará (UECE). Atualmente é mestranda em Psicologia pelo Programa de Pós-Graduação em Psicologia da Universidade Federal do Ceará (UFC) e membro do Laboratório de Estudos e Práticas em Avaliação Psicológica (Leapsi).

Leonardo de Oliveira Barros

Psicólogo graduado pela Universidade do Oeste Paulista (2014), Mestre (2016) e Doutor (2019) em Psicologia com ênfase em avaliação psicológica pela Universidade São Francisco. Atualmente é professor adjunto do Instituto de Psicologia e docente do Programa de Pós-Graduação Stricto Sensu em Psicologia da Universidade Federal da Bahia.

Lisandra Borges

Psicóloga pela Universidade São Francisco (2000), especialista em Psicopedagogia e Neuropsicologia, mestra (2012) e doutora (2015) em Psicologia com ênfase em Avaliação Psicológica pela Universidade São Francisco. Atualmente é assessora, professora e responsável técnica pelo Serviço Escola de Psicologia na Universidade São Francisco. Professora nos cursos pós-graduação lato sensu em Avaliação Psicológica e Neuropsicologia do IPOG e *Child Behavior Institute* (CBI of Miami). Parecerista *ad hoc* do Sistema de Avaliação de Testes Psicológicos do CFP (SATEPSI).

Profa. Dra. Lucila Moraes Cardoso

Possui graduação em Psicologia, mestrado e doutorado em Psicologia com área de concentração Avaliação Psicológica pela Universidade São Francisco. Atualmente é Professora Adjunta do curso de Psicologia e do Programa de Pós-graduação em Educação da Universidade Estadual do Ceará (UECE) e Colaboradora no Programa de Pós-graduação em Psicologia da Universidade Federal do Ceará (UFC). Membro da diretoria da Associação Brasileira de Rorschach e Métodos Projetivos (ASBRo). Coordenadora do GT Métodos Projetivos nos Contextos da Avaliação Psicológica da Associação Nacional de Pesquisa e Pós-graduação em Psicologia (ANPEPP). Bolsista Produtividade em Pesquisa do CNPq.

Maíra Ainhoren Meimes

Psicóloga. Mestre em Psicologia pela Universidade Federal do Rio Grande do Sul. Psicóloga clínica infantil. Possui experiência clínica e acadêmica (docência e pesquisa) nas áreas de Desenvolvimento Infantil e Avaliação Psicológica, especialmente no campo do Transtorno do Espectro Autista.

Makilim Nunes Baptista

Possui graduação em Psicologia pela Universidade São Judas Tadeu (1995), mestrado em Psicologia pela Pontifícia Universidade Católica de Campinas (1997) e doutorado pelo Departamento de Psiquiatria e Psicologia Médica da Universidade Federal de São Paulo (2001). Atualmente é docente do Programa de Pós-Graduação Stricto-Sensu em Psicologia da Universidade São Francisco - Campinas; bolsista produtividade pelo CNPq; Coordenador do Laboratório de Avaliação Psicológica em Saúde Mental (LAPSAM-III) do Programa de Pós-Graduação Stricto-Sensu em Psicologia da Universidade São Francisco.

Manuela Ramos Caldas Lins

Psicóloga, com formação direcionada para avaliação de transtornos na infância. Doutora em Psicologia pela Universidade de Brasília (UnB). Atualmente é professora do curso de Psicologia do Centro Universitário de Brasília (CEUB). Membro do Núcleo de Estudos em Saúde Mental, Educação e Psicometria (NESMEP), vinculado ao Programa de Pós-Graduação em Neurociência Cognitiva e Comportamento (UFPB). Membro também do grupo Avaliação Psicológica: Pessoas & Contextos (APlab), vinculado ao Programa de Pós-Graduação em Psicologia Clínica (PUC-RJ).

Mônia Aparecida da Silva

Psicóloga. Doutora e pós-doutora em Psicologia pela Universidade Federal do Rio Grande do Sul. Professora Adjunta do Departamento de Psicologia e do Programa de Pós-Graduação em Psicologia da Universidade Federal de São João del-Rei (UFSJ). Membro associado do Instituto Brasileiro de Avaliação psicológica (IBAP) e do Grupo de Pesquisa (GT) Avaliação e Intervenção no Desenvolvimento Infantil e Adolescente da Associação Nacional de Pesquisa e Pós-graduação em Psicologia (ANPEPP).

Priscila Zaia

É psicóloga, com pós-doutorado na Universidade São Francisco, Doutora em Psicologia como Profissão e Ciência pela Pontifícia Universidade Católica de Campinas. É cofundadora do Zaia Instituto de Altas Habilidades/Superdotação e tem atuado na identificação e avaliação clínica de crianças e adolescentes superdotados, e também Psicóloga Supervisora Nacional da Mensa Brasil. Seus temas de pesquisa se relacionam às Altas Habilidades/Superdotação, Inteligência, Criatividade, Avaliação Psicológica e Construção de instrumentos psicológicos.

Rauni Jandé Roama-Alves

Psicólogo (Universidade Estadual de Londrina). Especialista em Psicopedagogia (Conselho Federal de Psicologia). Especialização em Neuropsicologia Aplicada à Neurologia Infantil e em Psicopedagogia em Neurologia Infantil (Universidade Estadual de Campinas). Docente da área de Avaliação Psicológica na Universidade Federal de Rondonópolis.

Sabrina Martins Barroso

Psicóloga pela Universidade Federal de São João del-Rei, Mestre em Psicologia e Doutora em Saúde Pública pela Universidade Federal de Minas Gerais. Professora da Universidade Federal do Triângulo Mineiro (UFTM), Coordenadora do Programa de Pós-graduação em Psicologia da UFTM (gestão 2018 – 2022). Líder do Núcleo de Avaliação Psicológica e Investigações em Saúde (NAPIS) e membro do GT de Pesquisa em Avaliação Psicológica da Associação Nacional de Pesquisa e Pós-graduação em Psicologia (ANPEPP).

Profa. Dra. Silvana Alba Scortegagna

Psicóloga, Psicoterapeuta. Possui graduação em Psicologia e mestrado em Educação pela Universidade de Passo Fundo (UPF). Doutora em Psicologia com área de concentração Avaliação Psicológica pela Universidade São Francisco (USF-SP). Professora Titular e Pesquisadora, atua no Curso de Psicologia e no Programa de Pós-Graduação em Envelhecimento Humano da Universidade de Passo Fundo (PPGEH-UPF). É membro da diretoria da Associação Brasileira de Rorschach e Métodos Projetivos (ASBRo) e Vice-Coordenadora do GT Métodos Projetivos nos Contextos da Avaliação Psicológica da Associação Nacional de Pesquisa e Pós-graduação em Psicologia (ANPEPP).

Solange Muglia Wechsler

Possui graduação em Psicologia (PUC-RJ), mestrado e doutorado pela University of Georgia (EUA) e pós-doutorado pelo Torrance

Center of Creative Studies. Foi a fundadora da Associação Brasileira de Psicologia Escolar e Educacional (ABRAPEE), da Associação Brasileira de Criatividade e Inovação (CRIABRASILIS) como também colabou na fundação e presidiu o Instituto Brasileiro de Avaliação Psicológica (IBAP). Recebeu vários títulos honoríficos em nível internacional e nacional: Creative Scholar (Estados Unidos), Personalidad Destacada en las Artes y Ciencias (Venezuela), Distinguished International Psychologist (Estados Unidos), Professora Honorária da Universidad Nacional Federico Villareal (Peru), Menção de Honra em Avaliação Psicológica (IBAP-Brasil), Honra ao mérito pela Federação de Entidades de Psicologia. (Brasil). Participa na diretoria da International Testing Commission como representante do países Ibero-Latinos e como Fellow da International Society for the Study of Creativity and Innovation. Exerceu o cargo de vice-presidente da Associação Brasileira de Psicologia Positiva. Presidiu o I e o II Congresso de Criatividade e Inovação. É editora chefe da revista Estudos de Psicologia (Campinas), e co-editora da Revista Ibero-Americana de Criatividade e Inovação (RECRIAI). Atualmente é presidente da Associação Brasileira de Criatividade e Inovação (CRIABRASILIS). É professora da Pontifícia Universidade Católica de Campinas onde dirige o Laboratório de Avaliação e Medidas Psicológicas . Possui uma vasta publicação em artigos, livros e testes psicológicos. Suas linhas de pesquisa envolvem a construção de testes psicológicos e desenvolvimento de programas para as seguintes áreas: criatividade, inteligência, talentos, estilos cognitivos, liderança, altas habilidades, superdotação temperamento e psicologia positiva.

Tatiana de Cássia Nakano

Psicóloga. Pós-doutorado em Avaliação Psicológica pela Universidade São Francisco, graduação, mestrado e doutorado em Psicologia pela Pontifícia Universidade Católica de Campinas. Docente do Programa de Pós-Graduação em Psicologia da PUC-Campinas, na linha de Instrumentos e Processos em Avaliação Psicológica. Presidente passado da Associação Brasileira de Criatividade e Inovação, membro do grupo de trabalho Psicologia Positiva e Criatividade da ANPEPP e membro colaborador do Conselho Brasileiro de Superdotação.

Tatiane Oliveira Zanfelici

Psicóloga, Doutora em Educação Especial pela Universidade Federal de São Carlos/SP. Obteve o 1º lugar no Prêmio Profissional Avaliação Psicológica direcionada às Pessoas com Deficiências do Conselho Federal de Psicologia em 2018. Professora das disciplinas de Psicologia do Desenvolvimento e Avaliação Psicológica, atua no momento em clínica psicológica e na Secretaria da Saúde do Município de Ibaté/SP.

Construindo ideias
e conectando mentes

Este livro foi composto com tipografia Bembo Std
e impresso em papel Avena 80g.
na Promove Artes Gráficas em maio de 2022.